ŒUVRES COMPLÈTES
DE
W. SHAKESPEARE

TOME XIV

LES FARCES

SAINT-DENIS. — IMPRIMERIE CH. LAMBERT, 17, RUE DE PARIS.

FRANÇOIS-VICTOR HUGO

TRADUCTEUR

ŒUVRES COMPLÈTES

DE

W. SHAKESPEARE

TOME XIV

LES FARCES

LES JOYEUSES ÉPOUSES DE WINDSOR. — LA COMÉDIE DES ERREURS.
LE SOIR DES ROIS OU CE QUE VOUS VOUDREZ.

DEUXIÈME ÉDITION

PARIS
LIBRAIRIE PAGNERRE
RUE DE SEINE, 18

1873

Reproduction et traduction réservées.

A MISS EMILY DE PUTRON

Humble souvenir d'un ami

F.-V. H.

INTRODUCTION.

Les trois pièces que réunit ce volume et qui complètent le théâtre authentique de Shakespeare, démontrent la surprenante variété de cet immense esprit. Après les épopées qui résument les sanglants débats de l'histoire, après les tragédies qui entre-choquent dans de meurtriers conflits les passions humaines, après les drames qui mettent à nu toutes les affections de l'âme et y découvrent autant de plaies mortelles, voici trois lumineuses compositions, pleines de joie, d'entrain, d'allégresse, de gaîté folle. Aux catastrophes eschyliennes succède la fantaisie aristophanesque ; aux sanglots dantesques, l'éclat de rire rabelaisien.

Jusqu'ici, sur la scène de Shakespeare, l'élément comique ne nous est guère apparu que mêlé à l'élément tragique. Dans les sujets même qui lui semblaient réservés et dont elle devait régler le dénoûment, nous avons vu la comédie souvent voilée par de sombres épisodes. *Mesure pour mesure*, *les Deux Gentilshommes de Vérone*, *Tout est bien qui finit bien*, *Beaucoup de bruit pour rien*, *le Songe d'une nuit d'été*, *la Tempête*, abondent en incidents pathétiques. La mélancolie remplit *Comme il vous plaira* ; la terreur envahit *le Marchand de Venise*. Dans les trois pièces que nous allons lire, la comédie est souveraine ;

elle anime tous les personnages, détermine toutes les actions, décide toutes les conclusions. Ici, l'hilarité est sans réserve, la liesse est sans bornes. Fi de la tristesse ! la gravité même est honnie. Le sombre monde shakespearien est en carnaval. Plus d'anxiété ni de souci. Arrière les passions vertigineuses qui précipitent aux abîmes ! L'amour, cet inoxérable sentiment qui, jadis, condamnait au suicide Antoine et Cléopâtre, Roméo et Juliette, ne doit plus être qu'un complaisant caprice. La force des choses, cette puissance néfaste qui, autrefois, faisait succomber Brutus et Hamlet, doit désormais se prêter à la plaisanterie en multipliant les péripéties réjouissantes. Ordre à la fatalité d'être de bonne humeur. Si des erreurs sont commises, loin d'être funestes, comme elles l'ont été à Roméo et à Othello, elles doivent être inoffensives et amusantes. Il faut que les conspirations, jusqu'ici tragiques, ne soient plus que de burlesques machinations. Il est permis de comploter, mais non, comme Richard III et comme Macbeth, pour usurper une couronne; non, comme Iago, pour tramer un guet-apens, mais seulement, comme les joyeuses bourgeoises de Windsor, pour enfermer dans le panier au linge sale un galant grotesque ou, comme la soubrette Maria, pour affubler de bas jaunes un cuistre ridicule. Les mêmes éléments qui, ailleurs, sont agents de malheur, sont ici agents de plaisir. Le moi et le non-moi, le libre arbitre et la chance, les volontés et les événements se combinent pour varier incessamment la fête. La fantaisie, ce caprice de l'homme, rivalise d'entrain avec le hasard, ce caprice du destin. L'un et l'autre se permettent toutes les exagérations, pourvu qu'elles soient drôles. La fantaisie va jusqu'à l'extravagance et y trouve le grotesque; le hasard va jusqu'à l'invraisemblance et en extrait la farce.

Dans cette trilogie comique, tous les incidents naissent

de quiproquo voulus ou involontaires. On dirait une vaste mascarade où tous les personnages se travestissent et s'intriguent successivement, où chacun joue son voisin pour être à son tour joué par lui, et où la destinée elle-même se déguise pour mystifier l'homme.

Les Joyeuses Épouses de Windsor, la Comédie des erreurs, Ce que vous voudrez, nous offrent une série non interrompue de mystifications qui, dans chacune de ces pièces, résultent d'une combinaison différente. Dans *les Joyeuses Épouses de Windsor,* la volonté humaine fait tout ; pas un incident qui n'émane d'une initiative individuelle ; pas un épisode qui ne soit prémédité. Les quatre intrigues qui s'entre-croisent sont toutes préparées et menées par les personnages : l'hôte de la Jarretière mystifie le docteur Caïus et le curé Evans ; en revanche le docteur et le curé mystifient l'aubergiste ; Falstaff et Gué (Ford) sont mystifiés par mistress Gué et par mistress Page ; par contre mistress Page, Page, Slender, Caïus, Evans, Shallow, sont mystifiés par les deux amoureux, Anne Page et Fenton, qui s'épousent à la stupéfaction générale. Autant de mystifications, autant de complots.

La Comédie des erreurs nous présente le spectacle exactement contraire. Ici rien n'est voulu, rien n'est préparé, rien n'est réfléchi. Tous les personnages sans exception sont mystifiés, par qui ? Par deux agents extérieurs à l'homme, la nature et le hasard. La nature a créé deux paires de frères jumeaux et parfaitement semblables ; le hasard divise et dépareille ces couples, puis, après un long intervalle, les rapproche inopinément dans la même ville. De ce rapprochement fortuit, qui fait alternativement confondre par chacun les deux Antipholus et les deux Dromions, naissent les malentendus les plus divertissants. Autant de mystifications, autant de méprises.

Ce que vous voudrez est comme la conclusion des deux pièces précédentes. Cette œuvre type est due à la collaboration des causes essentielles qui, jusqu'ici, ont agi séparément, le libre arbitre et la force des choses. Ici une moitié de l'action est voulue, l'autre ne l'est pas. Le tour joué à Malvolio est le résultat d'un concert entre les ersonnages, juste comme, dans *les Joyeuses Épouses de Windsor*, le tour joué à Falstaff. En revanche, l'illusion dont tous sont dupes finalement est produite par un hasard qui réunit à l'improviste sur le même point deux jumeaux complétement pareils. La rencontre surprenante de Sébastien et de Viola dans *Ce que vous voudrez* a le même effet comique qu'a eu dans *la Comédie des erreurs* le rapprochement d'Antipholus d'Éphèse et d'Antipholus de Syracuse : la mystification générale. *Ce que vous voudrez* est la combinaison suprême de ces deux bouffonneries primordiales, la farce de l'homme et la farce de la nature.

I

Une controverse littéraire fort intéressante a été soulevée dès le siècle dernier à propos des *Joyeuses Épouses de Windsor*. Dans cette discussion, qui dure encore, les principaux commentateurs de Shakespeare ont successivement dit leur mot, et l'anarchie des opinions semble aujourd'hui plus marquée que jamais. Si le lecteur veut me le permettre, je vais à mon tour intervenir dans le débat, et, après l'avoir résumé, hasarder humblement *mon* hypothèse, — hypothèse qui n'a d'autre prétention que d'être la conclusion logique des plus consciencieuses recherches.

Commençons par exposer les faits.

Le 18 janvier 1602, la première édition des *Joyeuses*

Épouses de Windsor était ainsi enregistrée dans les cahiers officiels du *Stationers Hall* :

John Busby. Une comédie excellente et plaisamment conçue de sire John Faulstoff et des Joyeuses épouses de Windsor.

Arthur Johnson. Par assignation de John Busby, un livre intitulé Comédie excellente et plaisamment conçue de sir John Faulstaf et des Joyeuses épouses de Windsor.

Dans le cours de la même année, le libraire Arthur Johnson, à qui John Busby avait transmis son droit de publication, publiait, en effet, l'esquisse originale des *Joyeuses Épouses de Windsor* sous ce titre :

Une
Comédie fort plaisante et excellem-
ment conçue de sir *John*
Falstaffe et des Joyeuses
Épouses de *Windsor*.

Où sont entremêlés les divers humours variables
et plaisants de sir *Hugh* le chevalier Welche,
du juge *Shallow* et de son sage
Cousin M. *Slender*.
Avec la veine fanfaronne de l'Enseigne
Pistolet et du caporal *Nym*.
Par *William Shakespeare*.

Comme elle a été diverses fois jouée par les serviteurs
Du très-Honorable Lord Chambellan. Et devant Sa
Majesté, et ailleurs.

Londres.
Imprimé par T. C. pour Arthur Johnson et en vente à
sa boutique au cimetière de Saint-Paul, à l'enseigne de la
Fleur de Lys et de la Couronne.
1602.

Cette édition, qui, je le répète, ne donnait que l'imparfaite ébauche de la comédie, était réimprimée telle quelle en 1619. En 1623, les libraires Blount et Jaggard publiaient, dans la grande édition in-folio du théâtre complet de Shakespeare, l'œuvre définitivement retouchée par le maître, la comédie à jamais achevée qui, aujourd'hui, égaie le monde entier.

Maintenant, franchissons un intervalle de quatre-vingts ans. — En 1702, un dramaturge en vogue, un certain John Dennis, ayant altéré pour la scène de Drury-Lane la comédie de Shakespeare, publie son *rifacimento* sous ce titre : *le Galant comique,* avec une préface au lecteur contenant ces lignes : « Que cette comédie » (*les Joyeuses Épouses de Windsor*) n'était point à mé- » priser, je le conjecturais pour plusieurs raisons. D'a- » bord, *je savais fort bien (I knew very well)* qu'elle avait » plu à une des plus grandes reines qui aient jamais » existé, grande non-seulement par sa sagesse dans l'art » du gouvernement, mais par sa connaissance des belles- » lettres et par son goût délicat pour le drame, goût qui » nous est démontré par l'admiration qu'elle avait des » anciens. *Cette comédie fut écrite par son commandement* » *et par ses directions ; et elle était si impatiente de la voir* » *jouée, qu'elle commanda que la pièce fût achevée en quinze* » *jours ; et elle fut ensuite,* comme nous le dit la tradition, » *fort satisfaite de la représentation....* »

Ainsi, d'après la tradition rapportée pour la première fois par John Dennis, la comédie *les Joyeuses Épouses de Windsor* aurait été composée par le commandement exprès de la reine Élisabeth, écrite selon ses directions, et achevée en deux semaines. — En 1709, le chroniqueur Rowe, faisant la biographie de Shakespeare, ajoute au rapport de Dennis les détails nouveaux que voici : « La reine fut si charmée de l'admirable rôle de Falstaff » dans les deux parties de *Henry IV*, qu'elle commanda » au poëte de le continuer dans une pièce nouvelle en » montrant le personnage amoureux : ce fut à cette occa- » sion, dit-on, que cette comédie fut écrite. » Enfin,

en 1710, Gildon, dans ses *Remarques sur les pièces de Shakespeare*, répète, avec le ton de la certitude, que la reine obligea Shakespeare à mettre en scène Falstaff amoureux : « *J'ai la parfaite assurance*, ajoute-t-il, qu'il
» acheva l'œuvre en quinze jours. Chose prodigieuse,
» quand on considère que tout est si bien imaginé et
» mené sans la moindre confusion ! »

La tradition, ainsi consacrée par trois témoignages successifs, acquiert et garde pendant tout le dix-huitième siècle la consistance d'un fait historique. Les commentateurs la corroborent de leur adhésion unanime. Pope et Théobald l'enregistrent, en déclarant toutefois que l'ouvrage écrit par Shakespeare à la requête royale est l'ouvrage embryonnaire imprimé en 1602, et non l'ouvrage définitif publié en 1623. Johnson la mentionne et s'en sert pour critiquer *les Joyeuses Épouses de Windsor*, faisant remarquer que « nul labeur n'est plus ardu que d'écrire d'après les idées d'autrui. » Enfin l'oracle Malone la proclame et l'explique solennellement. Malone pense qu'elle a été transmise à Dennis et à Gildon par Dryden et à Dryden par Davenant; et affirme, avec Pope et Théobald, qu'elle s'applique à l'œuvre ébauchée ; il ajoute que la comédie, probablement esquissée en 1601 et retouchée en 1603, doit être *logiquement* placée avant *Henry V*, bien qu'elle ait été *chronologiquement* conçue après ce drame-chronique, joué en 1600. « Le fait est,
» dit-il, que, bien qu'elle doive être lue, comme l'a dé-
» claré le docteur Johnson, entre la *seconde partie de*
» *Henry IV* et *Henry V*, elle fut écrite après *Henry V* et
» quand déjà Shakespeare avait tué Falstaff. Shakes-
» peare, ayant ressuscité sir John par déférence pour le
» commandement royal, jugea nécessaire en même
» temps de ressusciter tous les personnages avec qui on
» était habitué à le voir. » Cette théorie de Malone, con-

firmant et élucidant la tradition, est acceptée sans réserve par les critiques les plus compétents du commencement de ce siècle, — en Angleterre, par Coleridge, Hazlitt et Scotowe, — en Allemagne, par Tieck et Schlegel. Déjà cependant la dissidence éclate. George Chalmers, dans son « Apologie supplémentaire, » attaque à fond le verdict de Malone, traite la tradition de fable, déclare qu'en l'année 1601, l'année de l'exécution d'Essex, la reine Élisabeth *n'était pas en humeur de s'occuper de pareilles plaisanteries*, et, se fondant sur certains rapprochements de détails, émet cette hypothèse toute nouvelle que la comédie de Shakespeare, écrite dès 1596, doit être placée *logiquement et chronologiquement* avant *la première partie de Henry IV*. En vain Nathan Drake crie au paradoxe et défend chaleureusement la théorie de Malone. M. Knight revient à la charge contre cette théorie, met en question la tradition, puis, croyant voir dans un passage de la pièce une allusion à une visite faite à la cour d'Angleterre par un certain comte de Montbéliard, en 1592, prétend que la comédie a dû être écrite à cette occasion, et conclut avec Chalmers que, composée avant la première partie de *Henry IV*, elle fait prologue à cette première partie. Sur quoi M. Halliwell tente une transaction entre Malone et M. Knight, — inclinant à croire avec M. Knight que la comédie a dû être conçue dans son état primitif en 1592, mais reconnaissant avec Malone qu'elle fait suite dramatiquement à la seconde partie de *Henry IV*. Enfin (1860), M. Staunton, dans cette belle édition qu'a illustrée l'élégant crayon de John Gilbert, rejette la conjecture de M. Knight, repousse l'opinion mixte de M. Halliwell, affirme de nouveau la tradition léguée par le dix-huitième siècle, et se rallie définitivement à la théorie de Malone.

Maintenant où est la vérité entre tant d'hypothèses

différentes? Dégageons les diverses questions impliquées dans ce débat séculaire.

Première question : Quelle date faut-il assigner à la comédie de Shakespeare? Est-ce l'année 1604, indiquée par Malone? ou l'année 1596, fixée par Chalmers? ou l'année 1592, préférée par MM. Knight et Halliwell?

Deuxième question : La tradition rapportée par John Dennis, et léguée par le dix-huitième siècle au dix-neuvième, doit-elle être rejetée complétement, comme elle l'est par Chalmers, repoussée partiellement, comme elle l'est par MM. Knight et Halliwell, ou affirmée absolument, comme elle l'est par Malone et par l'immense majorité des commentateurs.

Troisième question : La comédie de Shakespeare doit-elle être regardée comme une introduction à la première partie de *Henry IV*, conformément à l'opinion de Chalmers et de M. Knight, ou comme faisant suite à la seconde partie, selon l'avis de Johnson?

Je vais essayer de résoudre le triple problème.

Tout d'abord une présomption grave s'élève contre la théorie de Chalmers et de M. Knight. En 1598, Meres, critique enthousiaste de Shakespeare, donne le catalogue des comédies jusque-là publiées par le poëte : il cite *les Deux Gentilshommes de Vérone, la Comédie des erreurs, Peines d'amour perdues, Peines d'amour gagnées* (titre primitif de *Tout est bien qui finit bien*), *le Songe d'une nuit d'été, le Marchand de Venise*, mais ne nomme pas *les Joyeuses Épouses de Windsor*. Or, si cette dernière œuvre était composée dès 1592 ou 1596, si elle était au répertoire depuis plusieurs années, comment se fait-il que l'auteur de *Palladis Tamia* ne l'ait pas mentionnée? Manque de mémoire, dira-t-on. Mais Meres a-t-il pu oublier cette inoubliable comédie, vouée dès son apparition à un succès populaire, la plus anglaise peut-être des compositions du maître ; une comédie dont le sujet, pris dans les mœurs intimes des classes moyennes, devait intéresser profondément la nation ; une comédie faite pour passionner et la cour et la ville, et qui d'ailleurs, comme l'annonce le titre de l'édition de 1602, avait été plusieurs fois représentée devant Sa Majesté la reine Élisabeth ? Le critique, qui se souvenait si bien de *Henry IV*, pouvait-il ne pas se rappeler une œuvre qui en est le complément scénique et qui a pour protagoniste le héros comique de ce drame illustre ? Le silence de Meres n'a, selon moi, qu'une explication raisonnable : si Meres n'a pas mentionné *les Joyeuses Épouses de Windsor* en 1598, c'est qu'en 1598 *les Joyeuses Épouses de Windsor* n'existaient pas encore.

Je rejette donc à *priori* la date 1592, proposée par MM. Knight et Halliwell, et la date 1596, adoptée par Chalmers ; mais je n'accepte pas davantage la date 1601, fixée par Malone et par Drake. L'année 1601 est l'époque la plus sombre peut-être de la vie et du règne d'Élisabeth ; c'est l'année de la révolte et du supplice d'Essex ; et je conviens avec Chalmers qu'alors la reine Élisabeth, veuve de son favori, ne devait guère être en humeur de s'amuser d'une comédie, encore moins d'en commander une. Selon moi, c'est donc dans l'intervalle entre l'année 1598 et l'année 1601 exclusivement qu'a dû être conçue, composée, montée et jouée devant la reine la comédie imprimée en 1602 par l'éditeur Johnson. En effet l'histoire fournit à l'appui de ma conjecture un document remarquable qui, chose étrange, a jusqu'ici échappé à l'attention des commentateurs.

L'hiver de 1599-1600 fut singulièrement gai à la cour d'Angleterre. Élisabeth, qui venait de mettre Essex aux arrêts, affecta une joie cruelle tant que dura cette rigoureuse captivité. Elle eut, notamment aux fêtes de Noël, comme une frénésie de plaisir. Le courtisan Rowland Whyte, sorte de Dangeo anglais à l'affût de tous les faits et gestes de la reine, raconte, dans une de ses lettres à sir Robert Sydney, que Sa Majesté s'amusait alors fréquemment à faire danser ses femmes au son du tambourin. Elle riait, elle jouait, elle chantait, elle coquetait avec ses gentilshommes ; elle se mêlait elle-même aux rondes joyeuses, et agitait en cadence ses vieilles jambes de soixante-huit ans. Tout lui était prétexte à divertissements. L'envoyé de l'archiduc Albert, le Flamand Vereiken, étant venu pour négocier la paix entre l'Angleterre et la maison d'Autriche, la reine le reçut en grand gala, le 23 février 1600, et, au moment où l'ambassadeur lui remit ses lettres de créance, elle lui dit en souriant : « J'ai » ouï dire que vous étiez personnellement désireux de me » voir ; vous n'en êtes que mieux venu. » Gracieuseté royale à laquelle le Flamand répondit par cette fadaise diplomatique : « Il est vrai que je brûlais d'entreprendre » ce voyage pour voir Votre Majesté qui, pour la beauté » et la sagesse, surpasse tous les princes du monde, et » je me considère comme infiniment obligé à ceux qui, » en m'envoyant ici, m'ont procuré le bonheur dont je » jouis. » Tout cela, du reste, était dit du bout des lèvres. Si coquette qu'elle fût avec le plénipotentiaire catholique, la reine protestante n'avait au fond nulle envie de traiter avec lui ; car en ce moment-là même elle méditait le renouvellement de son pacte d'alliance avec les révoltés de Hollande. Bien éloignée de répondre sérieusement à l'envoyé flamand, elle ne s'occupa que de le distraire. Sir Walter Raleigh, chargé de faire à Vereiken les honneurs de Londres, lui montra l'abbaye de Westminster, les tombeaux et *autres singularités du lieu*. Rowland White écrivait à son ami sir Robert Sydney, à la date du samedi 8 mars 1600 : « Toute cette semaine, les

» lords ont été à Londres et ont passé le temps en fêtes et
» en spectacles ; car Vereiken a dîné mercredi avec milord
» trésorier qui lui a donné un dîner royal ; jeudi, milord
» chambellan l'a festoyé et lui a donné un très-grand et
» très-délicat dîner ; et là, dans l'après-midi, ses comé-
» diens ont joué devant Vereiken *Sir John Oldcastle*, à
» son grand contentement : and there in the afternoone
» his Plaiers acted before Vereiken *Sir John Oldcastell* to
» his great contentment. » — *Sydney Papers*, éd. 1746,
tome II, page 175.

Or, quelle est cette pièce intitulée : *Sir John Oldcastle*, qui fut représentée officiellement, le jeudi 6 mars, par les comédiens du lord chambellan devant l'ambassadeur de l'archiduc et qui contenta si fort celui-ci ? Au premier abord, on est tenté de croire qu'il s'agit d'un drame en deux parties, ayant pour titre : *la Vie de sir John Oldcastle, lord Cobham*, pour la composition duquel quatre auteurs, Monday, Drayton, Wilson et Hathaway reçurent du chef de troupe Henslowe la somme de dix livres, à la date du 16 octobre 1599, et qui fut publié en 1600 par le libraire Thomas Pavier. Mais cette supposition ne résiste pas à l'examen. Le drame acheté par Henslowe fut monté et représenté, non par la troupe de lord chambellan, mais par la troupe dont Henslowe lui-même était le chef, et dont le lord amiral était le patron ; la preuve de ce fait est en tête de l'édition de 1600 qui publie le drame en question, « tel qu'il a été joué récemment par les servi-teurs *du très-honorable comte de Nottingham, lord grand amiral d'Angleterre.* » D'ailleurs, il suffit de jeter un coup d'œil sur le drame publié en 1600 pour reconnaître qu'il n'a pu être représenté devant Vereiken *au grand contente-ment* de celui-ci. Une pièce ayant pour idée fondamentale la réhabilitation du martyr Oldcastle, qui fut brûlé vif en 1418, comme partisan des doctrines hétérodoxes de Wiclef, ne pouvait certes pas être agréable à un catholique représentant de la très-catholique maison d'Autriche. Vereiken, loin de s'en déclarer content, se fût certainement tenu pour offensé d'un spectacle qui outrageait ses convictions religieuses, en présentant les prêtres papistes comme des brigands et des assassins. Évidemment donc la pièce qui charma si fort Vereiken dans l'après-midi du jeudi 6 mars, n'était pas et ne pouvait pas être l'ouvrage acheté et monté par Henslowe dès 1599. Qu'était-ce donc que cette pièce ? Eh bien, selon mon hypothèse, c'était la comédie même de Shakespeare, la comédie publiée en 1602 par le libraire Johnson sous ce titre : « Une comédie fort plaisante de *Sir John Falstaffe* et des joyeuses épouses de Windsor, comme elle a été diverses fois jouée par *les serviteurs du très-honorable lord chambellan*. » Au lieu de ce mot : *Falstaffe*, mettez ce mot : *Oldcastle*, et tout devient clair ; le problème qui depuis cent cinquante ans intrigue toute la critique est résolu.

Or, rappelons-nous ce fait incontestable et incontesté que le personnage bouffon, aujourd'hui si fameux sous le nom de *Falstaff*, porta dans l'origine le nom de tragédie d'*Oldcastle*. Le nom d'*Oldcastle* est encore lisible dans le texte de l'édition originale de *Henry IV* (sc. II, part. II) en tête d'une des répliques de Falstaff au grand juge. « A la première représentation de *Henry V*, écrivait du temps de notre poëte le docteur Richard James, le personnage à qui était confié le rôle du bouffon était non Falstaff, mais sir John Oldcastle : des descendants de ce personnage, qui portaient son titre, s'étant justement offensés d'une telle exhibition, le poëte fut forcé de recourir au maladroit expédient d'outrager sir John Fastolphe, un homme d'une vertu non moindre [1]... » Ainsi,

[1] Extrait d'une lettre récemment retrouvée à la bibliothèque dite *Bodleian library*.

— l'assertion du docteur James le prouve, — le héros comique du poëte resta populairement connu sous l'appellation d'Oldcastle jusqu'à la fin du seizième siècle, en dépit même, semble-t-il, du changement de nom opéré déjà par Shakespeare lors de la publication de la première édition de *Henry IV*, en 1597. Il est donc tout naturel que Rowland Whyte, habitué à cette appellation familière, ait, dans sa lettre à sir Robert Sydney, désigné par le titre *Sir John Oldcastle* la comédie de Shakespeare, qui fut publiée en 1602 par Johnson, et qui, retouchée ultérieurement par l'auteur, fut jouée en 1613 devant l'Électeur Palatin sous ce titre : *Sir John Falstaff* [1].

Je dis que la pièce jouée en 1600 devant Vereiken, était l'œuvre embryonnaire, imprimée en 1602, et non l'œuvre définitive, imprimée en 1623 ; et voici un détail curieux qui vient à l'appui de mon opinion. L'ambassadeur de l'archiduc Albert, Vereiken, était Flamand, rappelons-nous-le. Or, dans la comédie revisée et publiée en 1623, il y a deux gros sarcasmes à l'adresse des Flamands. A la fin de la scène V, le mari jaloux Gué (Ford) se dit qu'il aimerait mieux « *confier son beurre à un Flamand*, sa bouteille d'eau-de-vie à un Irlandais, sa haquenée à un voleur en promenade que sa femme à elle-même. » Ailleurs, au commencement de la scène IV, mis-

---

[1] « Payé à John Héminge, sur un mandat du conseil daté de Whitehall, le vingtième jour de mai 1613, la somme de 33 livres 6 shillings 8 deniers pour avoir représenté devant Son Altesse le prince Charles, Madame Élisabeth et le prince Électeur Palatin quatorze pièces, à savoir : *Philaster, la Bande des fous, Beaucoup de bruit pour rien, la Tragédie de la Vierge, le Joyeux Diable d'Edmonton, la Tempête, Roi et pas roi, la Tragédie des Jumeaux, le Conte d'hiver*, Sir John Falstaffe (*les Joyeuses Épouses de Windsor*), *le More de Venise, le Grand Seigneur, la Tragédie de César* et *l'Amour sanglant.* » Extrait des comptes de Lord Harrington, trésorier de la chambre de Jacques Ier.

tress Page, lisant la déclaration d'amour de Falstaff, s'écrie avec indignation : « Quelle légèreté *cet ivrogne flamand* a-t-il donc découverte dans ma conduite pour oser m'assaillir de cette manière? » Cette qualification d'*ivrogne* adressée au Flamand par une bouche anglaise était d'autant plus offensante, remarquons-le, qu'elle exprimait un grief national. Les contemporains de Shakespeare accusaient fort sérieusement le peuple des Pays-Bas de les avoir initiés à l'ivrognerie. Sir John Smythe raconte avec amertume, dans ses *Causeries* (1590), que la nation anglaise, jadis une des plus sobres de la chrétienté, contracta ce *détestable vice* à la suite des campagnes de Flandre. Or, est-il probable qu'une pièce contenant des paroles si injurieuses pour les mœurs flamandes ait été représentée devant un ambassadeur flamand, à la grande satisfaction de cet ambassadeur? Non, certes. Eh bien, chose digne de remarque, ces deux passages, si malsonnants aux oreilles flamandes, que contient la comédie revisée, ne sont pas dans la comédie ébauchée. Dans la pièce publiée en 1602, il n'est pas question d'*ivrogne flamand*, et le membre de phrase *donner son beurre à un Flamand* manque justement à la phrase dite par Gué. Je conclus de là que c'est l'œuvre primitive qui fut jouée devant l'envoyé de l'archiduc. Le sarcasme, interdit à Shakespeare lors de la conception de la comédie, lui fut amplement permis lors de la révision. Quand le plénipotentiaire de la maison d'Autriche fut parti, quand les négociations furent rompues entre Bruxelles et Londres, quand les rives opposées de la Flandre catholique et de l'Angleterre protestante furent redevenues ennemies, le poëte alors reprit sa liberté, et fut parfaitement à l'aise pour ouvrir contre les papistes flamands le feu de ses épigrammes.

Ceci admis que la pièce représentée devant Vereiken en

1600 est la comédie de Shakespeare, telle qu'elle fut imprimée en 1602, l'ensemble des circonstances historiques rattachées aux *Joyeuses Épouses de Windsor* se développe logiquement. L'allusion à certain duc de Germanie visitant la cour d'Angleterre, — allusion que MM. Knight et Halliwell rattachent à un comte de Montbéliart venu à Londres en 1592, — peut aussi bien s'appliquer à l'archiduc Albert, représenté par son ambassadeur. La tradition mentionnée par Dennis acquiert une grande vraisemblance : il est tout simple que la reine Élisabeth, recevant solennellement l'envoyé de la maison d'Autriche, ait elle-même inclus dans le programme officiel des fêtes données en cette circonstance la représentation d'une pièce nouvelle par la troupe que patronnait son chambellan. Ce divertissement entrait en quelque sorte dans sa politique. Elle jugeait nécessaire d'*amuser* le diplomate catholique et certes elle ne pouvait mieux l'amuser qu'en faisant ressusciter par Shakespeare le personnage éminemment bouffon qui l'avait tant fait rire elle-même à la représentation de *Henry IV*. D'après la tradition, la comédie, commandée par la reine, aurait dû être composée en moins de quinze jours. La brièveté du délai ainsi accordé à l'auteur s'explique ici tout naturellement, la représentation devant avoir lieu en présence d'un ambassadeur dont la mission extraordinaire devait être de courte durée ; et en effet Vereiken, débarqué à l'escalier de la Tour de Londres le 18 février, était parti pour Bruxelles le 11 mars 1600. — Ainsi pressé par le temps, le poëte dut se dépêcher d'accomplir le miracle qui lui était commandé. Sans avoir le temps de la méditation, il dut faire revivre Falstaff et ses compagnons, et ranimer pour une intrigue nouvelle ces personnages si populaires tout fraîchement enterrés dans *Henry V*.

On voit d'ici l'immense difficulté de cette tâche. Il fallait que la pièce écrite en hâte restât constamment en harmonie intime avec les drames historiques dont elle devait former le complément. Il fallait que l'action de cette pièce pût prendre logiquement sa place dans le courant des événements qui font le sujet de la trilogie lancastrienne. Il fallait enfin que ces individualités si originales, Falstaff, Bardolphe, Pistolet, Nym, Shallow, mistress Quickly, figurassent dans la fable improvisée sans contredire ni leur caractère ni leur existence antérieurement connue. Que de minutieux problèmes à résoudre ! Grande fut la perplexité de l'auteur quand il s'agit de déterminer l'époque à laquelle devait avoir lieu la comédie nouvelle. La farce jouée à Falstaff par les joyeuses bourgeoises de Windsor, devait-elle prendre date avant ou après sa disgrâce, sous le règne de Henry IV ou sous le règne de Henry V ? Shakespeare, en improvisant la comédie, se prononça d'abord pour la première solution, et plaça l'aventure de Windsor avant la mort de Henry IV par cette exclamation mise dans la bouche de Falstaff à la fin de l'œuvre ébauchée : « Sur ma vie, je gage que ce fou de prince de Galles est en train de tuer les daims de son père, *I'll lay my life the mad prince of Wales is stealing his father's deer*. » Mais Shakespeare dut reconnaître, après réflexion, les nombreux inconvénients qu'il y avait à placer la comédie avant l'avénement de Henry V. Si, au moment de l'algarade de Windsor, Henry est encore prince de Galles, son association avec sir John n'est pas dissoute, dame Quickly tient encore la taverne d'Eastcheap, d'où, rappelons-nous-le, elle n'a été enlevée avec Dorothée qu'immédiatement avant le couronnement de Henry, et ne peut pas conséquemment être à Windsor la femme de ménage du docteur Caïus ; le juge Shalow en est encore au temps où il se rappelle complaisamment son camarade de collége Falstaff, et où, fort honoré de la visite de ce *bon chevalier*, il va lui prêter mille livres sur parole ; si bien disposé pour Falstaff, il ne peut certainement pas avoir déjà contre lui ce gros grief du daim tué pour lequel il veut porter plainte devant la chambre étoilée. En méditant sur son œuvre, Shakespeare vit les contradictions choquantes que lui imposait la date originairement fixée par lui ; dès lors il se ravisa, et résolut de placer définitivement l'aventure de Windsor, non plus avant, mais après le couronnement de Henry V.

Nul doute que le poëte, en revisant sa comédie, n'ait tenu à marquer ce changement d'époque. Nous ne retrouvons plus dans l'ouvrage remanié, tel qu'il fut imprimé en 1623, l'exclamation de Falstaff croyant entendre le cor du prince de Galles chassant sur les terres de son père. Non content de cette rature, l'auteur indique par des détails nouveaux que la comédie prend décidément place entre *la seconde partie de Henry IV* et *Henry V*, dans la période indéterminée qui commence à la disgrâce de Falstaff et finit à sa mort. Ainsi, l'amoureux d'Anne Page, Fenton, présenté comme un ancien compagnon du prince de Galles et de Poins, parle comme d'un souvenir déjà lointain de *ses extravagances passées, my riots past* : ce qui nous donne à entendre que la folle bande patronnée par Hall est déjà licenciée. Les personnages que nous avons vus dans *Henry IV* ont évidemment vieilli quand ils reparaissent à Windsor. Falstaff, qui n'avait guère plus de soixante ans dans *Henry IV*, et que le prince de Galles appelait *son été de la Saint-Martin*, est dénoncé par mistress Page comme un vieillard glacé et flétri, *old, cold, withered*, comme un homme presque mis en pièces par l'âge, *one that is very nigh worn to pieces by age*. Le juge Shallow, qui, dans *Henry IV*, se rappelle avoir été étudiant cinquante-cinq ans auparavant, se dit ici plus qu'octogénaire : « J'ai vécu, dit-il, quatre-vingts ans et au delà. » Tous ces détails ont été ajoutés par la retouche au texte primitif publié en 1602. Un dernier raccord significatif met hors de doute l'intention du correcteur. On se rappelle que, dans la seconde partie de *Henry IV*, dame Quickly se donne « comme une pauvre *veuve* d'Eastcheap, » et que dans *Henry V* elle reparaît brusquement mariée à Pistolet. Eh bien, ce mariage entre l'entremetteuse et l'enseigne, que rien ne faisait prévoir dans *Henry IV*, est l'accomplissement de ce vœu fantasque que la pièce revisée fait prononcer par Pistolet, quand celui-ci voit sortir dame Quickly de chez Falstaff à la scène V : « Forçons de voile, donnons-lui la chasse, hissons les bastingages. Feù ! *elle est ma prise, she is my prize*, ou je veux que l'Océan nous engloutisse tous. »

Ainsi l'époque est bien fixée. Les mésaventures de Falstaff à Windsor sont postérieures au couronnement de Henri V et à la rupture publique de sir John avec son royal ami. Le poëte a ainsi marqué puissamment l'écart final entre ces deux existences autrefois mêlées par la camaraderie. Tandis que Hal va se développer dans la gloire, Falstaff va progresser dans la honte. Pendant que le prince régénéré, épuré, transfiguré, marche de triomphe en triomphe, et devient à Azincourt la plus lumineuse incarnation de la patrie anglaise, Falstaff, disgracié, ne sachant même pas se contenter de la pension qu'il doit à une aumône princière, endetté incessamment par ses appétits croissants, empêtré de plus en plus dans la crapule, dégénérant indéfiniment dans la matière, désespérément envahi par la décrépitude, n'est plus qu'un fantoche grotesque bon à amuser des enfants, et qu'un Cassandre ridicule berné par des provinciales !

Grâce à l'heureuse modification ainsi apportée par le poëte à son œuvre, *les Joyeuses Épouses de Windsor*, précédant immédiatement *Henry V*, donnent un relief extraordinaire à ce drame héroïque. La dégradation du chevalier abruti devient la contre-partie de l'apothéose du prince idéalisé. La farce fait repoussoir à l'épopée.

La comédie, hâtivement improvisée par Shakespeare en 1600, n'a acquis sa valeur véritable que par la retouche. Cette retouche magistrale lui a donné ce qui lui manquait, le fini du détail, la précision et la saillie des figures, la mise en perspective de l'ensemble. Le défaut choquant de la comédie ébauchée est la trop brusque accumulation des incidents. Les trois mystifications dont Falstaff est la victime, se succèdent presque sans préparation, presque sans explication. Sir John n'a pas le temps de respirer entre toutes ses infortunes : à peine s'est-il dépêtré du panier au linge sale et de la bourbe de la rivière, qu'il se laisse travestir en vieille femme pour être bâtonné ; et il n'a pas plutôt reçu sa volée de bois vert, qu'il se laisse emmener dans le parc pour y être tarabusté de plus belle. Cette précipitation ôte toute vraisemblance à l'intrigue. Il est impossible que Falstaff, si aveuglé qu'on le suppose, donne si vite dans tant de panneaux.

Aussi la révision, en doublant matériellement l'étendue de l'œuvre, a-t-elle largement espacé toutes ces péripéties. — Dans la comédie esquissée, il n'y a que deux petites scènes entre la farce de l'immersion et la farce de la bastonnade ; là, aussitôt que Falstaff, inondé de fange, est rentré à son auberge, dame Quickly et Gué accourent, et le décident à tenter une seconde épreuve ; puis intervient un court dialogue dans lequel les deux rivaux Fenton et Slender sont mis en présence de leur chère Anne Page ; après quoi Falstaff reparaît, et le second tour est joué. Dans la comédie revisée, l'action suit une tout autre marche ; l'ordre des scènes est interverti ; immédiatement après l'incident du panier à lessive, se place le tableau où figurent Anne Page et ses deux galants; puis a lieu la conférence de l'auberge entre Falstaff, dame Quickly et Gué ; et alors, pour empêcher le rapprochement trop brusque entre cette conférence et la mystification qui doit s'ensuivre, arrive un épisode, ajouté tout exprès au scenario primitif, ce charmant épisode qui nous montre mistress Page menant « son petit homme à l'école » et faisant interroger l'enfant par sir Hugh Evans. Ainsi l'intervalle entre la farce du panier à linge et la farce de la bastonnade, qui n'était primitivement que de *deux* scènes, est ici de *trois* scènes. — Le poëte a pris plus de précaution encore pour amener la farce décisive du parc de Windsor. Dans l'œuvre esquissée, cette farce n'est séparée de la précédente que par *quatre* scènes ; elle en est séparée part *sept* scènes dans l'œuvre revisée. Non content de la diversion déjà créée par la réconciliation de Gué avec sa femme, par la visite burlesque que fait Simple à l'auberge de la Jarretière, par le bon tour que le curé et le docteur jouent à l'aubergiste, par l'entretien du susdit aubergiste avec Fenton, Shakespeare a ajouté à l'œuvre originale trois scènes destinées spécialement à préparer la mystification finale : la scène où Falstaff reçoit la troisième visite du mari jaloux, et les deux scènes qui nous montrent les différents groupes de conjurés cheminant tout en causant vers le lieu du rendez-vous. Ainsi ménagé, expliqué, comploté, éclate avec toute la solennité nécessaire le féerique coup de théâtre du dénoûment.

Cette scène suprême a été elle-même profondément modifiée par la retouche. Dans l'ouvrage ébauché, les vers chantés par les prétendus lutins autour du chêne de Herne sont exclusivement satiriques. Les lutins s'excitent à des espiégleries bouffonnes : ils s'exhortent à pincer les servantes qui se sont couchées sans avoir lavé la vaisselle ni balayé l'âtre, et à troubler sans merci le sommeil des procureurs et des records « aux yeux de renard. » L'auteur a raturé cette épigramme un peu banale contre les gens de loi, et l'a remplacée par cette ode fameuse que lui inspire la grandeur immémoriale du château de Windsor. Dans un magnifique mouvement lyrique, il somme les rois de respecter à jamais cette majesté de pierre dont ils sont les hôtes, et souhaite fièrement que le « châtelain soit toujours digne du château. » Puis, s'adressant à l'aristocratie, dont les panoplies armoriées sont rangées à l'ombre du monument dans la chapelle Saint-Georges, il émet le vœu que ces splendides insignes de la grandeur mondaine soient aussi les symboles de la grandeur morale. De l'avis des commentateurs, ces vers admirables auraient été composés à propos d'un événement qui dut intéresser intimement Shakespeare. En juillet 1603, le noble privilégié à qui sont dédiés les sonnets de Will, le comte de Southampton, tout récemment délivré de captivité par la mort de la reine Élisabeth, fut installé chevalier de la Jarretière. La comédie *les Joyeuses Épouses de Windsor* fut représentée de nouveau à la cour en 1604 ; et il est infiniment probable que, revisant son œuvre à cette occasion, le poëte a en effet voulu adresser ici un délicat souvenir au « Lord de son amour. »

Ce qui me frappe dans cette refonte des *Joyeuses Épouses de Windsor*, ce n'est pas seulement le perfectionnement de l'ensemble, l'éclaircissement de l'intrigue, c'est principalement l'achèvement du détail. Partout, sous la retouche, naissent les traits lumineux qui font ressortir les personnages et saillir les figures. Ici, une exclamation caractéristique nous peint sous un jour tout nouveau la *mélancolique* Anne Page, la beauté *aux che-*

veux noirs et *à la menue voix* : « Épouser le docteur
» Caïus ! s'écrie-t-elle, j'aimerais mieux être enterrée vive
» et lapidée avec des navets ! » Là une phrase ravissante
nous explique et la préférence d'Anne pour Fenton et le
triomphe futur de celui-ci : « Fenton voltige, il danse,
» il a les yeux de la jeunesse, il écrit des vers, il parle en
» style de gala ; il a un parfum d'avril et de mai. Il l'em-
» portera, les fleurs le lui annoncent ; il l'emportera. »
Maintenant voulez-vous voir le rival de Fenton, Slender ?
C'est encore une retouche qui va vous le révéler : « Maître
» Slender a une toute petite figure avec une petite barbe
» jaune comme la barbe de Caïn ; il est d'humeur douce,
» mais il a la main aussi leste que peut l'avoir un homme
» à tête vive ; il porte la tête haute et se pavane en che-
» minant. » La plus grande gloire de Slender, encore
mise en lumière par la retouche, c'est d'avoir tenu en
laisse le terrible ours Sackerson, le plus féroce de la mé-
nagerie du Bankside. Dans la comédie esquissée, Slender,
tout gauche qu'il est, a encore une certaine initiative
morale : il conçoit de lui-même l'idée d'épouser Anne
Page, et il a assez d'intelligence pour le lui dire dans un
tête-à-tête que lui-même a su ménager. Dans l'œuvre revisée, Slender est bien autrement grotesque : son mariage avec Anne Page est une idée du curé Evans, adoptée
par Shallow et approuvée par Page, et les trois graves
personnages ont beau lui seriner son rôle, il ne vient jamais à bout de faire sa déclaration à la jeune fille. Cette
figure de provincial outrecuidant et stupide, qui pour
Hazlitt est la plus originale de l'œuvre, n'est pas même
entrevue dans l'ébauche ; elle est tout entière une évocation de la retouche. La retouche illumine aussi les autres
figures. Si Gué est aussi jaloux de sa femme, c'est que
« sa femme jase et a l'œillade agaçante. » Si Page est
aussi peu inquiet de la sienne, c'est que mistress Page

« est aussi loin de lui donner un motif de jalousie que le monde où nous sommes est loin des antipodes. » Et puis c'est que mistress Page domine absolument son mari et règne souverainement dans son ménage : « Elle fait ce
» qu'elle veut, dit ce qu'elle veut, reçoit tout, paie tout,
» va au lit quand il lui plait, se lève quand il lui plaît ;
» tout va comme elle l'entend ; et vraiment elle le mérite ;
» car, s'il y a une femme aimable dans Windsor, c'est
» celle-là. » Mistress Page est honnête, mais point prude ; c'est une de ces femmes aimables qui ont la vertu enjouée, et sa loyauté même ressort de ce trait rabelaisien qui manque à l'esquisse : « Être mise sous presse par ce
» Falstaff ! j'aimerais mieux être une géante couchée sous
» le mont Pélion ! »

Les Joyeuses Épouses de Windsor sont une œuvre exceptionnelle dans l'immense théâtre de Shakespeare. Cette comédie est la seule composition du maître qu'on pourrait qualifier aujourd'hui de *réaliste*. Sauf au dénoûment, où la fantaisie lyrique reparaît souveraine, les tableaux qui ici s'offrent à nous semblent tous faits d'après nature. Ici tout vit, tout marche, tout s'agite dans l'air même que respirait Shakespeare. Ce bourg de Windsor condense, dans un microcosme complet, la société anglaise telle que l'a faite le moyen âge. La critique n'a pas encore remarqué que toutes les fonctions essentielles à la vie civile du seizième siècle sont groupées là avec un art admirable. — Celui-ci, l'hôte de la Jarretière, gai compère, gouailleur, narquois, plein de son importance, ayant le sourire fixe de l'hospitalité cosmopolite, c'est le trait d'union primitif de tous les rangs et de toutes les classes, le familier du passant, l'ami intéressé de quiconque arrive, le compatriote banal de tous les étrangers, l'*aubergiste*.— Cet autre, Caïus, au grasseyement exotique, à l'air charlatan, pédant prétentieux, tout bouffi des hautes relations qu'il doit à un savoir problématique, c'est le confident indispensable des ménages, le visiteur de la cour et de la ville, le possesseur des recettes mystérieuses d'Hippocrate et de Paracelse, le *médecin*. — Ce troisième, Evans, au regard limpide, à la mine ouverte, Gallois à face gauloise, clerc mondain qui entremêle les chansons d'amour et les psaumes, qui manigance les mariages en attendant qu'il les consacre, et qui, au besoin, croiserait l'épée comme un homme d'armes, c'est l'indispensable représentant du spirituel dans le temporel, l'immémorial directeur des âmes, le rival instinctif du médecin, le *curé*. — Ce quatrième, Shallow, vaniteux, bavard, important, tout fier d'avoir douze brochets dans ses armoiries, robin décrépit qui rend des arrêts en latin barbare, c'est l'organe de la loi, le pourvoyeur de la vindicte publique, l'arbitre de la chicane, le défenseur de l'ordre, le *juge*. — Ces deux autres, Page et Gué, personnages sans façon, aux mains rudes, aux allures indépendantes et cordiales, vivant grassement sur leurs terres qu'ils exploitent, fermiers-propriétaires, citadins demi-campagnards, ce sont les représentants de l'antique servage émancipé, les hommes de la classe moyenne, les francs-tenanciers, les *bourgeois*. — Cet autre, Slender, à la silhouette béatement idiote, ce gobe-mouche allié aux hobereaux du Gloccestershire et neveu d'un *Custalorum*, ce godelureau qui se plaint modestement de n'avoir à son service que trois valets et un page, ce merveilleux de province singeant les incroyables de la capitale, fou des courses de chiens, passionné pour les combats d'ours, ayant pour l'escrime un goût malheureux, ce galant qui ne peut faire sa cour s'il n'a pas sur lui son manuel de chansons et de sonnets, c'est le personnage intermédiaire entre l'homme de qualité et le bourgeois, le représentant de cette catégorie de plus en plus nombreuse qui, en Angleterre, prend place entre la qualité et la roture, l'*esquire*. — Cet autre enfin, Falstaff, capitaine encanaillé, banneret délabré, gentilhomme gueux, homme d'épée à la retraite, frère d'armes dégénéré des preux et des paladins, c'est le type moderne de l'antique race conquérante, la dernière incarnation de l'aristocratie primordiale, le *chevalier*.

Tous ces personnages si bien dessinés, dont chacun représente une classe : — l'hôtelier, le médecin, le curé, le juge, le bourgeois, l'esquire, le chevalier, — se meuvent, s'agitent, se coudoient, s'irritent, se provoquent, se dupent et se bafouent dans une mêlée bouffonne, qu'une étincelante gaîté illumine d'un bout à l'autre. L'action, que doit terminer une mascarade, commence par un gala. Un dîner, dont la pièce de résistance est un pâté de venaison envoyé par Shallow, réunit chez Page presque tout le personnel de la comédie. C'est dans cette réunion joyeuse que se nouent les deux intrigues principales, l'une qui doit aboutir à la déconvenue de Slender, l'autre qui doit se terminer par l'humiliation de Falstaff. Tandis que, d'un côté, un groupe composé du juge Shallow, du curé Evans et de maître Page complote le mariage de la jolie Anne avec cet esquire imbécile, de l'autre le chevalier besoigneux rumine le projet de se faire entretenir par mistress Page et mistress Gué, qu'il honorera en même temps de ses faveurs gentilhommières. Les deux bourgeoises, qui reçoivent du chevalier le même billet doux, sont scandalisées de tant d'impertinence, et résolvent de châtier le gros paillard en lui donnant un rendez-vous où il sera berné d'importance. Mais cette amusante contre-intrigue, ourdie par les deux matrones pour déjouer l'intrigue de leur aspirant séducteur, n'a pas suffi au génie bouffon de Shakespeare. Le poëte a doublé la puissance de l'imbroglio, en provoquant contre Falstaff la jalousie d'un des deux maris, Gué, qui prend au tragique les avances ironiques de sa femme, et qui, pour faire avorter les projets amoureux de sir John, s'insinue, sous un déguisement, dans la confidence du chevalier.

Cette situation éminemment comique du galant ayant pour confident le jaloux, Shakespeare l'a empruntée, en la renouvelant, au roman italien. Dès le quatorzième siècle, Ser Giovanni Fiorentino avait raconté, dans *Il Pecorone* (giornata 1, novella 2), l'aventure d'un étudiant de Bologne qui, s'étant amouraché d'une femme qu'il ne sait pas être la propre femme de son professeur, confie à celui-ci ses projets de séduction et le prévient des rendez-vous que lui accorde la belle. Le mari, ainsi averti d'avance, arrive constamment au milieu des tête-à-tête ; mais constamment l'étudiant échappe à ses perquisitions, une fois en se cachant sous un monceau de linge fraîchement revenu de la lessive, une autre fois en s'esquivant dans l'obscurité au moment où la femme ouvre la porte au jaloux. Le mari, frustré dans ses recherches, devient furieux ; les parents de la femme accourus le traitent de fou, le garrottent, l'étendent sur un matelas devant un feu ardent ; et l'étudiant, venu alors pour voir son maître, reconnaît celui qu'il a trompé et, impuni jusqu'au bout, se réfugie à Rome. — La même histoire se retrouve dans un recueil de nouvelles publié à Venise en 1569, *Le Tredeci piacevoli notti del S. Gio. Straparola* [1] ; seulement les stratagèmes d'évasion y sont légèrement modifiés, et la conclusion en est plus tragique. Le trompeur échappe à l'époux trompé, d'abord en se fourrant dans le lit conjugal sur lequel les rideaux ont été tirés, puis en se cachant dans une malle recouverte de linge, enfin en se faufilant

---

[1] Les Facétieuses Nuits de Straparole, traduites par Jean Louveau et Pierre de Larivey, IV nuit, fable IV. — Bibliothèque elzévirienne. — Pagnerre, éditeur.

dans une caisse remplie de papiers de famille précieux, que la femme fait emporter de la maison incendiée par le mari. Sur quoi les deux adultères s'enfuient en Portugal, et le mari meurt de désespoir. En 1590, le conte italien est popularisé en Angleterre par la publication des *Nouvelles du Purgatoire* de Tarleton, le narrateur anglais paraphrase le récit de Straparole [1], et le reproduit presque servilement, en essayant toutefois, — précaution qui lui fait honneur, — de pallier la faute de l'épouse, qu'il représente comme mariée toute jeune et contre son gré à un docteur de quatre-vingts ans. C'est probablement par cette version d'un compatriote que Shakespeare a connu le récit italien. Mais le grand poëte n'a accepté ce récit que pour le transfigurer. S'il a adopté l'intrigue, ce n'a été qu'à la condition d'en éliminer la circonstance immorale, l'adultère de la femme, et la circonstance odieuse, la mort du mari.

C'est une étude infiniment curieuse d'examiner ce que devient la donnée italienne, traitée par ces deux génies si divers, le génie anglais et le génie français. Molière, dans l'*École des femmes*, s'empare de la fable même que Shakespeare s'approprie ici. Or Molière est d'accord avec Shakespeare pour dépouiller la fable de sa conclusion tragique ; ainsi que Shahespeare, Molière tient à éliminer la circonstance aggravante de l'adultère, et il y parvient, autrement que Shakespeare, en modifiant radicalement la relation de la trompeuse avec le trompé : Arnophle n'est pas pour Agnès un mari, mais un soupirant ; et cette situation permet à la jeune fille de se donner sans crime à Horace, qu'elle préfère. Mais Molière a eu beau fournir cette excuse à Agnès ; il a eu beau exagérer les travers ridicules d'Arnolphe ; la déconvenue du vieil-

---

[1] Voir le conte de Tarleton à l'Appendice.

lard profondément amoureux et son désespoir final n'en laissent pas moins une impression pénible sur l'esprit du spectateur. Molière ici n'a pu éviter un effet fâcheux que Shakespeare a supérieurement prévenu. Moins comique dans son essence que l'œuvre de Shakespeare, l'œuvre de Molière est moins comique aussi dans son développement. Ainsi que Gué, sous un faux nom, est le confident de Falstaff, Arnolphe, sous un nom d'emprunt, est le confident d'Horace ; mais les péripéties bouffonnes qui résultent des révélations faites par le galant au jaloux, péripéties que Shakespare a largement mises en scène, sont systématiquement tenues dans l'ombre par Molière et reléguées au récit. C'est par les froides narrations d'Horace que nous sont successivement révélées toutes les épreuves auxquelles le soumet la jalousie de monsieur de la Souche :

> Mais à peine tous deux dans la chambre étions-nous,
> Qu'elle a sur les degrés entendu son jaloux ;
> Et tout ce qu'elle a pu, dans un tel accessoire,
> C'est de me renfermer dans une grande armoire.
> Il est entré d'abord, je ne le voyais pas ;
> Mais je l'oyais marcher, sans rien dire, à grands pas,
> Poussant de temps en temps des soupirs pitoyables,
> Et donnant quelquefois de grands coups sur les tables,
> Frappant un petit chien qui pour lui s'émouvait,
> Et jetant brusquement les hardes qu'il trouvait.

Ce que Molière nous cache là, est justement ce que Shakespeare aime à nous montrer. Shakespeare veut que nous soyons témoins de l'amusante scène récitée par Molière ; il veut que nous assistions aux perquisitions si divertissantes du jaloux ; il tient à ce que nous voyions *ces hardes jetées si brusquement*, et, en dépit du qu'en-dira-t-on, il sème complaisamment sur la scène le linge sale que le jaloux arrache pièce à pièce du panier à lessive. Les péripéties grotesques, qui passent inaperçues dans la pièce française, forment les incidents les plus saillants de la pièce anglaise. Molière évite les développements bouffons du sujet; Shakespeare les cherche. Molière modère sans cesse la comédie; Shakespeare l'outre magistralement jusqu'à la farce. Le bâton, qui derrière la coulisse se lève sur Horace, tombe en plein proscénium sur les épaules énormes de Falstaff travesti en vieille femme. Les cornes, qui restent pour Arnolphe un épouvantail insaisissable, deviennent visibles chez Shakespeare, et, au moment décisif, à la clarté de mille flambeaux fantastiques, au fracas des fous rires et des chansons folles, étalent leurs gigantesques ramures sur le front de Falstaff bafoué.

Le dénoûment des *Joyeuses Épouses de Windsor*, admirable mélange de lyrisme et de bouffonnerie, traduit ainsi par une satire inoubliable la pensée si hautement morale de l'œuvre. Le complot se retourne contre le conspirateur. Le ridicule que, dans un calcul sordide, Falstaff voulait infliger aux deux maris, finit par écraser le chef ébouriffé du galant confondu. Ah ! chevalier, vous prétendiez exploiter ces deux honnêtes femmes ; et vous, l'homme d'esprit par excellence, vous vous croyiez sûr de triompher de leur simplicité roturière ; mais telle est la puissance de la vertu que, guidées par elle, deux provinciales vous ont battu. Vous comptiez les jouer ; elles vous ont berné. Vous espériez faire d'elles vos « Indes occidentales ; » elles ont fait de vous leur mannequin. Vous vouliez qu'elles trahissent leurs maris ; c'est à vous qu'elles en ont fait porter.

Convenons-en, la chevalerie, dont Falstaff est le représentant, fait ici piteuse mine. Jamais elle n'a apparu plus saugrenue, plus désespérément ridicule que dans cette humiliation à elle infligée par deux bourgeoises. Pour qu'ici nous le comprenions bien, le poëte a complété sa démonstration par un corollaire. La conclusion, qui met en lumière l'opprobre de Falstaff, met en relief l'échec de Slender. Ce sot indigne qui, sous prétexte qu'il a des rentes, croyait acheter en mariage la jolie Anne Page, se la voit enlever finalement par le pauvre Fenton, et, — déboire suprême, — au lieu de la charmante fille, épouse un postillon ! Ainsi la déconvenue burlesque de l'esquire consacre la mortification grotesque du chevalier. En définitive, nous assistons à l'éclatante victoire des humbles sur les arrogants : la simplicité a raison de la ruse, l'affection de la cupidité, le désintéressement du calcul, la droiture de l'intrigue.

Leçon exquise, dont le dernier mot pourrait être cette vérité : Le cœur a plus d'esprit que l'esprit même.

II

La nature a de singuliers caprices. Cette génératrice universelle, qui a pour loi la variété dans l'harmonie, enfreint parfois ce principe suprême par d'étranges anomalies. Elle qui puise à même l'inépuisable, elle qui peut diversifier les types à l'infini, et produire autant de physionomies qu'il y a de visages, elle a par moments cette fantaisie de jeter deux figures dans un moule unique : elle crée des ménechmes. L'analogie physique, qui existe généralement entre les frères venus successivement au monde, devient surprenante chez les frères engendrés à la même heure. L'air de famille arrive alors jusqu'à l'identité. Même figure, même teint, même chevelure, même taille, même regard. Le père et la mère s'y méprennent ; ils ont beau examiner ces marmots, ils ne distinguent pas l'un de l'autre.

Proles
Indiscreta suis gratusque parentibus error.

L'affinité de traits et de goûts crée entre les jumeaux une sympathie en quelque sorte irrésistible, et en fait des inséparables. Ils sont tellement pareils qu'ils souffrent d'être dépareillés. L'éloignement les décomplète ; dès qu'ils se sont perdus, ils se cherchent : si celui-ci s'en va, celui-là le suit, fût-ce dans la tombe. Le dernier soupir de l'un est généralement l'agonie de l'autre ; ils ont peine à se survivre ; nés ensemble, ils veulent instinctivement mourir ensemble. Ils sont ici-bas l'expression suprême de la fraternité. L'atroce raison d'État a pu seule fournir des exceptions à cette règle d'amour. Il a fallu toute la violence du principe monarchique pour diviser les deux jumeaux mis au monde par Anne d'Autriche et pour faire de l'un le geôlier de l'autre. A moins de remonter jusqu'aux temps fabuleux, on ne trouverait pas un autre exemple d'un si monstrueux fratricide. Et encore Romulus assassinant Remus est-il moins horrible que Louis le Grand étouffant lentement l'homme au Masque de fer.

Ces cas royalement hideux sont rares. Livrés à eux-mêmes, abandonnés à leur instinct, les jumeaux s'aiment invinciblement. Cette fraternité profonde, que le mythe grec a déifiée dans l'union sidérale de Castor et de Pollux, fait le sujet d'une des œuvres les plus célèbres de la littérature latine, *les Ménechmes*. Écoutez la comédie de Plaute :

Un marchand de Syracuse a eu deux enfants jumeaux Ces enfants, parfaitement semblables de taille, de tournure et de visage, ont été séparés dès l'âge de sept ans. L'un, que son père avait emmené aux jeux de Tarente, a été volé dans la foule et emmené à Épidamnum par un riche citoyen qui, avant de mourir, l'a adopté, l'a institué son héritier et l'a marié richement dans sa ville. L'autre, resté au pays natal avec son grand-père, a reçu de celui-ci le nom de Ménechme que portait l'enfant disparu, et, ayant atteint l'âge d'homme, s'est mis à la recherche de son frère. En vain durant six longues années a-t-il parcouru le monde connu; en vain a-t-il fouillé l'Espagne, la colonie massilienne, l'Istrie, l'Illyrie, la Grèce exotique, toutes les côtes d'Italie : il n'a pu retrouver son pareil. Enfin un vent propice pousse sa voile vers la ville même où s'est établi ce cher frère. — C'est à ce moment que l'action commence. Nous sommes à Épidamnum, devant la maison de Ménechme le citoyen, et voici le parasite Peniculus qui arrive pour y chercher pitance. A l'instant même où Peniculus va frapper à la porte, Ménechme sort de chez lui, apostrophant et injuriant sa femme, à laquelle il reproche de lui demander compte de toutes ses actions. Ce mari peu courtois rumine une bonne vengeance : il va de ce pas dîner chez la courtisane Erotium, à qui il fera cadeau d'un splendide manteau soustrait par lui à la garde-robe de sa femme. Peniculus, ayant surpris ce secret, offre sournoisement à Ménechme de l'accompagner, et Ménechme, craignant d'être dénoncé, est contraint d'inviter ce confident importun. Tous deux donc se présentent chez Erotium : la courtisane les reçoit fort bien, prend le beau cadeau, et ne demande que le temps de faire préparer un bon dîner. Pendant que le cuisinier Cylindrus fait ses provisions, Ménechme se rend au forum, où l'appelle une affaire importante, toujours accompagné du parasite qui le suit comme son ombre. Mais à peine a-t-il disparu que survient l'autre Ménechme, Ménechme de Syracuse, tout nouvellement débarqué à Épidamnum, en compagnie de son esclave Messenio. Dès lors commence la série des méprises. Erotium, croyant reconnaître son Ménechme, invite le voyageur au festin préparé. Le nouveau venu mange du meilleur appétit le dîner de son frère, et sort de chez Erotium, emportant le manteau volé, sous le fallacieux prétexte d'en faire changer la broderie. Au moment où il quitte la courtisane, il se heurte contre Peniculus qui l'accable d'invectives, et l'accuse de s'être esquivé dans la foule pour s'en aller seul dîner chez Erotium. En vain Ménechme de Syracuse tâche de se justifier en affirmant qu'il ne connaît même pas Peniculus ; le parasite ne voit qu'une offensante ironie dans cette protestation d'innocence, et, furieux, court dénoncer à l'épouse de Ménechme d'Épidamnum le vol du manteau. Celle-ci arrive sur la place que le voyageur n'a eu que le temps de quitter, y rencontre son mari se rendant chez Erotium, lui reproche le vol commis par lui dans la matinée, et lui signifie qu'il ne rentrera pas sous le toit conjugal s'il ne rapporte le manteau. Tout penaud, Ménechme d'Épidamnum se présente chez Erotium et la supplie de lui rendre l'objet volé. Erotium, qui a remis le manteau à l'autre Ménechme, prend cette prière pour une raillerie, et ferme sa porte au mauvais plaisant. — Acte cinquième et dernier : Ménechme de Syracuse passe avec le manteau volé devant la maison de son frère. Sa belle-sœur l'aperçoit, et lui ouvre la porte en lui faisant honte de sa conduite. Aux récriminations de cette inconnue, le voyageur répond par des injures. Elle l'appelle impudent ; il l'appelle chienne. Altercation ; menaces. La femme croit son mari fou, et appelle son père au secours. Vite on envoie chercher un médecin. L'homme de l'art arrive, et, au lieu du faux mari qui vient de s'esquiver, trouve sur la place le véritable époux. Ménechme d'Épidamnum, pressé de questions par le médecin, proteste contre l'interrogatoire auquel on veut le soumettre ; et, comme il s'exaspère, quatre portefaix reçoivent l'ordre de le garrotter. A ce moment, survient Messenio, l'esclave de Ménechme de Syracuse. Messenio croit voir son maître en péril, tombe sur les quatre hommes, les disperse, et délivre Ménechme d'Épidamnum, qu'il comble de stupéfaction en lui demandant la liberté en retour de ce beau service. C'est sur cette scène émouvante que Plaute ferme la série des méprises. Ménechme de Syracuse revient, cherchant Messenio, et se trouve enfin face à face avec Ménechme d'Épidamnum. Les deux jumeaux s'interrogent, s'expliquent, se reconnaissent, s'embrassent. Ménechme de Syracuse est si joyeux qu'il affranchit Messenio. Ménechme d'Épidamnum est si heureux qu'il jure de ne plus quitter son frère; il veut l'accompagner à Syracuse, et, pour partir plus allègre, il va faire mettre à l'encan tout ce qu'il possède céans, ses esclaves, son mobilier, ses terres, sa maison, et surtout *sa femme!*

Ainsi la réunion définitive des deux jumeaux est la conclusion suprême de la comédie antique. Leur séparation avait noué l'intrigue, leur confrontation la dénoue. Tout ici est sacrifié au triomphe exclusif d'une passion unique, — l'amour fraternel. Pour aller vivre avec son frère, Ménechme d'Épidamnum abandonne sa patrie adoptive, met aux enchères sa maison et ses serviteurs, vend sa femme, et c'est après ce trait final que Plaute réclame les applaudissements du parterre latin.

Nunc, spectatores, valete, et nobis clare applaudite.

Cette immolation cruelle des sentiments les plus sacrés ne troublait pas la rude joie des anciens. Qu'allait devenir cette maisonnée dispersée aux quatre vents? quelle serait la destinée de ces serviteurs livrés à l'encan? quel serait le sort de cette malheureuse épouse abandonnée au plus offrant? De tels soucis n'empêchaient pas les bravos et les rires d'éclater. Ce Ménechme vendant sa femme après l'avoir dépouillée pouvait rester comique, sans risquer d'être odieux, pour des générations endurcies aux spectacles navrants du marché aux esclaves. Le frère avait retrouvé le frère, et cela suffisait : le peuple-roi était content.

Entre *les Ménechmes* et la *Comédie des erreurs* il y a l'abîme de dix-huit siècles. De l'œuvre de Plaute à l'œuvre de Shakespeare, il y a toute la distance qui sépare le monde païen du monde moderne. Dans les deux comédies nous reconnaissons bien le même plan : la séparation de deux jumeaux, les méprises que cause leur brusque apparition sur un point donné, leur confrontation finale. Dans les deux pièces nous retrouvons ces situations principales : — l'un des deux jumeaux marié, l'autre non marié ; — le marié en querelle avec sa femme et ayant une maîtresse, — le frère du mari pris pour le mari par la femme et par la maîtresse, — le mari mis à la porte de chez lui par sa femme, — le frère du mari recevant un objet précieux destiné au mari, — le mari cru fou par sa femme et traité comme tel, etc. Mais, pour toutes ces analogies extérieures, que de différences intimes et profondes ! Ce qui occupe le moins Plaute est peut-être ce qui préoccupe le plus Shakespeare. Le respect de la femme, la vénération de la famille, le culte de la loi morale, dominent constamment *la Comédie des erreurs*. Plaute ne tient nullement à ce que nous estimions ses personnages : il nous montre Ménechme d'Epidamnum insultant sa femme, la pillant, et donnant à une courtisane le vêtement même de l'épouse ; il nous montre Ménechme de Syracuse abusant de l'hospitalité qu'il reçoit chez la maîtresse de son frère et volant à celle-ci ce qu'elle lui confie. Shakespeare, au contraire, fait tout pour que ses héros restent estimables. Il excuse les incartades conjugales d'Antipholus d'Éphèse par les plus graves griefs apparents : c'est seulement après s'être vu refuser l'entrée de sa maison par sa femme que, la croyant enfermée avec un amant, Antipholus se décide par représailles à aller trouver la courtisane ; bien loin d'agir comme son devancier Ménechme d'Épidamnum et de voler sa femme, il avait l'intention de lui donner un beau bijou, et ce bijou, commandé pour elle, il ne l'offre à la courtisane que dans un trop légitime accès de colère. Aussi, quand, à la fin de la pièce, il se réconcilie avec Adriana, n'est-on nullement surpris de cette facile terminaison d'une querelle de ménage causée uniquement par un malentendu. La même précaution délicate, qui rend si excusable Antipholus d'Éphèse, fait d'Antipholus de Syracuse une figure hautement sympathique. Antipholus de Syracuse ne ressemble à Ménechme de Syracuse que par sa profonde affection pour son frère et par la noble obstination qu'il met à le chercher ; il est du reste absolument incapable des actes d'improbité commis par son devancier, et il se refuse rigidiment à accepter l'hospitalité de la courtisane que Ménechme exploite avec tant d'effronterie. Nature doucement mélancolique, Antipholus n'a que faire de s'aventurer dans une orgie avec une vierge folle. Ce n'est pas chez la maîtresse de son frère qu'il accepte un gîte, c'est chez la femme de son frère, non pour abuser d'une méprise qui aboutirait à un crime, mais pour offrir son cœur à la charmante Luciana, que tout exprès pour lui le poëte anglais a ajoutée au personnel antique. La scène où Antipholus, si inflexible pour sa belle-sœur, est si tendre pour la sœur de sa belle-sœur, est peut-être la plus belle de l'œuvre. Ici la grâce exquise de la forme est égale à l'exquise délicatesse de la pensée.

« Chère dame, pourquoi, en dépit de sa pure loyauté, vous efforcez-vous d'égarer mon âme dans une région inconnue ? Êtes-vous un Dieu ? Voudriez-vous me créer à nouveau ? Alors métamorphosez-moi, et je céderai à votre puissance. Mais, si je suis ce que je suis, je suis bien sûr que votre sœur éplorée n'est pas ma femme, et que je ne dois pas hommage à son lit. Bien plus, bien plus, je me sens entraîné vers vous... Oh ! ne m'attire pas par tes chants, suave sirène, pour me noyer dans le flot des larmes de ta sœur ; chante, sirène, mais pour toi-même, et je raffolerai. Étends sur les vagues d'argent ta chevelure d'or, et j'en ferai mon lit, et je m'y coucherai, et, dans ce glorieux rêve, je regarderai comme un bien de mourir ! »

Autant l'œuvre latine acquiert en valeur lyrique par la retouche du poëte anglais, autant elle gagne en intensité bouffonne. Shakespeare a développé le sujet comique traité par Plaute jusqu'à sa plus haute puissance, en faisant servir ses deux ménechmes par deux valets jumeaux. L'innovation a été critiquée comme ajoutant une invraisemblance à une invraisemblance ; mais, ainsi que l'a fort bien dit Schlegel, « la première » improbabilité admise, nous ne devons pas chicaner sur » la seconde ; et, si le spectateur doit être diverti par de » pures mystifications, elles ne sauraient être trop va- » riées. » Or l'addition des Dromions, en rendant l'imbroglio plus inextricable, le rend certainement plus réjouissant ; elle a d'ailleurs sa raison d'être dans le mystère même de l'harmonie shakespearienne, qui presque toujours résulte de la réflexion de l'action principale dans une action subalterne. La situation des deux maîtres, l'un marié, l'autre non marié, est reflétée burlesquement par la situation des deux valets, l'un marié, l'autre célibataire. Les aventures du second couple reproduisent en crescendo grotesque les aventures du premier. La tendresse erronée dont la femme d'Antipholus d'Épidamnum poursuit Antipholus de Syracuse, est parodiée par la chasse conjugale que l'énorme épouse de Dromion d'Épidamnum donne à Dromion de Syracuse. Chose remarquable! Shakespeare, refaisant *les Ménéchmes* d'après Plaute, a eu ici la même inspiration que Molière, remodelant *l'Amphytrion* d'après Plaute. L'appétit de Douzabel pour Dromion de Syracuse est la charge de la passion d'Adriana pour Antipholus de Syracuse, exactement comme l'ardeur de Cléanthis pour Mercure est la caricature de l'amour de Jupiter pour Alcmène. L'effet comique est le même : et, détail curieux, Molière a obtenu cet effet, ainsi que Shakespeare, par une addition au personnel de la comédie latine : car Cléanthis, comme chacun sait, ne figure pas chez Plaute.

L'introduction des deux Dromions dans la comédie antique est donc conforme à la loi suprême du grand art. *La Comédie des erreurs*, exagérée dans son principe même, outrée magistralement jusqu'à l'incroyable, prend les proportions d'une farce idéale. Si l'amusante anxiété du spectateur est augmentée par une multiplication de méprises, l'émotion causée par la reconnaissance définitive est également agrandie. L'effet du dénoûment s'accroît en raison même des complications du nœud. Shakespeare a d'ailleurs tout fait pour exalter l'impression finale. Plaute, on le remarquera, exclut de son scenario le père et la mère des Ménechmes, il les mentionne au prologue, et c'est tout. Le poëte anglais a exhumé ces deux figures vénérables reléguées dans l'ombre par l'auteur latin, et il a voulu que les parents consacrassent de leur présence la scène palpitante où s'embrassent enfin leurs enfants. Au moment même où les frères dépareillés se réunissent, les époux qu'un naufrage avait séparés se rejoignent. Le faisceau de tendresse, désagrégé depuis si longtemps, se reforme dans cette quadruple étreinte. La nature triomphe du hasard par la puissance de l'instinct, en même temps que la vérité triomphe de l'apparence par la force de l'évidence. Cet énergique amour, qui jadis avait enfanté deux êtres semblables dans un seul baiser, rapproche irrésistiblement le couple générateur du couple engendré. L'affection domestique, dont le type unique des jumeaux est comme le symbole visible, revient ici au point de départ mystérieux, qui est en même temps son but suprême : la constitution de la famille.

Idée profonde que Shakespeare a mise en relief par la manière même dont il a refait l'œuvre de Plaute. Plaute avait nié le principe élémentaire et sacré qui est la base de la société moderne : Shakespeare a affirmé et proclamé ce principe. Plaute avait détruit la famille par le rapprochement même des deux jumeaux : c'est par ce rapprochement que Shakespeare l'a reconstruite.

Bien qu'elle ait été imprimée pour la première fois en 1623, après la mort de Shakespeare, *la Comédie des erreurs* est une des œuvres de sa jeunesse. Aucun document ne fixe la date précise à laquelle elle fut écrite, mais il suffit de la lire pour la classer parmi les plus anciennes compositions du maître. On y reconnaît cette forme archaïque propre au théâtre anglais primitif, le vers sans mesure marqué uniquement par la rime. Cette poésie presque sauvage, dont on ne retrouve d'exemple que dans deux autres comédies de notre auteur, *Peines d'amour perdues* et *la Sauvage apprivoisée*, Shakespeare l'avait à jamais condamnée et rejetée, en 1592, lorsqu'il esquissa *Roméo et Juliette*. Les commentateurs sont donc à peu près d'accord pour fixer avant cette époque la composition de *la Comédie des erreurs*, et Malone ne se trompe probablement pas de beaucoup quand il assigne cet ouvrage à l'année 1591. Shakespeare alors était un nouveau venu dans la sombre métropole britannique. Il arrivait de Stratford-sur-Avon. A peine échappé du toit conjugal, tout jeune mari et tout jeune père, il avait l'âme pleine d'émotions domestiques. Ses petits jumeaux, Hamlet et Judith, nés le 4 février 1585, n'avaient guère que cinq ou six ans ; ils étaient à cet âge candide où les caractères informes laissaient complétement indistinctes leurs physionomies enfantines. Tout récemment encore, William jouait paternellement avec ses deux ménechmes, les prenant l'un pour l'autre dans de ravissants ébats, les confondant des yeux comme il les confondait du cœur ; et les ineffables méprises du père avaient d'avance familiarisé le poëte avec les Erreurs qui devaient faire l'imbroglio de sa comédie.

III

Shakespeare songeait-il encore à Hamlet et à Judith, lorsqu'il mit en scène Sébastien et Viola? Toujours est-il que nous allons retrouver dans une comédie du maître, *Le soir des Rois* ou *Ce que vous voudez*, ce cas étrange de deux jumeaux de sexe différent qu'offrait la jeune famille de Shakespeare.

La fable qui fait le canevas de *Ce que vous voudrez* paraît être de trame italienne. Matteo Bandello raconte dans une de ses nouvelles (*Parte seconda, novella* 36) une aventure singulière qu'il donne comme historique. — C'était en 1527. Rome venait d'être prise d'assaut et saccagée par une armée toute catholique, composée d'Espagnols et d'Allemands, que commandait le connétable de Bourbon. Pendant le sac, un riche marchand de Chiese, Ambrogio Nani, fut fait prisonnier avec ses deux enfants, un garçon nommé Paolo et une fille appelée Nicuola, deux jumeaux « qui se rapportaient si fidèlement de visage et conte-

nance qu'il était presque impossible de les discerner [1]. »
Ambrogio parvint à s'évader. Paolo, capturé par un Allemand, fut emmené à Naples, et l'on n'en eut plus de nouvelles. Nicuola, prise par deux Espagnols, fut rachetée par son père, qui se retira avec elle dans sa ville natale. Là, la jeune fille s'éprit d'un jeune homme, Lattanzio Puccini, qui sembla répondre à sa passion et lui promit secrètement de l'épouser. La correspondance, établie entre les amants par l'entremise d'une nourrice, suivait doucement son cours, quand soudain Ambrogio, appelé à Rome par ses affaires, emmena sa fille. Les absents ont rarement raison. A peine Nicuola avait-elle disparu que Lattanzio se prit de caprice pour une autre donzelle, la coquette Catella Lanzetti. Et, au bout de six mois, quand Nicuola revint, elle reconnut avec désespoir qu'elle était trahie. Rien ne put ramener l'inconstant. En vain Nicuola lui adressa-t-elle les supplications les plus touchantes; en vain lui dit-elle dans une pathétique élégie :

> Faut-il que de toi me plaigne,
> Et que la terre je baigne
> Comme un arrosoir de pleurs?
> Et que, cruel, tu te ries
> De mes grands mélancolies,
> De mes ennuis et douleurs?

Lattanzio resta inflexible et continua, le cruel, à faire sa cour à Catella. Cependant le bonhomme Ambrogio dut faire un second voyage à Rome; cette fois, il laissa sa fille à Chiese, et la mit dans un couvent, — un couvent peu rigide où les jeunes laïques étaient admis à visiter les religieuses. Un jour Lattanzio étant venu au cloître voir une cousine de Catella, Nicuola, qui s'était

[1] Traduction de Belleforest. Voir cette nouvelle à l'Appendice.

mise aux écoutes, l'entendit se plaindre amèrement d'avoir perdu un sien page auquel il tenait beaucoup. Elle conçut aussitôt l'idée de remplacer ce page auprès de Lattanzio, quitta le couvent, revêtit des habits d'homme, et se présenta chez l'infidèle sous le nom de Romulo. Lattanzio ne la reconnut pas sous ce déguisement, lui trouva fort bonne mine, la prit à son service, et, pour lui témoigner toute sa confiance, la chargea de transmettre un tendre message à sa Catella. Mission douloureuse. Voilà Nicuola réduite à réclamer pour son amant l'amour de sa rivale. Émue, navrée, désespérée, elle va chez Catella, et plaide chaleureusement la cause qu'elle tremble de gagner. Bientôt pourtant elle n'est que trop rassurée. Catella trouve le messager si charmant, si séduisant, si éloquent, qu'elle finit par lui sauter au cou et par lui dire que le mari qu'elle veut, ce n'est plus Lattanzio, c'est Romulo ! Déjà même Catella est toute prête à accorder au page les droits de l'époux ; ses baisers brûlent, et Nicuola n'a qu'à se sauver bien vite si elle ne veut pas faire évanouir sur-le-champ une illusion qu'il est utile de prolonger. Revenue auprès de Lattanzio, Nicuola lui fait part de l'insuccès de sa démarche, sans toutefois lui avouer la cause de l'échec. Lattanzio, mécontent, mais non désespéré, charge son page d'un nouveau message pour Catella. Mais à peine Nicuola s'est-elle remise en route qu'elle aperçoit de loin son père qui revient de voyage et se rend chez lui. Il faut que le bonhomme ne se doute de rien : Nicuola double le pas, court chez sa nourrice, dépouille son déguisement, et reprend ses vêtements de fille. Lattanzio, ne voyant pas revenir son page, s'inquiète, s'informe, apprend qu'on l'a vu entrer chez la nourrice, et court l'y réclamer. La duègne lui ouvre et, au lieu de Romulo, lui présente Nicuola. Scène pathétique, explications de la jeune fille, attendrissement du jeune homme. Lattanzio, ému d'un si touchant dévouement, renie l'insensible Catella, demande pardon à Nicuola, et se jette à ses genoux en implorant sa main. — Cependant que va devenir Catella, avec sa passion éperdue pour un Romulo qui n'existe plus? Penchée sur son balcon, elle guette avec anxiété le retour du bien-aimé. Justement voici Paolo qui passe; Paolo, le ménechme de Nicuola, Paolo qu'on croyait mort, mais qui se porte à merveille, et s'en revient dans son pays, chargé des dépouilles du Tudesque dont il était le prisonnier. Par un hasard providentiel, le frère est vêtu de blanc comme l'était tout à l'heure la sœur, et, sous ce costume, Paolo se confond avec Romulo. Il va sans dire que Catella le prend pour Romulo; elle l'appelle, le fait entrer, le serre dans ses bras, et, à son heureuse surprise, au lieu d'une glaciale créature, trouve l'amant le plus ardent. Vous devinez la fin de l'histoire : reconnaissance générale et double noce. Ambrogio retrouve ses deux jumeaux, qui sollicitent et obtiennent aisément de lui la permission de se marier, Nicuola à Lattanzio, et Paolo à Catella.

La nouvelle de Bandello, que mon imparfaite analyse révélera sans doute à bien des lecteurs, eut un prodigieux succès dans toute l'Europe du seizième siècle. En Italie, elle servit de thème à deux comédies, l'une de Niccolo Secchi, qui, sous le titre *Gl'Inganni*, fut jouée solennellement à Milan en 1557 devant Sa Majesté le roi Philippe II, l'autre de Curzio Gonzaga, qui fut imprimée en 1592. En Espagne, Lope de Rueda la mit en scène dans la saynète des *Engaños*. En France, Belleforest la traduisit librement et en fit la soixante-troisième de ses « Histoires tragiques. » En Angleterre, vers 1581, un compilateur, Barnaby Rich, l'inséra, entièrement refondue, dans son *Adieu à la profession militaire*, recueil dédié par une galanterie spéciale aux « courtoises femmes de qualité d'Irlande et d'Angleterre. »

L'historiette de Rich mérite de notre part une attention spéciale, car c'est sans doute par elle que Shakespeare a connu la fable italienne. Barnaby transporte l'action de l'Italie de la Renaissance à la Grèce byzantine. — La fille du duc de Chypre, la belle Silla, a entrepris de rejoindre à Constantinople le duc Apollonius, dont elle s'est follement enamourée pendant un court séjour que ce seigneur a fait à la cour de Chypre. Après avoir échappé à maints périls durant cette aventureuse entreprise, après avoir été presque violée et avoir tout à fait naufragé, Silla parvient, habillée en homme, dans la métropole de l'empire grec et offre ses services au duc Apollonius, sous le pseudonyme de Sylvio, nom d'un frère jumeau à qui elle ressemble prodigieusement. Apollonius ne reconnaît pas la noble solliciteuse, qui d'ailleurs a fait peu d'impression sur lui à Chypre : il accepte la proposition du prétendu Silvio, se l'attache en qualité de page, et le charge d'une mission galante auprès de madame Julina, une veuve opulente à laquelle il fait une cour jusqu'ici sans succès. Voilà donc Silla, comme la Nicuola de Bandello, réduite à implorer pour celui qu'elle aime l'amour d'une autre ; mais, comme Nicuola, elle est bien vite rassurée. Ce n'est pas le duc, c'est le page que veut épouser Julina. Silla, surprise par cette déclaration, se dérobe en toute hâte à des ardeurs qu'elle ne peut satisfaire... Le soir vient. Julina, attristée de sa défaite, va prendre le frais sur une belle pelouse en dehors de l'enceinte de la ville, et rencontre — qui? Le véritabla Silvio qui arrive à Constantinople en quête de sa sœur. Elle croit reconnaître son inhumain et l'appelle. Silvio se retourne et s'empresse de lier conversation avec cette jolie femme qui dit si bien son nom. En s'entendant accuser de cruauté, le jeune homme se doute d'un quiproquo; mais, comme la méprise lui semble douce, il se garde bien de détromper son interlocutrice, tout prêt qu'il est à réparer les torts qui lui sont si tendrement reprochés. Enchantée de ce retour inespéré, Julina se dépêche de prendre l'ex-cruel au mot et l'emmène chez elle. On soupe, on se couche... L'aube venue, Silvio craint que la méprise dont il a si largement profité ne soit découverte, et qu'il ne lui advienne quelque mésaventure; il se hâte de dire adieu à sa maîtresse, en lui promettant bien fort de l'épouser, puis quitte Constantinople et disparaît. Cependant l'accueil si bienveillant que Julina a fait à Silvio devient la fable de toute la ville. Le duc en est informé, s'imagine que son page l'a trahi, et, furieux, le fait jeter en prison. Le temps se passe, les jours, les mois s'écoulent, et Julina ne voit pas revenir Silvio. Elle apprend enfin que le page est incarcéré, et court chez le duc pour implorer sa délivrance. A sa prière, Apollonius fait sortir du cachot l'infortunée Silla. Ici a lieu une explication pathétique. Julina réclame du prétendu Silvio l'exécution de l'engagement sacré qu'il a pris envers elle. Silla jure, par tous les dieux, n'avoir pris aucun engagement. Julina lui reproche d'aggraver un manque de foi par un parjure. Silla proteste toujours. Alors, la rougeur au front, Julina confesse sa faute nocturne et déclare que le page l'a rendue mère. Impossible! s'écrie Silla. Et prenant à part Julina, elle défait son pourpoint et donne à son accusatrice stupéfaite la preuve éclatante de son innocence et de sa blancheur. Dès lors Silla n'a plus rien à cacher : elle confesse qui elle est, qui elle aime, et ce qu'elle a fait pour être aimée. Le duc Apollonius, gagné enfin par cette passion extraordinaire, témoigne sa reconnaissance en priant son ci-devant page de vouloir bien être sa duchesse. Pendant que ce couple se livre à la joie, madame Julina se désespère : elle est perdue, déshonorée, si son séducteur ne revient pas. Heureusement le mariage du duc Apollonius et de la fille du duc de Chypre est destiné à faire grand tapage; le bruit d'un événement si merveilleux se répand jusqu'aux extrémités de la Grèce; Silvio apprend ainsi par la rumeur publique que sa sœur est retrouvée et mariée au plus grand personnage de Constantinople; il accourt, et Julina voit reparaître ainsi le père de son enfant, qu'elle se dépêche d'épouser.

Telle est la donnée rudimentaire sur laquelle Shakespeare a enté et fait épanouir le plus suave et le plus exquis des poëmes. Avant de transporter cette fable sauvage sur son théâtre, l'auteur anglais a commencé par en élaguer tous les développements grossièrement choquants. Rien ne démontre mieux la délicatesse suprême de ce génie que la comparaison entre *Ce que vous voudrez* et les précédents récits. En vain chercheriez-vous dans la comédie du maître ces brutalités de détail, ces crudités de situation que présentent les narrations de Bandello et de Rich. Shakespeare a un tel culte pour la femme qu'il s'ingénie continuellement à la retenir au bord de l'abîme. S'il risque souvent ses héroïnes dans de périlleuses extrémités, c'est presque toujours pour qu'elles en sortent triomphantes. Hermia, Héléna, Julia, Rosalinde, Imogène, échappent victorieusement aux plus scabreuses aventures. Toutes ces blanches chastetés franchissent la boue des passions sans avoir même une éclaboussure à leur hermine. La poétique providence qui a déjà préservé tant de vertus, veille sur les nobles vierges de *Ce que vous voudrez*; et, grâce à cette tutélaire sollicitude, la fière Olivia doit échapper à la souillure fatale qui a atteint successivement ses devancières Julina et Catella. —

En même temps qu'il épure la fable primitive, Shakespeare la place à jamais dans l'idéal. Le lieu où est transportée la comédie n'est plus une ville connue des États romains, ni la capitale fameuse de l'empire grec ; c'est une Illyrie étrange, dont toutes les cités sont anonymes et qu'ignore notre géographie prosaïque ; c'est une contrée cosmopolite et panthéiste, dont les habitants portent indifféremment des noms latins, italiens, français et anglo-saxons, où l'on révère Jupiter et où l'on se marie fort dévotement devant un prêtre chrétien. Dans la mappemonde shakespearienne, le rivage où naufrage Viola est le prolongement de cette introuvable plage de Bohême où les pâtres recueillent la petite Perdita. De cette haute terrasse où gambade Feste, le bouffon de madame Olivia, il est facile d'apercevoir à l'horizon les cimes dorées de cette prestigieuse forêt des Ardennes, où le fou Pierre de Touche guide Rosalinde et Célia.

Le pays où se passe *Ce que vous voudrez*, confine aux parages de la chimère. Quelques pas de plus, et vous atteignez le vertigineux plateau du monde féerique. *Ce que vous voudrez* se développe dans le domaine du fantasque, et ne s'arrête que devant l'empire fantastique où commence le *Songe d'une nuit d'été*.

Il y a dans l'âme humaine toute une région vague, mystérieuse, insondable, indéfinie, où la raison perd ses droits, où la logique s'égare, et qui, par l'imagination, s'étend à perte de pensée dans le rêve. Rien de plus incontestable et de plus inexplicable en même temps que l'intervention continuelle de l'imprévu dans notre existence. D'où nous vient telle brusque inspiration, telle impression subite, telle idée soudaine ? Quel est le mobile étrange de tous les actes involontaires que nous commettons chaque jour ? Quel est le lutin qui nous met dans cette humeur ? Quel est le Puck qui nous souffle cette lubie? Quel est l'Ariel qui nous leurre de cette illusion? Quel est l'Obéron qui nous affole de cette billevesée? Nos étourderies, nos distractions, nos impatiences, nos contradictions, nos incons équences, nos boutades, nos incartades, nos inadvertances, nos engouements, nos dégoûts, nos extravagances, ont pour cause première l'incessante pression de l'inconnu. C'est cette influence si réelle et si singulière, si commune et si extraordinaire, exprimée dans notre existence par le caprice, qui domine dans *Ce que vous voudrez*. — Le caprice est partout dans cette comédie : il fait mouvoir chaque ressort; il noue l'intrigue et la dénoue; il peint les décors, dessine les costumes, anime les figures, guide les personnages, règle les scènes, fait l'action. C'est le caprice primordial, le caprice de la nature, qui produit cette exceptionnelle ressemblance des deux jumeaux Sébastien et Viola. — Viola, naufragée sur la côte d'Illyrie, prend un costume d'homme et s'offre comme page au duc Orsino, qu'elle ne connaît pas et dont elle s'enamoure brusquement. Caprice. — Le duc Orsino s'éprend de la comtesse Olivia, soupire pour elle durant toute la pièce, puis, subitement, réprime avec un sourire cette grande passion, et épouse Viola qu'il dédaignait. Caprice. — La comtesse Olivia repousse, on ne sait pourquoi, toutes les avances du duc, beau, riche, élégant, spirituel, désintéressé, magnanime, fait vœu de vivre cloîtrée pendant sept ans, reçoit la visite du page d'Orsino, oublie immédiatement ses engagements solennels, brusque une déclaration d'amour à Viola, et finit par se marier à Sébastien! Caprice, caprice. — Sébastien, occupé de chercher sa sœur, rencontre la comtesse Olivia qu'il n'a jamais vue, et sur-le-champ va l'épouser. Caprice. — Sir Tobie Belch se met en tête d'obtenir pour cette brute de sir André Aguecheck la main de sa nièce, la dédaigneuse Olivia, et lui-même, un chevalier, il épouse soudain la chambrière Maria, uniquement par admiration pour une farce qu'elle a su jouer. Caprice. — Le capitaine Antonio, qui ne connait Sébastien que d'hier, se prend pour lui d'une affection si vive qu'il le suit à la cour d'Illyrie où sa tête est mise à prix, et qu'il risque sa fortune et sa vie pour ne pas le perdre de vue. Caprice toujours. — Ainsi toutes ces destinées sont à la merci d'une boutade. L'imprévu fait loi, l'inconséquence est la règle, le singulier est le général. L'excentricité est ici tellement souveraine qu'elle affuble de sa livrée la raison même, et qu'elle coiffe d'un bonnet de fou le spirituel Feste, cette intelligence si fine et si profonde, qui est comme le génie du lieu. Le fantasque est dans l'air même qu'on respire. Il est dans la rêverie-opale du duc Orsino, dans la vague langueur d'Olivia, dans le bizarre travestissement de Viola, dans le dévouement brusque d'Antonio, dans la soudaine tendresse de Sébastien, dans les frasques de Maria, dans les improvisations de Feste, et jusque dans l'ébriété folle de sir Tobie et de sir André. L'amour même n'apparaît guère ici qu'à l'état d'ivresse. Les plus nobles personnages de la troupe, le duc Orsino et la comtesse Olivia, se grisent et se dégrisent exactement comme les deux buveurs.

Pourtant, au milieu de toutes ces figures que le caprice gouverne, Shakespeare a glissé une exception : Malvolio ! — Malvolio est dans *Ce que vous voudrez* l'intrus du prosaïsme. Intendant du palais enchanté d'Olivia, il y représente la norme, la correction, la discipline, la rigueur, le respect humain, le décorum. Là où tout le monde est plus ou moins ivre, lui seul a la prétention de rester froid. A cet extravagant festin, où les autres vident les coupes les plus capiteuses, lui s'obstine à boire de l'eau. On dirait un teatotaller fourvoyé dans une orgie. Il est là comme le recors de la sobriété, comme le policeman de la tempérance. Fort de son abstinence, il est inflexible pour l'incontinence d'autrui. Écoutez avec quelle rébarbative véhémence il tance les deux viveurs qu'il surprend chez madame la comtesse, en flagrant délit de libation nocturne :

— Çà! êtes-vous fous, mes maîtres, ou bien qu'êtes-vous donc? N'avez-vous, ni raison, ni savoir-vivre, ni civilité, pour brailler comme des chaudronniers à cette heure de nuit? Tenez-vous la maison de madame pour un cabaret, que vous hurliez ici vos airs de tailleur sans ménagement ni remords de voix? Ne respectez-vous ni lieu ni personne? Avez-vous perdu toute mesure?

Que les buveurs se le tiennent pour dit : il faudra se réformer ou déguerpir. Malvolio ne badine pas; pas plus tard qu'hier, il a sans rémission chassé de la maison le brave Fabien, qui s'était permis d'organiser dans le parc un combat d'ours. Si le rigide intendant se contentait de sévir contre l'ivrognerie et les divertissements cruels, il n'y aurait rien à dire. Mais Malvolio ne borne pas là sa mission. Il est le persécuteur du plaisir quel qu'il soit, le proscripteur de la gaîté même la plus inoffensive. Il fait la guerre à tous les jeux, voire aux jeux de mots. Comme il n'entend pas raillerie, il déteste la plaisanterie. Tout éclat de rire l'offusque et lui fait l'effet d'un sarcasme. N'ayant pas d'esprit, il hait d'instinct ceux qui en ont. Par exemple, il a contre Feste une animosité personnelle, et il s'étonne hautement que madame la comtesse « se plaise dans la société d'un si chétif coquin. » Il considère « les gens sensés, qui s'extasient devant des fous de cette espèce, comme ne valant guère mieux que la marotte de ces fous. » Et il prononce cette sentence avec une telle aigreur que, malgré sa partialité pour lui, la comtesse Olivia lui reproche nettement « d'avoir le goût dérangé » et « de prendre des flèches à moineaux pour des boulets de canon. » Malvolio est l'ennemi des amoureux tout autant que des poëtes. Il fait faction à la porte du palais pour en écarter les galants. C'est lui qui barre le passage au page d'Orsino, quand *ce petit impertinent* prétend parler à la comtesse au nom du duc. Et lorsque madame Olivia le charge de rattraper Césario pour lui remettre sa bague, il court après le page comme un furieux et lui jette l'anneau aux pieds, aggravant spontanément par une exécution injurieuse l'ordre qu'il a reçu. Ces excès de zèle ont pour effet de rendre l'honnête Malvolio parfaitement antipathique ; il a la sagesse insupportable et la probité assommante. Rien de plus disgracieux que ce perpétuel rabat-joie. Impossible, en restant estimable, d'être moins aimable. Qui de nous n'a rencontré dans la vie de ces vertus farouches, anguleuses et maussades? Passe encore si Malvolio avait autant de modestie que de modération. Mais Malvolio est d'une arrogance agaçante ; il est tranchant et cassant ; il a avec tout le monde des airs de supériorité qui ressemblent à des provocations. Tout en rendant ample justice à ses qualités, madame Olivia elle-même lui dit en face « qu'il a la maladie de l'amour-propre. » Quant à la fine soubrette Maria, elle est moins parlementaire, et proclame tout haut que monsieur Malvolio *est un âne plein d'affectation.* Elle a une aversion insurmontable pour ce personnage « tout féru de lui-même qui se croit bourré de perfections. » Et, si prévenue que soit la jolie soubrette, il n'est pas étonnant que cette opinion trouve de l'écho.

Hormis madame Olivia, Malvolio a tout le monde contre lui. Il n'y a qu'un cri pour dénoncer cet être sentencieux « qui débite ses maximes par grandes gerbes. » Aussi, quand Maria propose de lui jouer un bon tour, l'idée est-elle accueillie par tous avec acclamation. Chacun veut être du complot. Admirable ! exclame sir Tobie. Excellent! répète sir André. « Moi, s'écrie Fabien, je veux être bouilli à mort par la mélancolie si je perds un scrupule de cette farce. » La farce est bonne en effet. L'ingénieuse Maria a découvert dans le caractère même de Malvolio l'amorce vengeresse. Ah ! Malvolio est vaniteux ; eh bien, c'est par la vanité qu'il va être attrapé. Il s'agit de lui fourrer dans la tête cette idée étrange, saugrenue, biscornue, impossible, inouïe, que la comtesse Olivia, la noble dédaigneuse qui rejette de six haut les hommages d'un prince, est amoureuse de lui, Malvolio ! Le joyeux plan, proposé, médité, concerté, est mis à exécution. Un billet doux écrit par Maria d'une écriture qu'on croirait celle de la comtesse, est égaré sournoisement sur le passage de l'intendant ; Malvolio le ramasse, l'ouvre et croit tout. Le tour est fait, et voyez le résultat moral. Ce Malvolio, l'homme positif par excellence, le raisonneur terre à terre, le logicien pratique, prend pour réalité le plus irréalisable des rêves. Il se figure qu'il est adoré d'Olivia, et le voilà égaré par la fatuité en pleine chimère. Il se voit déjà comte Malvolio, assis sous un dais dans sa simarre de velours à ramages, promenant sur ses officiers rangés autour de lui un regard souverain, réformant en maître toute sa maison, envoyant chercher son parent Tobie par sept valets, et le sommant impérieusement de renoncer à la dive bouteille. — Lui, Malvolio, le censeur des amoureux, il devient le plus extravagant des verts galants. Lui, le persécuteur des histrions et des bouffons, le voilà qui joue la plus drôle des pasquinades sous le plus hétéroclite des travestissements ! Il se chausse de bas jaunes, il se sangle les mollets avec des jarretières en croix, et se présente solennellement à sa maîtresse dans la plus burlesque attitude, avec un sourire béat qui, prétend Maria, « lui creuse sur la face plus de lignes qu'il n'y en a dans la nouvelle mappemonde augmentée des

Indes. » En le voyant ainsi métamorphosé, madame Olivia le croit fou tout de bon, et commande avec inquiétude qu'on veille bien sur ce digne serviteur. Les conjurés s'empressent d'exécuter un ordre qui favorise si bien leur projet : ils emmènent Malvolio, l'enferment dans une chambre noire, et pour le guérir envoient chercher l'exorciste. Aussitôt Feste, tant de fois honni par Malvolio, apparaît sous la soutane du curé sir Topas, pour chasser le diable qui possède le démoniaque. Malvolio a beau protester qu'il n'est pas fou, le fou s'obstine à le dire fou ; Malvolio implore une épreuve, et conjure monsieur le curé de lui adresser des questions. Feste interroge Malvolio sur la transmigration des âmes ; et, comme Malvolio se refuse à croire que l'âme de sa grand'mère soit logée dans une bécasse, Feste lui signifie qu'il ne sortira de son cachot que quand il partagera les opinions de Pythagore ! Toute cette scène, d'un humour magistral, résume par une impérissable parodie l'éternelle dispute du pédant et du poëte, du fanatique et du libre penseur, du cuistre et du philosophe, du bourgeois et de l'artiste, de l'homme de bon sens et de l'homme d'imagination. Et ici, remarquez-le bien, le dernier mot ne reste pas au sage, mais au fou. La saine raison, la rigoureuse logique, l'entendement dit pratique, le sérieux solennel sont pris au piége, dupés et bernés par la bouffonnerie idéale. Ce Malvolio, qui dédaignait et outrageait l'imagination, est finalement maîtrisé par elle et réduit à lui demander grâce. La folle du logis insultée se venge en rendant grotesque son insulteur.

C'est ainsi que Shakespeare a, par un accord profond, relié l'intrigue secondaire dont Malvolio est le protagoniste à l'intrigue première qui sert de cadre à la comédie. Cette fantaisie souveraine, qui inopinément rapproche les deux jumeaux si longtemps séparés, qui brusquement fait épouser Olivia par Sébastien, Viola par Orsino, Maria par sir Tobie, impose sa suprématie à Malvolio lui-même. Elle domine celui qui lui résiste aussi impérieusement que ceux qui lui cèdent. Elle accable tous les personnages par d'irrésistibles surprises. Elle mystifie Malvolio, comme elle berne sir Tobie et sir André, qu'elle fait étriller par Sébastien, tout à coup substitué à sa sœur, comme elle étonne Olivia et Viola en les donnant l'une et l'autre à deux maris inespérés. — L'idée de la pièce, qui ressort si splendidement de l'action même, est d'ailleurs complétement mise en lumière par ce double titre : *Le Soir des Rois* ou *Ce que vous voudrez*. L'immémoriale fantaisie qui a pour devise *Ce que vous voudrez*, a de tout temps présidé à cette antique *fête des Rois* que le culte païen a léguée au christianisme primitif, et qui, revenant chaque année douze jours après la Noël, était célébrée par l'Angleterre protestante comme elle l'est encore de nos jours par la France catholique. Quoi de plus essentiellement fantasque que cette solennité joyeuse de *Twelfth Night* qui, au soir de l'Épiphanie, transformait la plus humble demeure en un palais imaginaire, qui donnait au plus pauvre, comme au plus riche, l'illusion de la toute-puissance, et qui, aux acclamations des buveurs choquant les verres, faisait surgir une couronne d'une galette? La fantaisie suprême, qui organisait cette cour bachique et qui groupait roi, reine et ministres autour de la table illuminée, est bien la même providence capricieuse qui, dans la comédie de Shakespeare, distribue si diversement les parts, et qui si inopinément décerne à Sébastien la fève convoitée par Malvolio.

Cette ravissante comédie fut imprimée pour la première fois dans l'in-folio de 1623, puis réimprimée dans l'in-folio de 1632. Le *British Museum* possède un bien rare exemplaire de cette seconde édition, l'exemplaire originairement acquis par Charles Ier et légué par Georges IV à la Bibliothèque nationale. Dans ce volume princier, en tête de la pièce qui nous occupe, on remarque une rature faite de la main même du roi Charles : le titre original TWELFTH NIGHT OR WHAT YOU WILL, est barré et remplacé par ce nom unique : *Malvolio*. La critique ne s'est jamais demandé quelle pouvait être la pensée du roi quand il corrigeait ainsi le poëte, appelant l'ouvrage de Shakespeare autrement que ne l'avait appelé Shakespeare, et résumant dans la figure de Malvolio la comédie dont Malvolio n'est certes pas le personnage principal. Je crois entrevoir le motif de cette correction étrange. — Malvolio, rappelons-nous-le, est un puritain, *un diable de puritain, the devil a puritan*, comme dit la soubrette Maria. Il appartient à ce parti ntolérant et farouche qui doit un jour dominer le long Parlement et renverser dans le sang la monarchie des Stuarts. Nul doute que Charles Ier, attaqué dès son avénement par ce parti, attaqué, non-seulement dans son trop condamnable despotisme, mais dans sa vie privée, dans ses sympathies domestiques, dans ses mœurs intimes, dans son noble goût pour les arts, dans sa généreuse prédilection pour le théâtre, n'ait vu dans la satire dirigée contre Malvolio une sorte de main-forte prêtée à la cause monarchique par l'auteur d'*Hamlet*. Les traits lancés contre le rigide intendant d'Olivia retombaient en allusions acérées sur les amers ennemis du bon plaisir royal. Dominé par une préoccupation toute personnelle, Charles Ier devait regarder comme capitale l'excellente farce jouée à « ce diable de puritain, » et il trouvait logique de modifier le titre de la pièce conformément à l'importance suprême qu'il attribuait à ce personnage. Hélas! la douce épigramme du poëte ne pouvait désarmer l'avenir lugubre qui déjà menaçait le petit-fils de Marie Stuart, et Malvolio bafoué n'allait être que trop vengé par l'échafaud de White-Hall.

Ce que vous voudrez, joué le 2 février 1602, à une représentation d'amateurs, par les étudiants de Middle-Temple, était évidemment écrit dès le commencement du dix-septième siècle. Certes, à cette époque, Shakespeare ne pouvait pas même soupçonner le sombre drame historique qui devait avoir pour dénoûment l'exécution de Charles Ier. Il ne pouvait prévoir la série d'événements extraordinaires qui devaient livrer la monarchie absolue au parti puritain. Mais l'ascendant sans cesse croissant de cette secte n'avait pu échapper à son génie observateur. Les puritains creusaient depuis vingt ans une sape redoutable dans les profondeurs de la société britannique, ils agissaient déjà sur la Chambre des communes; répandus dans les provinces et dans la métropole, ils dominaient de leur influence un grand nombre de corporations municipales. C'étaient eux qui, par leurs dénonciations, avaient fait proscrire de la Cité de Londres la plupart des théâtres, et forcé la troupe de *Globe* à émigrer par delà la Tamise, dans le faubourg de Southwaak. Chrétiens judaïques, les puritains confondaient dans le même anathème les choses les plus odieuses et les choses les plus sacrées, le papisme catholique et l'immortelle philosophie, le papisme anglican et la pensée libre, la superstition et l'art, le confessionnal et le théâtre, le mensonge et la poésie. L'outrage qu'ils crachaient sur Torquemada, ils le jetaient à la face de Michel-Ange. Incurables aveugles, ils prenaient pour le faux le beau, cette splendeur du vrai. Voulez-vous avoir une idée de cette cécité implacable? L'un d'entre eux, Philipp Stubbes, dans un pamphlet réimprimé en 1595 : *The anatomy of abuses*, proclamait que « les romans étaient inventés par Belzébuth, écrits par Lucifer, autorisés par Pluton, imprimés par Cerbère, et mis en vente par les Furies pour l'empoisonnement de l'univers. » Un autre, le chef même du parti, Stephen Gosson, ancien étudiant de l'université d'Oxford, auteur dramatique converti, publiait, en 1597, un factum résumé par ce titre : *L'École des abus, contenant une agréable invective contre les poëtes, es comédiens et les bouffons et autres chenilles de la république*. Ce Gosson avait inauguré sa conversion par un livre destiné à démontrer que « les pièces de théâtre ne doivent pas être tolérées dans une république chrétienne, » et dédié expressément au secrétaire d'État, sir Francis Walsingham.

Ainsi, non contents d'insulter le théâtre, les puritains le dénonçaient. Ils avilissaient la polémique jusqu'à la délation. Ils requéraient pour la satisfaction de leurs animosités les rigueurs du despotisme qui les accablait eux-mêmes. Dans la frénésie du fanatisme, ils aggravaient la stupidité par la lâcheté. Si le pouvoir les avait écoutés, le théâtre anglais était fermé pour toujours, et tous ces chefs-d'œuvre qui, aujourd'hui, éblouissent le monde : *Macbeth*, *Othello*, *le Roi Lear*, *Hamlet*, fussent restés forcément les secrets d'une silencieuse rêverie. Certes Shakespeare n'était que trop fondé à flétrir ces ignobles attaques. Pourtant combien douce est sa réplique! avec quelle noble modération il ferme la bouche à ses adversaires! Contre leur brutalité il ne s'arme que de grâce. Il répond à tous ces cris de fureur par le plus aimable badinage. Il réfute les pamphlets les plus odieux par cette exquise épigramme : *Ce que vous voudrez*. En dépit des farouches détracteurs du plaisir, il revendique, au nom de la nature humaine, le droit à la gaîté, à la joie, au caprice, à la fantaisie. Les puritains veulent proscrire les fêtes populaires : Shakespeare choisit la plus folle de toutes, la Fête des Rois, et l'inscrit, titre lumineux, en tête de sa nouvelle œuvre. Les puritains ne veulent plus entendre que des hymnes et des psaumes : Shakespeare, par la voix du bouffon Feste, leur chante « la naïve et franche chanson d'amour que » les fileuses et les tricoteuses fredonnent en travaillant » au soleil. » Tous ces Malvolios damnent la comédie : Shakespeare s'amuse à leur faire une farce.

C'est avec ce généreux enjouement que se défend le poëte. Il convie à la bonne humeur ces inexorables têtes rondes qui, en 1642, feront fermer son théâtre. A Cromwell qui va le frapper, Shakespeare s'offre le sourire aux lèvres.

13 mai 1864.

LES

JOYEUSES ÉPOUSES DE WINDSOR

PERSONNAGES.

SIR JOHN FALSTAFF.
SHALLOW, juge de paix de campagne.
SLENDER, neveu de Shallow.
GUÉ, } bourgeois de Windsor.
PAGE,
WILLIAM PAGE, jeune garçon, fils de Page.
SIR HUGH EVANS, curé gallois.
LE DOCTEUR CAIUS, médecin français.
L'HOTE DE LA JARRETIÈRE.

FENTON, amoureux d'Anne Page.
BARDOLPHE,
PISTOLET, } de la bande de Falstaff.
NYM,
ROBIN, page de Falstaff.
SIMPLE, valet de Slender.
RUGBY, valet de Caïus.
MISTRESS GUÉ.
MISTRESS PAGE.
MISTRESS ANNE PAGE, sa fille.
MISTRESS QUICKLY, femme de ménage du docteur Caïus.

La scène est à Windsor.

SCÈNE I.

[Windsor. Un jardin devant la maison de Page.] (1).

Entre le juge SHALLOW, SLENDER et sir HUGH EVANS.

SHALLOW.

Sir Hugh, n'insistez pas; j'en ferai une affaire de Chambre étoilée. Fût-il vingt fois sir John Falstaff, il ne se jouera pas de Robert Shallow, esquire.

SLENDER.

Du comté de Glocester, juge de paix, et *coram*.

SHALLOW.

Oui, cousin Slender, et *Cust-alorum*.

SLENDER.

Oui, et *ratolorum* encore ! gentilhomme-né, monsieur le pasteur, qui signe *Armigero*, sur tous les billets, mandats, quittances et obligations ! *Armigero* !

SHALLOW.

Oui, pour ça, nous le faisons, et nous l'avons fait continuellement depuis trois cents ans.

SLENDER.

Tous ses successeurs trépassés avant lui l'ont fait, et tous ses ancêtres, qui viendront après lui, pourront le faire : ils pourront porter les douze brochetons blancs sur leur cotte d'armes (2).

SHALLOW.

C'est notre ancienne cotte d'armes.

EVANS.

Douze petits animaux blancs, ça n'est pas trop pour une vieille cotte ; ça ne fait pas mal, en *passant* ; c'est des pêtes familières à l'homme et qui signifient : Sympathie.

SHALLOW.

Ces bêtes-là ne sont pas poisson salé ; et c'est du poisson salé que porte notre ancienne cotte.

SLENDER.

Puis-je écarteler, cousin ?

SHALLOW.

Vous le pouvez, en vous mariant.

EVANS, à Shallow.

Vous seriez bien marri, s'il écartelait.

SHALLOW.

Nullement.

EVANS.

Si fait, par Notre-Dame ! S'il prenait un quartier de votre cotte, il ne vous en restera plus que trois, d'après mon simple calcul ; mais laissons ça. Si sir John Falstaff a commis des déshonnêtetés envers vous, je suis d'Église, et je m'emploierai pien volontiers à amener des arrangements et des compromis entre vous.

SHALLOW.

Le Conseil entendra l'affaire : il y a sédition.

EVANS.

Il n'est pas pon que le Conseil entende parler d'une sédition : il n'y a pas de crainte de Tieu dans une sédition. Le Conseil, voyez-vous, voudra entendre parler de la crainte de Tieu, et ne voudra pas entendre parler de sédition. Réfléchissez-y bien.

SHALLOW.

Ha ! sur ma vie, si j'étais jeune encore, l'épée terminerait tout ceci.

EVANS.

Il vaut mieux que vos amis tiennent lieu d'épée et terminent la chose. Et puis j'ai dans la cervelle une autre idée qui peut-être produira de pons effets. Vous connaissez Anne Page, la fille de maître George Page, une mignonne virginité?

SLENDER.

Mistress Anne Page? Elle a les cheveux bruns et une menue voix de femme.

EVANS.

C'est justement cette personne-là; entre toutes celles de l'nivers, vous ne pouviez pas mieux trouver. Son grand-père, à son lit de mort (que Tieu l'appelle à une pienheureuse résurrection!), lui a légué sept cents livres en mounaie d'or et d'argent, pour le jour où elle aura pu atteindre ses dix-sept ans. Or, ce serait une bonne inspiration, si nous laissions là nos caquetages et nos pavardages, et si nous arrangions un mariage entre maître Abraham et mistress Anne Page.

SHALLOW.

Est-ce que son grand-père lui a légué sept cents livres?

EVANS.

Oui, et son père lui laissera encore un plus peau denier.

SHALLOW.

Je connais la jeune damoiselle; elle est bien douée.

EVANS.

Avoir sept cents livres et des espérances, c'est être pien doué.

SHALLOW.

Eh bien, allons voir l'honnête maître Page. Falstaff est-il là?

EVANS.

Vous dirai-je un mensonge? Je méprise un menteur,

comme je méprise quiconque est faux, ou comme je méprise quiconque n'est pas vrai. Le chevalier sir John est là. Mais, je vous en conjure, laissez-vous guider par ceux qui vous veulent du pien. Je vais frapper à la porte et demander maître Page.

Il frappe à la porte de la maison.

Holà ! hé ! Tieu pénisse votre maison céans !

Paraît PAGE.

PAGE.

Qui est là ?

EVANS.

Voici la pénédiction de Tieu, et voici votre ami, le juge Shallow, et le jeune maître Slender qui peut-être vous contera une autre histoire, si la chose est de votre goût.

PAGE.

Je suis charmé de voir Vos Révérences en bonne santé. Je vous remercie pour mon gibier, maître Shallow.

SHALLOW.

Maître Page, je suis charmé de vous voir. Grand bien vous fasse ! J'aurais voulu que votre gibier fût meilleur ; il a été mal tué... Comment va la bonne mistress Page ?... Et je vous aime toujours de tout mon cœur, la, de tout mon cœur.

PAGE.

Monsieur, je vous rends grâces.

SHALLOW.

Monsieur, je vous rends grâces !... par oui et par non, je vous aime.

PAGE.

Je suis charmé de vous voir, cher maître Slender.

SLENDER.

Comment va votre levrier fauve, monsieur ? J'ai ouï dire qu'il a été dépassé à la course de Cotsale (3).

PAGE.
C'est ce qu'on n'a pas pu juger, monsieur.
SLENDER.
Vous ne l'avouerez pas, vous ne l'avouerez pas.
SHALLOW.
Non; il ne l'avouera pas... C'est votre guignon, c'est votre guignon... C'est un bon chien.
PAGE.
Un mâtin, monsieur!
SHALLOW.
Monsieur, c'est un bon chien, et un beau chien. Peut-on rien dire de plus? Il est bon et beau... Sir John Falstaff est-il ici?
PAGE.
Monsieur, il est à la maison; et je voudrais pouvoir interposer mes bons offices entre vous.
EVANS.
C'est parler comme un chrétien doit parler.
SHALLOW.
Il m'a offensé, maître Page.
PAGE.
Monsieur, il l'avoue en quelque sorte.
SHALLOW.
Si la chose est avouée, elle n'est pas réparée. N'est-il pas vrai, maître Page? Il m'a offensé, offensé tout de bon; offensé à la lettre; croyez-moi: Robert Shallow, esquire, se dit offensé.
PAGE.
Voici sir John qui vient.

Entrent sir JOHN FALSFAFF, BARDOLPHE, NYM *et* PISTOLET.

FALSTAFF.
Eh bien, maître Shallow, vous voulez donc vous plaindre de moi au roi?

SHALLOW.

Chevalier, vous avez battu mes gens, tué mon daim, et forcé mon pavillon.

FALSTAFF.

Mais non baisé la fille de votre garde.

SHALLOW.

Bah! une pointe d'aiguille! Vous répondrez de tout ça.

FALSTAFF.

Je vais répondre immédiatement : j'ai fait tout ça... Voilà ma réponse.

SHALLOW.

Le Conseil connaîtra l'affaire.

FALSTAFF.

Le conseil que je vous donne, c'est de ne pas la faire connaître : on rira de vous.

EVANS.

Pauca verba, sir John, et de ponnes paroles!

FALSTAFF.

Bonnes paroles! bonnes fariboles! Slender, je vous ai écorché la tête : quelle humeur avez-vous contre moi?

SLENDER.

Morbleu, monsieur, j'ai la tête pleine d'humeur... contre vous et contre vos coquins d'escrocs, Bardolphe, Nym et Pistolet. Ils m'ont entraîné à la taverne, m'ont fait boire, et ensuite ont vidé mes poches.

BARDOLPHE.

Fromage de Banbury (4)!

SLENDER.

Hé! peu m'importe!

PISTOLET.

Qu'est-ce à dire, à Méphistophélès?

SLENDER.

Hé! peu m'importe.

NYM.

Tranchons là ! *pauca! pauca!* tranchons là ! il suffit.

SCÈNE I.

SLENDER, à Shallow.

Où est Simple, mon valet? Pourriez-vous me le dire, cousin?

EVANS.

Paix, je vous prie! Entendons-nous! Il y a trois arpitres dans cette affaire, à ce que j'entends; il y a maître Page, c'est-à-dire maître Page; il y a moi-même, c'est-à-dire moi-même; et la tierce personne, en conclusion finale, est mon hôte de la Jarretière.

PAGE.

C'est à nous trois d'écouter l'affaire et de tout terminer entre eux.

EVANS.

Fort pien; je vais en dresser le procès-verbal sur mon calepin; et ensuite nous instruirons la cause aussi discrètement que nous pourrons.

FALSTAFF, appelant.

Pistolet!

PISTOLET, s'avançant.

Il écoute de toutes ses oreilles.

EVANS.

Par le tiable et sa mère! quelle phrase est-ce là : *Il écoute de toutes ses oreilles?* Eh! c'est des affectations!

FALSTAFF.

Pistolet, avez-vous vidé les poches de maître Slender?

SLENDER.

Oui, par ces gants! si cela n'est pas, je veux ne jamais rentrer dans ma grande chambre! Il m'a volé sept groats en belles pièces de six pennys et deux grands shillings d'Édouard que j'avais achetés d'Yead le meunier deux shillings et deux pennys la pièce. J'en jure par ces gants!

FALSTAFF.

Est-ce la vérité, Pistolet?

EVANS.

Non, c'est une fausseté noire, s'il y a vol.

PISTOLET, à Evans.

— Ah çà! étranger des montagnes!

A Falstaff.

Sir John mon maître, — je demande à me battre avec ce sabre de bois.

A Slender.

— Je te jette un démenti à la gorge, — un démenti éclatant. Bave et écume, tu mens! —

SLENDER, montrant Nym.

Par ces gants! alors c'était lui.

NYM.

Faites attention, l'ami, pas de mauvaises plaisanteries! Je vous dirai : *Attrape*, si vous faites sur moi de ces plaisanteries pendables. Voilà ma déclaration.

SLENDER, montrant Bardolphe.

Par ce chapeau, c'est donc celui-là avec sa face rouge. Si je ne puis pas me rappeler ce que j'ai fait après que vous m'avez soûlé, je ne suis pourtant pas tout à fait un âne.

FALSTAFF, à Bardolphe.

Que dites-vous à cela, frère Jean l'écarlate?

BARDOLPHE.

Eh bien, monsieur, je dis, pour ma part, que ce gentleman, à force de boire, avait perdu ses cinq sentences...

EVANS.

Ses cinq sens! Fi! ce que c'est que l'ignorance!

BARDOLPHE.

Et qu'étant ivre, il a été, comme on dit, sous la table, et qu'en conclusion il a battu la campagne.

SLENDER.

Oui, alors aussi vous parliez latin! Mais n'importe! Après ce tour-là, je veux, tant que je vivrai, ne jamais me

SCÈNE I. 77

soûler qu'en compagnie honnête, civile et pie ; si je me soûle, je veux me soûler avec ceux qui ont la crainte de Dieu, et non avec des chenapans d'ivrognes.

EVANS.

Par le Tieu qui m'juge, voilà une vertueuse intention.

FALSTAFF.

Vous voyez que tous les faits sont niés, messieurs; vous l'entendez.

Entrent MISTRESS ANNE PAGE, *apportant du vin, puis* MISTRESS GUÉ *et* MISTRESS PAGE.

PAGE.

Non, ma fille, remporte ce vin ; nous boirons à la maison.

Anne Page rentre dans la maison.

SLENDER.

O ciel ! c'est mistress Anne Page !

PAGE.

Comment va, mistress Gué ?

FALSTAFF.

Mistress Gué, sur ma parole, vous êtes la très-bien venue. Avec votre permission, chère madame.

Il l'embrasse.

PAGE.

Femme, fais fête à ces messieurs. Venez, nous avons un pâté chaud de venaison à dîner. Venez, messieurs, j'espère que nous allons noyer toutes les rancunes.

Tous entrent dans la maison, excepté Shallow, Slender et Evans.

SLENDER.

Je donnerais quarante shillings pour avoir ici mon livre de chansons et de sonnets.

Entre SIMPLE.

Eh bien, Simple ! où avez-vous été ? Il faut que je me

serve moi-même, n'est-ce pas! Vous n'avez pas *le Livre des Énigmes* sur vous? L'avez-vous?

SIMPLE.

Le Livre des Énigmes! Mais est-ce que vous ne l'avez pas prêté à Alice Courtemiche à la Toussaint dernière, quinze jours avant la Saint-Michel?

SHALLOW.

Venez, neveu, venez, neveu, nous vous attendons. Un mot, neveu!... Eh bien, neveu, voici : il y a, pour ainsi dire, une proposition, une sorte de proposition faite en l'air par sir Hugh ici présent.... Vous m'entendez?

SLENDER.

Oui, monsieur, et vous me trouverez raisonnable; si cela est, je ferai tout ce qui est de raison.

SHALLOW.

Mais entendez-moi donc.

SLENDER.

C'est ce que je fais, monsieur.

EVANS.

Prêtez l'oreille à sa motion, maître Slender ; je vous descriptionnerai l'affaire, si elle vous convient.

SLENDER.

Non, je veux faire ce que mon oncle Shallow me dira; excusez-moi, je vous prie ; il est juge de paix dans son pays, tout simple mortel que je suis.

EVANS.

Mais ce n'est pas là la question ; il s'agit de votre mariage.

SHALLOW.

Oui, voilà le point, mon cher.

EVANS.

Oui, ma foi, voilà justement le point... avec mistress Anne Page!

SCÈNE I.

SLENDER.

Ah! si c'est comme ça, je suis prêt à l'épouser à toutes les conditions raisonnables.

EVANS.

Mais pouvez-vous affectionner la d'moiselle? Nous voulons le savoir de votre pouche ou de vos lèvres; car divers philosophes soutiennent que les lèvres, c'est une partie de la pouche... Donc, pour préciser, pouvez-vous reporter votre inclination sur la jeune fille?

SHALLOW.

Neveu Abraham Slender, pouvez-vous l'aimer?

SLENDER.

Je l'espère, monsieur; je ferai pour ça tout ce qu'on peut faire raisonnablement.

EVANS.

Voyons, par le seigneur Tieu et Notre-Tame, il faut nous dire positivement si vous pouvez reporter vos sympathies sur elle.

SHALLOW.

Çà, il le faut. L'épouseriez-vous avec une bonne dot?

SLENDER.

Je ferais bien davantage, oncle, à votre raisonnable requête.

SHALLOW.

Mais comprenez-moi, comprenez-moi, cher neveu; ce que je veux, c'est vous complaire, neveu. Pouvez-vous aimer la jeune fille?

SLENDER.

Je suis prêt à l'épouser, monsieur, à votre requête. Mais, si l'amour n'est pas grand au commencement, le ciel pourra le faire décroître après une ample accointance, quand nous serons mariés et que nous aurons eu occasion de nous mieux connaître. J'espère qu'avec la familiarité grandira l'antipathie. Mais, si vous me dites:

Épousez-la, je l'épouse; j'y suis très-dissolu, et fort dissolument.

EVANS.

Voilà une réponse fort sage; sauf la faute dans l'mot *dissolument*; selon l'acception reçue, c'est *résolûment* qu'il faut dire... Son intention est ponne.

SHALLOW.

Oui, je crois que mon neveu avait bonne intention.

SLENDER.

Oui, ou je veux bien être pendu, la.

Entrent ANNE PAGE.

SHALLOW.

Voici venir la belle mistress Anne... Je voudrais être jeune pour l'amour de vous, mistress Anne!

ANNE.

Le dîner est sur la table; mon père désire l'honneur de votre compagnie.

SHALLOW.

Je suis à lui, belle mistress Anne.

EVANS.

Tieu soit péni! je ne veux pas manquer le pénédicité.

Sortent Shallow et Evans.

ANNE.

Vous plaît-il d'entrer, monsieur?

SLENDER.

Non, je vous remercie, sur ma parole, de tout cœur; je suis très-bien.

ANNE.

Le dîner vous attend, monsieur.

SLENDER.

Je n'ai pas faim, je vous remercie, sur ma parole.

A Simple.

Allez, maraud, tout mon valet que vous êtes, allez servir mon oncle Shallow.

Sort Simple.

Un juge de paix peut parfois être bien aise qu'un parent lui prête son valet... Je ne garde que trois valets et un page, jusqu'à ce que ma mère soit morte. Mais qu'importe! en attendant, je vis comme un pauvre gentilhomme de naissance.

ANNE.

Je ne puis entrer sans vous, monsieur; on ne s'assoiera pas que vous ne veniez.

SLENDER.

En vérité, je ne veux rien manger; je vous remercie autant que si je mangeais.

ANNE.

Je vous en prie, monsieur, entrez.

SLENDER.

J'aime mieux me promener ici, je vous remercie. Je me suis meurtri le tibia l'autre jour en faisant des armes avec un maître d'escrime. Trois bottes pour un plat de pruneaux cuits! Et, ma foi, depuis lors je ne puis supporter l'odeur d'un mets chaud... Pourquoi vos chiens aboient-ils ainsi? Est-ce qu'il y a des ours dans la ville?

ANNE.

Je crois qu'il y en a, monsieur, je l'ai entendu dire.

SLENDER.

J'aime fort ce divertissement-là; mais je m'y querelle aussi vite que qui que ce soit en Angleterre... Vous avez peur, si vous voyez l'ours lâché, n'est-ce pas?

ANNE.

Oui, vraiment, monsieur.

SLENDER.

Eh bien, maintenant, c'est pour moi boire et manger; j'ai vingt fois vu Sackerson lâché (5); je l'ai même pris par la chaîne; mais je vous garantis que les femmes jetaient des cris inimaginables. Mais il est vrai que les femmes ne peuvent pas les souffrir ; ce sont d'affreuses bêtes très-mal léchées.

PAGE, *venant de la maison.*

PAGE.

Venez donc, cher maître Slender, venez, nous vous attendons.

SLENDER.

Je ne veux rien manger, je vous remercie, monsieur.

PAGE.

Palsambleu ! vous n'aurez pas le dernier mot, monsieur ; venez, venez.

SLENDER.

Ah ! passez devant, je vous prie.

PAGE.

Allons, monsieur !

SLENDER.

Mistress Anne, vous passerez la première.

ANNE.

Non pas, monsieur ; je vous en prie, marchez devant.

SLENDER.

Vraiment non, je ne passerai pas le premier ; vraiment, la, je ne vous ferai pas cette offense.

ANNE.

Je vous en prie, monsieur.

SLENDER.

J'aime mieux être incivil qu'importun. C'est vous-même qui vous faites offense, vraiment, la.

Il entre dans la maison, suivi d'Anne et de Page.

Paraissent au seuil de la maison EVANS *et* SIMPLE.

EVANS.

Allez ; vous demanderez le chemin de la maison du docteur Caïus ; et là demeure une mistress Quickly qui est pour lui comme sa nourrice, ou son infirmière, ou sa cuisinière, ou sa laveuse, sa planchisseuse et sa repasseuse.

SIMPLE.

Bien, monsieur.

EVANS.

Mais il y a mieux encore. Donnez-lui cette lettre; car c'est une femme qui connaît peaucoup mistress Anne Page; et la lettre est pour lui demander et la prier d'appuyer la demande de votre maître auprès de mistress Page. Partez, je vous prie; je veux finir mon dîner; il y a encore les reinettes et le fromage.

Ils disparaissent.

SCÈNE II.

[L'auberge de la Jarretière.]

Entrent FALSTAFF, L'HÔTE, BARDOLPHE, NYM, PISTOLET et ROBIN.

FALSTAFF.

Mon hôte de la Jarretière !

L'HOTE.

Que dit mon immense coquin ? Parle savamment et sagement.

FALSTAFF.

En vérité, mon hôte, il faut que je renvoie quelques-uns de mes gens.

L'HOTE.

Congédie, immense Hercule, chasse. Qu'ils détalent ! au galop ! au galop !

FALSTAFF.

Je dépense céans dix livres la semaine !

L'HOTE.

Tu es un empereur, César, czar ou Balthazar ! Je

prendrai Bardolphe à mon service; il tirera le vin, il mettra en perce. Est-ce dit, immense Hector?

FALSTAFF.

Faites, mon bon hôte.

L'HOTE.

J'ai dit... Qu'il me suive.

A Bardolphe.

Voyons si tu sais faire mousser et petiller le liquide. Je n'ai qu'une parole. Suis-moi.

L'hôte sort.

FALSTAFF.

Bardolphe, suis-le : c'est un bon état que celui de sommelier. Un vieux manteau fait un justaucorps neuf. Valet usé, sommelier frais. Va, adieu.

BARDOLPHE.

C'est une vie que j'ai toujours désirée; je ferai fortune.

Bardolphe sort.

PISTOLET.

O vil bohémien ! veux-tu donc manier le fausset ?

NYM.

Il a été engendré après boire : la plaisanterie n'est-elle pas drôle? Il n'a pas l'âme héroïque, et voilà !

FALSTAFF.

Je suis bien aise d'être ainsi débarrassé de ce briquet; ses vols étaient par trop patents; il était dans sa filouterie comme un mauvais chanteur, il n'observait pas la mesure.

NYM.

Le vrai talent est de voler en demi-pause.

PISTOLET.

Voler! fi! Peste de l'expression! Les habiles disent *transférer.*

FALSTAFF.

Eh bien! mes maîtres, je suis presque réduit à traîner la savate!

PISTOLET.

Alors gare les écorchures!

FALSTAFF.

Il n'y a pas de remède. Il faut que j'intrigue; il faut que je m'ingénie.

PISTOLET.

Il faut que les jeunes corbeaux aient leur pâture.

FALSTAFF.

Qui de vous connaît un certain Gué de cette ville!

PISTOLET.

Je connais l'être; il est cossu.

FALSTAFF.

Mes honnêtes garçons, je vais vous dire mon tour.

PISTOLET.

Plus de deux verges de tour.

FALSTAFF.

Pas de facéties, Pistolet. J'ai beau avoir environ deux verges de circonférence, je ne m'occupe pas de perdre; je ne m'occupe que de gagner. Bref, j'ai l'intention de faire l'amour à la femme de Gué; j'entrevois en elle de bonnes dispositions; elle jase, elle découpe, elle a l'œillade engageante. Je puis traduire la pensée de son style familier : le sens le moins favorable de sa conduite rendu en bon anglais, le voici : *Je suis à sir John Falstaff!*

PISTOLET.

Il a étudié son idée et traduit son idée en honnête Anglais.

NYM.

L'ancrage est trop profond pour moi : me passera-t-on ce mot?

FALSTAFF.

Maintenant le bruit court qu'elle tient les cordons de la bourse de son mari; elle a à sa disposition une légion d'anges argentins.

PISTOLET.

Aie à la tienne une égale légion de diables, et je te dis : *Cours-lui sus, mon gars!*

NYM.

La farce se relève; ça va bien; amadouez-moi les anges.

FALSTAFF.

Je lui ai écrit une lettre que voici; et en voilà une autre pour la femme de Page, qui, elle aussi, me faisait tout à l'heure les yeux doux, en examinant ma personne de l'air le plus inquisiteur. Le rayon de son regard dorait tantôt mon pied, tantôt ma panse majestueuse.

PISTOLET.

C'est qu'alors le soleil brillait sur le fumier!

NYM, à Pistolet.

Merci de ce mot-là.

FALSTAFF.

Oh! elle parcourait mes dehors avec une attention si avide, que l'appétit de son œil me brûlait comme un miroir ardent! Voici une autre lettre pour elle; elle aussi, elle tient la bourse; c'est une véritable Guyane, toute or et libéralité. Je serai leur caissier à toutes deux, et elles seront des trésors pour moi. Elles seront mes Indes orientales et occidentales, et je commercerai avec toutes deux.

A Pistolet et à Nym.

Va, toi, porte cette lettre à mistress Page; et toi, celle-ci à mistress Gué. Nous prospérerons, enfants, nous prospérerons.

SCÈNE II.

PISTOLET.

— Deviendrai-je un sire Pandarus de Troie, — moi qui porte l'acier au côté? Que plutôt Lucifer nous emporte tous. —

NYM.

Je ne me prêterai pas à une vile intrigue : reprenez votre intrigante lettre; je veux maintenir la dignité de ma réputation.

FALSTAFF, à Robin.

— Tiens, maraud, porte ces lettres prestement... — Vogue, comme ma chaloupe, vers ces parages d'or... — Vous, coquins, hors d'ici! détalez. Évanouissez-vous comme la grêle, allez. — Rampez, traînez-vous, jouez des sabots, allez chercher un gîte ailleurs, décampez! — Falstaff aura recours aux expédients du siècle; — il vivra économiquement, coquins, à la française : un page galonné me suffira.

Il sort avec Robin.

PISTOLET.

— Que les vautours te déchirent les boyaux! Il y a encore des dés pipés — assez pour duper riches et pauvres. — J'aurai en poche de bons testons, quand toi tu manqueras de tout, — vil Turc de Phrygie.

NYM.

J'ai en tête une opération qui sera une manière de vengeance.

PISTOLET.

Tu veux te venger?

NYM.

Oui, par le firmament et son étoile !

PISTOLET.

Par la ruse ou par l'acier ?

NYM.

Des deux manières. Je vais révéler à Page cette intrigue d'amour.

PISTOLET.

— Et moi, je vais dévoiler à Gué — comment Falstaff, varlet vil, — veut tâter de sa colombe, s'emparer de son or, — et souiller sa couche moelleuse. —

NYM.

Mon intrigue à moi ne languira pas. J'exciterai Page à employer le poison; je lui communiquerai la jaunisse; car un tempérament ainsi bouleversé est terrible. Voilà ma manière.

PISTOLET.

Tu es le Mars des mécontents; je te seconde. En avant.

Ils sortent.

SCÈNE III.

[Chez le docteur Caïus.]

Entrent MISTRESS QUICKLY, SIMPLE ET RUGBY.

MISTRESS QUICKLY.

Holà! John Rugby. Va à la croisée, je te prie, et vois si tu peux voir venir mon maître, le maître docteur Caïus; s'il rentrait, sur ma parole, et s'il trouvait quelqu'un à la maison, il ferait un rude abus de la patience de Dieu et de l'anglais du roi.

RUGBY.

Je vais faire le guet.

MISTRESS QUICKLY.

Va; et pour la peine nous aurons un chaudeau ce soir, à la dernière lueur d'un feu de charbon de terre.

Sort Rugby.

Un honnête garçon, empressé, complaisant, autant que le meilleur serviteur qui puisse entrer dans une maison; et, je vous le garantis, point rapporteur et nullement boute-feu. Son pire défaut est qu'il est adonné à la prière; il est un peu entêté de ce côté-là; mais chacun a ses défauts, passons là-dessus... Votre nom, dites-vous, est Peter Simple.

SIMPLE.

Oui, faute d'un meilleur.

MISTRESS QUICKLY.

Et maître Slender est votre maître?

SIMPLE.

Oui, sur ma parole.

MISTRESS QUICKLY.

Est-ce qu'il ne porte pas une grande barbe ronde comme le tranchet d'un gantier?

SIMPLE.

Non, sur ma parole, il n'a qu'une toute petite figure avec une petite barbe jaune, exactement comme la barbe de Caïn.

MISTRESS QUICKLY.

Un homme d'humeur douce, n'est-ce pas?

SIMPLE.

Oui, sur ma parole; mais il a la main aussi leste que peut l'avoir un homme à tête vive; il s'est battu avec un garde-chasse.

MISTRESS QUICKLY.

Comment dites-vous?... Oh! je dois me le rappeler. Ne porte-t-il pas, pour ainsi dire, la tête haute, et ne se pavane-t-il pas en marchant?

SIMPLE.

Oui, en effet.

MISTRESS QUICKLY.

Allons, puisse le ciel ne pas envoyer à Anne Page de plus mauvais parti! Dites à monsieur le pasteur Évans que je ferai ce que je pourrai pour votre maître.... Anne est une bonne fille, et je souhaite...

Rentre RUGBY.

RUGBY.

Sauvez-vous! miséricorde! voici mon maître qui vient.

MISTRESS QUICKLY.

Nous allons tous être rudoyés! Élancez-vous ici, bon jeune homme, allez dans ce cabinet.

Elle enferme Simple dans le cabinet du docteur.

Il ne restera pas longtemps... Holà, John Rugby! John! holà, John, encore une fois! Va, John, va t'informer de mon maître; je crains qu'il ne soit pas bien; il ne rentre pas.

Fredonnant :

En bas, en bas, en bas...

Entre le docteur CAIUS.

CAIUS.

Qu'est-ce que vous chantez là? Ze n'aime pas ces futilités. Allez, ze vous prie, dans mon cabinet me chercher *un boîtier verd* (6), un coffre, un coffre vert. Entendez-vous ce que ze dis? une boîte verte.

MISTRESS QUICKLY.

Oui, sur ma parole, je vais vous le chercher.

A part.

Je suis bien aise qu'il n'y soit pas allé lui-même; s'il avait trouvé le jeune homme, il aurait donné de furieux coups de cornes.

CAIUS.

Ouf, ouf, ouf! ma foi, il fait fort chaud!... Ze m'en vais à la cour. La grande affaire...

MISTRESS QUICKLY, revenant du cabinet.

Est-ce ça, monsieur?

CAIUS.

Ouy, mette-le au mon pocket, dépêche. Vite... Où est ce maraud de Rugby?

MISTRESS QUICKLY.

Holà, John Rugby! John!

RUGBY.

Voilà, monsieur.

CAIUS.

Vous êtes Zohn Rugby, et vous être Zeannot Rugby. Allons, prenez votre rapière, et me suivez à la cour.

RUGBY.

Elle est toute prête, monsieur, là, sous le porche.

CAIUS.

Sur ma foi, ze tarde trop. Dieu! *qu'ay z'oublié!* Il y a dans mon cabinet des simples que pour rien au monde ze ne voudrais laisser derrière moi.

MISTRESS QUICKLY.

Miséricorde! il va trouver le jeune homme là, et va-t-il être furieux!

CAIUS.

O diable, diable! qu'y a-t-il dans mon cabinet?...

Traînant Simple hors du cabinet.

Scélérat! *larron!*... Rugby, ma rapière!

MISTRESS QUICKLY.

Mon bon maître, calmez-vous.

CAIUS.

Et pourquoi me calmer?

MISTRESS QUICKLY.

Ce jeune homme est un honnête homme.

CAIUS.

Qu'est-ce qu'un honnête homme peut faire dans mon cabinet? Pas un honnête homme ne viendrait ainsi dans mon cabinet.

MISTRESS QUICKLY.

Je vous en supplie, ne soyez pas si flegmatique; écoutez la vérité. Il est venu me trouver de la part du pasteur Hugh...

CAIUS.

Après ?

SIMPLE.

Oui, sur ma parole, pour la prier de...

MISTRESS QUICKLY.

Silence, je vous prie.

CAIUS, à mistress Quickly.

Retenez votre langue, vous...

A Simple.

Et vous, continuez.

SIMPLE.

Pour prier cette honnête dame, votre servante, de dire un bon mot à mistress Anne Page en faveur de mon maître qui la recherche en mariage.

MISTRESS QUICKLY.

C'est tout, en vérité, la ; mais jamais je ne mettrai ma main au feu, je n'en ai pas envie.

CAIUS.

Sir Hugh vous a envoyé !... Rugby, *baillez*-moi du papier.

A Simple.

Vous, arrêtez un moment.

Il écrit.

MISTRESS QUICKLY, bas à Simple.

Je suis bien aise de le voir si calme ; s'il s'était emporté tout de bon, vous auriez entendu ses cris et sa mélancolie ! Quoi qu'il en soit, l'ami, je ferai pour votre maître tout ce que je pourrai ; le fin mot de la chose est que le docteur français, mon maître... Je puis l'appeler mon maître, voyez-vous, car je tiens sa maison, je lave, je repasse, je brasse, je cuis, je nettoie, je prépare le boire et le manger, je fais les lits, enfin je fais tout moi-même...

SIMPLE.

C'est beaucoup de besogne sur les bras d'une seule personne.

MISTRESS QUICKLY.

Vous le pensez? Oui, certes, c'est beaucoup de besogne; et puis se lever matin et se coucher tard!... Quoi qu'il en soit (je vous le dis à l'oreille, pas un mot de ceci à personne), mon maître est lui-même amoureux de mistress Anne Page; mais n'importe! je connais les sentiments d'Anne; ils ne sont ni de ce côté-ci ne de celui-là.

CAIUS, à Simple.

Magot, remettez cette lettre à sir Huhg; c'est un cartel, palsembleu. Ze veux lui couper la gorze dans le parc; et ze veux apprendre à ce mauvais faquin de prêtre à se mêler ainsi de tout et à faire l'officieux!... Vous pouvez partir; il ne fait pas bon ici pour vous... Palsembleu, ze veux lui couper les rognons! Palsembleu, il ne lui restera pas un os à zeter à son chien!

Sort Simple.

MISTRESS QUICKLY.

Hélas! il ne fait que parler pour un de ses amis.

CAIUS.

Qu'importe! Ne m'avez-vous pas dit qu'Anne Paze serait pour moi? Palsembleu, ze veux tuer ce faquin de prêtre, et z'ai fait choix de mon hôte de la Zarretière pour mesurer nos épées... Palsembleu, ze veux avoir Anne Paze.

MISTRESS QUICKLY.

Monsieur, la jeune fille vous aime, et tout ira bien... Il faut laisser babiller les gens, malpeste!

CAIUS.

Rugby, venez à la cour avec moi... Palsembleu, si ze n'ai pas Anne, ze vous mettrai à la porte par les épaules! Suivez mes talons, Rugby.

Il sort suivi de Rugby.

MISTRESS QUICKLY.

Vous n'aurez que les oreilles d'âne, vous! Je connais

les sentiments d'Anne sur ce point; il n'y a pas une femme à Windsor qui connaisse les sentiments d'Anne mieux que moi; et pas une n'a plus d'action sur elle, grâce à Dieu.

FENTON, du dehors.

Holà! quelqu'un!

MISTRESS QUICKLY, allant à la fenêtre.

Qui est là? Approchez de la maison, je vous prie.

Entre FENTON.

FENTON.

Eh bien, bonne femme, comment vas-tu?

MISTRESS QUICKLY.

D'autant mieux que votre révérence veut bien me le demander.

FENTON.

Quelles nouvelles? Comment va la jolie mistress Anne?

MISTRESS QUICKLY.

En vérité, monsieur, elle est toujours jolie et honnête, et douce, et de vos amies, je puis vous le dire en passant, Dieu soit loué!

FENTON.

Réussirai-je, crois-tu? Est-ce que je ne perdrai pas mes peines?

MISTRESS QUICKLY.

Ma foi, monsieur, tout est dans la main du Très-Haut; mais néanmoins, maître Fenton, je jurerais sur une Bible qu'elle vous aime. Est-ce que votre révérence n'a pas une verrue au-dessus de l'œil?

FENTON.

Oui, vraiment; après?

MISTRESS QUICKLY.

Eh bien, il y a toute une histoire qui se rattache à ça... Sur ma parole, c'est une si singulière Nanette... Mais, j'en déteste le ciel, la plus honnête fille qui ait jamais rompu le pain !... Nous avons eu une heure de conversation sur cette verrue-là... Je ne rirai jamais que dans la compagnie de cette fille ! Mais, en vérité, elle est par trop portée à l'allicolie et à la rêverie... Bon, allez-y !

FENTON.

Bon, je la verrai aujourd'hui. Tiens, voilà de l'argent pour toi ; parle en ma faveur ; si tu la vois avant moi, recommande-moi bien.

MISTRESS QUICKLY.

En doutez-vous ? Oui, certes, nous lui parlerons ; et j'en dirai bien d'autres à votre révérence sur la verrue, lors de notre prochaine confidence, et sur les autres galants !

FENTON.

C'est bon, adieu ; je suis très-pressé en ce moment.

MISTRESS QUICKLY.

Adieu à votre révérence !

Fenton sort.

En vérité, c'est un honnête gentleman ; mais Anne ne l'aime pas ; car je connais les sentiments d'Anne aussi bien que personne... Diantre ! qu'ai-je oublié ?

Elle sort.

SCÈNE IV.

[Devant la maison de Page.]

Entre MISTRESS PAGE, une lettre à la main.

MISTRESS PAGE.

Quoi ! j'aurai échappé aux lettres d'amour à l'époque fériée de ma beauté, et j'y suis en butte aujourd'hui ! Voyons.

Elle lit.

Ne me demandez pas pourquoi je vous aime ; car, bien que

l'amour accepte la raison pour médecin, il ne l'admet pas pour conseiller. Vous n'êtes plus jeune, moi non plus ; eh bien donc, voilà une sympathie! Vous êtes gaie, et moi aussi ; ha! ha! voilà une sympathie de plus. Vous aimez le vin, et moi aussi ; pouvez-vous désirer une plus forte sympathie? Qu'il te suffise, maîtresse Page (si du moins l'amour d'un soldat peut te suffire), de savoir que je t'aime! Je ne te dirai pas : Aie pitié de moi. Ce n'est pas un mot de soldat ; mais je te dirai : Aime-moi.

> Par moi,
> Ton véritable chevalier,
> De jour ou de nuit,
> A toute espèce de lumière,
> Prêt à se battre pour toi,
> Avec toutes ses forces.
>
> John Falstaff (7).

Quel Hérode de Judée est-ce là? O perversité, perversité du monde! Un homme presque mis en pièces par l'âge, faire ainsi le vert galant! Quel trait de légèreté, au nom du diable, cet ivrogne flamand a-t-il pu saisir dans ma conduite, pour oser m'attaquer de cette manière? Mais il s'est trouvé trois fois à peine dans ma compagnie! Qu'ai-je donc pu lui dire?... J'ai été alors fort sobre de ma gaîté, Dieu me pardonne! Ah! je veux présenter un bill au parlement pour la répression des hommes. Comment me vengerai-je de lui? Car je me vengerai, aussi vrai que ses tripes sont faites de boudins!

Entre MISTRESS GUÉ.

MISTRESS GUÉ.

Mistress Page! sur ma parole, j'allais chez vous.

MISTRESS PAGE.

Et moi, sur ma parole, je venais chez vous. Vous ne paraissez pas bien.

MISTRESS GUÉ.

C'est ce que je ne croirai jamais ; je puis prouver le contraire.

MISTRESS PAGE.
Vraiment, à mon idée, vous ne paraissez pas bien.
MISTRESS GUÉ.
Soit, pourtant je répète que je pourrais prouver le contraire, Oh! mistress Page, donnez-moi un conseil.
MISTRESS PAGE.
De quoi s'agit-il, ma chère?
MISTRESS GUÉ.
Ah! ma chère, sans une bagatelle de scrupule, quel honneur je pourrais obtenir!
MISTRESS PAGE.
Au diable la bagatelle, ma chère, et prenez l'honneur... De quoi s'agit-il? Ne vous préoccupez pas des bagatelles. De quoi s'agit-il?
MISTRESS GUÉ.
Si seulement je voulais aller en enfer pour un moment ou deux d'éternité, je pourrais être promue à l'honneur de la chevalerie.
MISTRESS PAGE.
Bah! quel conte!... Sir Alice Gué! Cet honneur-là deviendra banal; crois-moi, tu feras mieux de ne pas changer de qualité.
MISTRESS GUÉ.
Nous brûlons pour rien la lumière du jour... Tiens, lis, lis... Tu verras comment je pourrais être promue à l'honneur de la chevalerie... (8)

Elle remet une lettre à mistress Page.

J'aurai la plus mauvaise opinion des gros hommes, tant que mes yeux pourront distinguer un homme d'un autre. Et pourtant celui-ci ne jurait pas, il louait la modestie chez les femmes, et il blâmait toute inconvenance en termes si sages et si édifiants que j'aurais juré que ses sentiments étaient conformes à ses paroles; mais ils ne sont pas plus d'accord que le centième psaume ne l'est avec l'air des *Manches vertes* (9). Quelle tempête, je le demande, a donc jeté sur la côte de Windsor cette baleine qui a tant de tonneaux d'huile dans le ventre? Comment me vengerai-je de lui? Je crois que le meilleur moyen serait de le bercer d'espérances, jusqu'à ce que le vilain feu de sa concupiscence l'ait fait fondre dans sa propre graisse... Avez-vous jamais rien ouï de pareil?

MISTRESS PAGE.

Les deux lettres sont exactement pareilles, sauf la différence des noms de Page et de Gué. Pour te rassurer pleinement sur le mystère de ta mauvaise réputation, voici la sœur jumelle de ta lettre; mais la tienne peut prendre l'héritage, car je proteste que la mienne n'y prétend pas. Je garantis qu'il a au moins un millier de ces lettres-là, écrites avec un espace blanc pour les différents noms. Celles-ci sont de la seconde édition; il les imprimera sans doute, car peu lui importe ce qu'il met sous presse, puisqu'il voudrait nous y mettre toutes deux. J'aimerais mieux être une géante, couchée sous le mont Pélion. Allons, je vous trouverai vingt tourterelles lascives, avant de trouver un homme chaste.

MISTRESS GUÉ, confrontant les deux lettres.

Mais c'est exactement la même chose : même écriture, mêmes mots. Que pense-t-il donc de nous?

MISTRESS PAGE.

Dame, je n'en sais rien. Ça me donne presque envie de chercher noise à ma propre vertu. Je serais tentée de me traiter moi-même comme quelqu'un que je ne connais pas; car, assurément, s'il ne connaissait en moi quelque penchant que j'ignore moi-même, il ne m'aurait jamais livré ce furieux abordage.

MISTRESS GUÉ.

Abordage, dites-vous ! Je suis sûre que je le tiendrai au-dessus du pont.

MISTRESS PAGE.

Et moi aussi! Si jamais il pénètre sous mes écoutilles, je veux ne jamais me risquer à la mer. Vengeons-nous de lui; fixons-lui un rendez-vous; donnons à ses instances un semblant d'espoir, et faisons-le aller avec des délais bien amorcés jusqu'à ce qu'il ait mis ses chevaux en gage chez l'hôtelier de la Jarretière.

MISTRESS GUÉ.

Oui, je consentirai à lui jouer les plus méchants tours, pourvu que la pureté de notre honneur n'en soit pas souillée. Oh! si mon mari voyait cette lettre, elle fournirait un éternel aliment à sa jalousie!

MISTRESS PAGE.

Justement, le voici qui vient; et mon bon homme aussi. Mais celui-là est aussi loin d'être jaloux que je suis loin de lui en donner sujet; et la distance, j'espère, est incommensurable.

MISTRESS GUÉ.

En cela vous êtes plus heureuse que moi.

MISTRESS PAGE.

Concertons-nous contre ce gras chevalier : venez-ici.

Elles se retirent à l'écart.

Entrent GUÉ *causant avec* PISTOLET, *puis* PAGE *causant avec* NYM.

GUÉ.

Allons, j'espère qu'il n'en est rien.

PISTOLET.

— L'espoir est dans certaines affaires un chien sans queue. — Sir John en veut à ton épouse.

GUÉ.

Bah! monsieur, ma femme n'est plus jeune.

PISTOLET.

Il courtise grandes et petites, riches et pauvres, — jeunes et vieilles, n'importe qui, Gué. — Il aime ta Galimafrée, Gué, avise.

GUÉ.

Il aime ma femme ?

PISTOLET.

— De toutes les ardeurs d'un foie brûlant. Préviens-le, — ou tu es, comme messire Actéon, menacé d'une couronne de bois. Oh ! l'odieux nom !

GUÉ.

Quel nom, monsieur ?

PISTOLET.

Eh bien, cornard ! adieu. — Prends garde ; aie l'œil ouvert, car les voleurs rôdent de nuit ; — prends tes précautions, avant que l'été vienne et que le coucou chante. — Partons, messire caporal Nym... — Crois-le, Page ; il te parle sensément.

Pistolet sort.

GUÉ.

J'y mettrai de la patience ; j'éclaircirai ceci.

NYM, à Page.

Et ce que je dis est vrai. Le mensonge ne va pas à mes manières. Il m'a offensé en quelque manière ; j'aurais bien porté la manière de lettre qu'il adressait à votre femme ; mais j'ai une épée que je sais faire mordre au besoin. En deux mots comme en mille, il aime votre femme. Je me nomme le caporal Nym ; je parle et j'affirme. C'est la vérité. Mon nom est Nym, et Falstaff aime votre femme. Adieu ! il n'est pas dans mes manières de vivre de pain et de fromage. Adieu.

Il sort.

PAGE, à part.

Ses manières ! Voilà un gaillard terriblement maniéré.

GUÉ, à part.

Je surveillerai Falstaff.

PAGE, à part.

Je n'ai jamais ouï un drôle aussi verbeux et aussi prétentieux.

GUÉ, à part.

Si je découvre quelque chose, bon!

PAGE, à part.

Je ne croirais pas un pareil Chinois, quand le prêtre de la ville le recommanderait comme un honnête homme.

GUÉ, à part.

C'est un garçon fort sensé : bon!

PAGE, à sa femme qui s'avance.

C'est vous, Meg?

MISTRESS PAGE.

Où allez-vous, Georges? Écoutez donc.

MISTRESS GUÉ, allant à son mari.

Eh bien, mon cher Frank? Pourquoi es-tu si mélancolique?

GUÉ.

Moi, mélancolique! Je ne suis pas mélancolique. Rentrez à la maison, allez.

MISTRESS GUÉ.

Ma foi, tu as quelque lubie en tête en ce moment... Venez-vous, mistress Page?

MISTRESS PAGE.

Je suis à vous... Vous viendrez dîner, Georges?

A part, à mistress Gué.

Voyez donc qui vient là : ce sera notre messagère auprès de ce faquin de chevalier.

Entre MISTRESS QUICKLY.

MISTRESS GUÉ.

Sur ma parole, je songeais à elle : elle fera notre affaire.

MISTRESS PAGE, à mistress Quickly.

Vous venez voir ma fille Anne?

MISTRESS QUICKLY.

Oui, ma foi. Et, je vous en prie, comment va cette bonne mistress Anne?

MISTRESS PAGE.

Entrez avec nous, vous la verrez. Nous avons une heure à causer avec vous.

Sortent mistress Page, mistress Gué et mistress Quickly.

PAGE.

Eh bien, maître Gué?

GUÉ.

Vous avez entendu ce que ce drôle m'a dit, n'est-ce pas?

PAGE.

Oui ; et vous avez entendu ce que l'autre m'a dit?

GUÉ.

Les croyez-vous sincères?

PAGE.

Au diable les maroufles! Je ne pense pas que le chevalier soit capable de ça ; mais ceux qui l'accusent d'avoir des intentions sur nos femmes ont été tous deux chassés de son servive : de vrais gueux, maintenant qu'ils sont sans emploi.

GUÉ.

Ils étaient à son service ?

PAGE.

Oui, morbleu.

GUÉ.

Je n'en suis pas plus rassuré... Il loge à la Jarretière?

PAGE.

Oui, morbleu. S'il tente l'aventure auprès de ma femme, je la lâche contre lui ; et, si alors il obtient autre chose que des rebuffades, j'en prends la responsabilité sur ma tête.

GUÉ.

Je ne doute pas de ma femme, mais je n'aimerais pas à les mettre aux prises. On peut avoir trop de confiance. Je ne voudrais rien prendre sur ma tête : ça ne me va pas.

PAGE.

Voyez, voici mon hôte de la Jarretière qui arrive tout vociférant : il y a ou de la liqueur dans sa caboche ou de l'argent dans sa bourse, quand il a l'air si jovial... Comment va mon hôte?

Entre L'Hôte, suivi de SHALLOW.

L'HOTE, à Page.

Comment va, immense coquin? Tu es un gentleman?
A Shallow.
Juge-cavalero, allons donc!

SHALLOW.

Je te suis, mon hôte, je te suis... Vingt fois bon soir, mon bon maître Page! Maître Page, voulez-vous venir avec nous? Nous avons une bonne farce en perspective.

L'HOTE.

Dis-lui, juge-cavalero; dis-lui, immense coquin!

SHALLOW.

Monsieur, il doit y avoir un duel entre sir Hugh, le prêtre welche, et Caïus, le docteur français.

GUÉ.

Mon bon hôte de la Jarretière, un mot!

L'HOTE.

Que dis-tu, mon immense coquin?

Gué et l'hôte se retirent à l'écart.

SHALLOW, à Page.

Voulez-vous venir voir ça avec nous? Notre joyeux hôte a été chargé de mesurer leurs épées; et je crois qu'il leur a indiqué à chacun un rendez-vous différent; car, sur ma parole, j'ai ouï dire que le pasteur ne plaisante pas. Écoutez, je vais vous conter toute la farce.

L'HOTE à Gué.

Tu n'as pas de grief contre mon hôte-cavalier, le chevalier?

GUÉ.

Aucun, je le déclare; mais je vous offrirai un pot de vin brûlé, si vous me donnez accès près de lui en lui disant que je me nomme Fontaine : seulement pour une plaisanterie !

L'HOTE.

Voilà ma main, mon immense ; tu auras tes entrées et tes sorties ; puis-je mieux dire ? et ton nom sera Fontaine. C'est un joyeux chevalier. Partons-nous, mes maîtres ?

SHALLOW.

Je suis à vous, mon hôte.

PAGE.

J'ai ouï dire que le Français est très-fort à la rapière.

SHALLOW.

Bah ! mon cher, j'aurais pu vous en montrer davantage autrefois. Aujourd'hui vous insistez sur les distances, vos passes, vos estocades, et je ne sais quoi. Le cœur, maître Page, tout est là, tout est là. J'ai vu le temps où, avec ma longue épée, j'aurais fait déguerpir comme des rats quatre forts gaillards comme vous.

L'HOTE.

Par ici, enfants, par ici, par ici ! Filons-nous ?

PAGE.

Je suis à vous... J'aimerais mieux les entendre se chamailler que les voir se battre.

Sortent l'hôte, Shallow et Page.

GUÉ.

Page a beau être un débonnaire imbécile, et se fier si fermement à la fragilité de sa femme ; je ne puis, moi, tranquilliser si aisément mon esprit. Elle se trouvait avec lui chez Page ; et ce qu'ils ont fait là, je ne sais pas. Allons, je veux éclaircir ceci ; et je me déguiserai pour sonder Falstaff. Si je la trouve vertueuse, je n'aurai pas perdu ma peine ; s'il en est autrement, ma peine n'aura pas été inutile.

Il sort.

SCÈNE V.

[L'auberge de la Jarretière.]

Entrent FALSTAFF et PISTOLET.

FALSTAFF.

Je ne te prêterai pas un penny.

PISTOLET.

— En ce cas, le monde sera pour moi une huître — que j'ouvrirai à la pointe de mon épée. —

FALSTAFF.

Pas un penny ! Je vous ai laissé, monsieur, mettre mon crédit en gage; j'ai arraché à mes meilleurs amis trois répits pour vous et votre inséparable Nym ; autrement vous auriez fait derrière une grille la grimace de deux babouins. Je suis damné en enfer pour avoir juré à des gentlemen, mes amis, que vous étiez de bons soldats et des hommes de cœur ; et quand mistress Brigitte perdit le manche de son éventail, je déclarai sur mon honneur que tu ne l'avais pas.

PISTOLET.

— N'as-tu pas partagé ? N'as-tu pas eu quinze pennys?

FALSTAFF.

Raisonne donc, coquin ? raisonne. Crois-tu que je mettrais mon âme en danger gratis ? Une fois pour toutes, ne te pends plus après moi ; je ne suis pas fait pour être ton gibet. Va-t'en. Un petit couteau et une bonne foule, voilà ce qu'il te faut... Va à ton manoir de Pickt-Hath... (10) Vous ne voulez pas porter une lettre pour moi, faquin ! Vous vous retranchez derrière votre honneur ! Eh ! abîme de bassesse, c'est à peine si je puis, moi, observer strictement les lois de mon honneur. Oui, moi, moi, moi-même, parfois, mettant de côté la crainte du ciel, et voilant l'honneur sous la nécessité, je suis forcé de ruser, d'équivoquer, de biaiser; et vous, coquin, vous mettez vos guenilles, vos regards de chat de montagne, vos phrases de tapis franc, vos jurons éhontés, sous le couvert de votre honneur! Vous me refusez, vous !

PISTOLET.

Je me repens. Que peux-tu exiger de plus d'un homme?

Entre Robin.

ROBIN.

Monsieur, il y a là une femme qui voudrait vous parler.

FALSTAFF.

Qu'elle approche.

Entre mistress Quickly.

MISTRESS QUICKLY.

Je souhaite le bonjour à votre révérence.

FALSTAFF.

Bonjour, bonne femme.

MISTRESS QUICKLY.

Pas précisément, n'en déplaise à votre révérence.

FALSTAFF.

Bonne fille, alors.

MISTRESS QUICKLY.

Je le suis, je le jure, comme l'était ma mère la première heure après ma naissance.

FALSTAFF.

Je te crois sur parole. Que me veux-tu?

MISTRESS QUICKLY.

Accorderai-je un mot ou deux à votre révérence?

FALSTAFF.

Deux mille, ma belle; et moi je t'accorderai audience.

MISTRESS QUICKLY.

Il y a une mistress Gué, monsieur... Approchez, je vous prie, un peu plus de ce côté... Je demeure, moi, chez monsieur le docteur Caïus.

SCÈNE V.

FALSTAFF.

Bon, continue. Mistress Gué, dis-tu?

MISTRESS QUICKLY.

Votre révérence dit vrai... Je prie votre révérence d'approcher un peu plus près de ce côté.

FALSTAFF.

Je te garantis que personne n'entend... Ce sont mes gens, mes propres gens.

MISTRESS QUICKLY.

En vérité! que Dieu les bénisse et fasse d'eux ses serviteurs!

FALSTAFF.

Bon. Mistress Gué! qu'as-tu à dire d'elle?

MISTRESS QUICKLY.

Ah! monsieur, c'est une bonne créature. Seigneur! Seigneur! quel séducteur est monsieur! Mais que le ciel vous pardonne, ainsi qu'à nous tous!

FALSTAFF.

Mistress Gué!... Voyons, mistress Gué!

MISTRESS QUICKLY.

Eh bien, bref, voici toute l'histoire. Vous l'avez mise dans de telles agitations que c'est merveilleux. Le premier des courtisans, quand la cour était à Windsor, n'aurait jamais pu la mettre dans une telle agitation. Et pourtant il y avait des chevaliers, des lords et des gentilshommes, avec leurs carrosses... Je vous assure, carrosse sur carrosse, lettre sur lettre, cadeau sur cadeau... Et tous sentant si bon le musc, et tous, je vous assure, dans un tel froufrou de soie et d'or; et tous avec des phrases si alligantes, et avec des vins sucrés si bons et si beaux, qu'ils auraient gagné le cœur de n'importe quelle femme! Eh bien, je vous assure qu'ils n'ont pas même obtenu un regard d'elle... Ce matin même on m'a donné vingt angelots, mais je n'accueille les anges (de cette espèce-là, comme on dit) que dans la voie de l'honnêteté... Et je vous assure qu'ils n'ont pas pu lui faire mettre les lèvres à la coupe du plus fier d'entre eux... Et pourtant il y avait là des comtes, voire des pensionnaires (11); mais je vous assure que c'est tout un pour elle.

FALSTAFF.

Mais que me fait-elle dire, à moi? Abrége, cher Mercure femelle.

MISTRESS QUICKLY.

Eh bien, elle a reçu votre lettre; elle vous en remercie mille fois, et elle vous fait notifier que son mari sera absent de chez elle entre dix et onze.

FALSTAFF.

Entre dix et onze.

MISTRESS QUICKLY.

Oui, dame; et alors vous pourrez venir voir la peinture que vous savez, dit-elle. Maître Gué, son mari, n'y sera pas. Hélas! la chère femme mène une triste vie avec lui; c'est un homme tout jalousie; elle mène avec lui une vie de tribulations, le cher cœur!

FALSTAFF.

Entre dix et onze! Femme, fais-lui mes compliments. Je ne la manquerai pas.

MISTRESS QUICKLY.

Voilà qui est bien dit. Mais j'ai un autre message pour votre révérence. Mistress Page aussi vous envoie ses affectueux compliments; et, laissez-moi vous le dire à l'oreille, c'est une femme aussi fartueuse, et aussi civile, aussi modeste, et, voyez-vous, aussi incapable de manquer sa prière du matin ou du soir que n'importe quelle autre à Windsor; et elle m'a chargée de dire à votre révérence que son mari est rarement absent, mais qu'elle espère qu'il sortira quelque jour. Je n'ai jamais vu une femme ainsi affolée d'un homme ; sûrement, je crois que vous avez des charmes, la, en vérité.

FALSTAFF.

Non, je t'assure ; sauf l'attrait de mes avantages personnels, je n'ai aucun charme.

MISTRESS QUICKLY.

Votre cœur en soit béni !

FALSTAFF.

Mais, dis-moi une chose, je te prie : la femme de Gué et la femme de Page se sont-elles fait part de leur amour pour moi ?

MISTRESS QUICKLY.

Ce serait plaisant, ma foi! Elles ont plus de savoir-vivre que ça, j'espère... Ce serait un joli tour, ma foi!... Ah! mistress Page vous conjure, de par tous les amours, de lui envoyer votre petit page ; son mari a pour le petit page une merveilleuse infection ; et, vraiment, maître Page est un honnête homme. Il n'y a pas une femme mariée à Windsor qui ait une vie plus heureuse qu'elle : elle fait ce qu'elle veut, dit ce qu'elle veut, reçoit tout, paie tout, va au lit quand il lui plaît, se lève quand il lui plaît ; tout va comme elle l'entend, et vraiment elle le mérite : car s'il y a une aimable femme à Windsor, c'est celle-là. Il faut que vous lui envoyiez votre petit page ; il n'y a pas de remède.

FALSTAFF.

Eh bien, je le ferai.

MISTRESS QUICKLY.

Oui, mais faites-le donc ; et prenez vos dispositions pour qu'il soit un intermédiaire entre vous deux ; et, à tout événement, ayez un mot d'ordre, pour pouvoir vous communiquer réciproquement vos intentions, sans que le page ait besoin d'y rien comprendre ; car il n'est pas bon que les enfants connaissent la malice ; les personnes d'un certain âge, vous savez, ont, comme on dit, de la discrétion et connaissent le monde.

FALSTAFF.

Adieu ; fais mes compliments à toutes deux. Voilà ma bourse ; je suis encore ton débiteur... Page, va avec cette femme... Cette nouvelle me tourne la tête.

Sortent mistress Quickly et Robin.

PISTOLET.

— Cette ribaude est une des messagères de Cupido !... — Forçons de voile, donnons-lui la chasse ; hissons les bastingages ; — feu ! Elle est ma prise, ou je veux que l'Océan nous engloutisse tous ! —

Il sort.

FALSTAFF.

Tu crois, vieux Jack? va ton chemin. Je tirerai de ton vieux corps plus de parti que jamais. Elles courent donc encore après toi? Après avoir dépensé tant d'argent, vas-tu donc bénéficier?... Bon corps, je te rends grâces ; qu'on dise que tu es grossièrement bâti ; si tu plais, peu importe.

Entre Bardolphe.

BARDOLPHE.

Sir John, il y a un messer Fontaine en bas qui voudrait bien vous parler et faire votre connaissance ; il a envoyé un pot de vin d'Espagne pour le déjeuner de votre révérence...

FALSTAFF.

Il s'appelle Fontaine

BARDOLPHE.

Oui, monsieur.

FALSTAFF.

Faites-le entrer.

Sort Bardolphe.

Les Fontaines sont les bienvenues chez moi, qui font

ruisseler pareille liqueur... Ah! ah! mistress Gué et mistress Page, je vous ai donc pincées? Allons! En avant!

BARDOLPHE rentre avec GUÉ, déguisé.

GUÉ.
Dieu vous bénisse, monsieur!

FALSTAFF.
Et vous aussi, monsieur! Vous voudriez me parler?

GUÉ.
Je suis bien indiscret de vous déranger ainsi sans plus de cérémonie.

FALSTAFF.
Vous êtes le bienvenu. Que désirez-vous?... Laisse-nous, garçon.

Bardolphe sort.

GUÉ.
Monsieur, vous voyez un gentleman qui a beaucoup dépensé; je m'appelle Fontaine.

FALSTAFF.
Cher maître Fontaine, je désire faire plus amplement votre connaissance.

GUÉ.
Cher sir John, j'aspire à faire la vôtre; non pas pour vous être à charge, car, je dois vous l'apprendre, je me crois plus que vous en état de prêter de l'argent. C'est ce qui m'a un peu enhardi à vous importuner ainsi sans façon. Car, comme on dit, quand l'argent va devant, tous les chemins sont ouverts.

FALSTAFF.
L'argent, monsieur, est un bon soldat qui va toujours en avant.

GUÉ.
Oui, ma foi; et j'ai là un sac d'argent qui m'embar-

rasse ; si vous voulez m'aider à le porter, sir John, prenez le tout ou la moitié, pour me soulager du fardeau.

FALSTAFF.

Monsieur, je ne sais comment je puis mériter d'être votre porteur.

GUÉ.

Je vais vous le dire, monsieur, si vous voulez bien m'écouter.

FALSTAFF.

Parlez, cher maître Fontaine, je serai bien aise de vous servir.

GUÉ.

Monsieur, je sais que vous êtes un homme éclairé... Je serai bref... Et vous m'êtes connu depuis longtemps, bien que je n'aie jamais eu l'occasion, désirée par moi, d'entrer en relations avec vous. J'ai à vous faire une révélation qui doit mettre à nu ma propre imperfection ; mais, bon sir John, en m'écoutant parler, si vous avez un œil fixé sur mes folies, arrêtez l'autre sur le registre des vôtres. Peut-être ainsi m'adresserez-vous de moins sévères reproches, reconnaissant par vous-même combien il est aisé de faillir ainsi.

FALSTAFF.

Fort bien, monsieur, poursuivez.

GUÉ.

Il y a une dame dans cette ville... Son mari s'appelle Gué.

FALSTAFF.

Bien, monsieur.

GUÉ.

Je l'aime depuis longtemps, et je vous proteste que j'ai beaucoup fait pour elle ; je l'ai suivie avec toute l'assiduité la plus passionnée ; j'ai saisi tous les moments favorables pour la rencontrer; j'ai payé chèrement la plus mince occasion de l'entrevoir, fût-ce un instant. Non-seulement j'ai acheté pour elle bien des présents, mais j'ai donné beaucoup à bien des gens pour savoir quels dons elle pouvait souhaiter. Bref, je l'ai poursuivie comme l'amour me poursuivait moi-même, c'est-à-dire sur les ailes de toute occasion. Mais, quoi que j'aie pu mériter, soit par mes sentiments, soit par mes procédés, je suis bien sûr de n'en avoir retiré aucun bénéfice, à moins que l'expérience ne soit un trésor; pour celui-là, je l'ai acheté à un taux exorbitant, et c'est ce qui m'a appris à dire ceci :

> L'amour fuit comme une ombre l'amour réel qui le poursuit,
> Poursuivant qui le fuit, fuyant qui le poursuit.

FALSTAFF.

N'avez-vous reçu d'elle aucune promesse encourageante ?

GUÉ.

Aucune.

FALSTAFF.

L'avez-vous pressée à cet effet ?

GUÉ.

Jamais.

FALSTAFF.

De quelle nature était donc votre amour ?

GUÉ.

Comme une belle maison bâtie sur le terrain d'un autre ! En sorte que j'ai perdu l'édifice pour m'être trompé d'emplacement.

FALSTAFF.

Dans quel but m'avez-vous fait cette révélation ?

GUÉ.

Quand je vous l'aurai dit, je vous aurai tout dit. Il y a des gens qui prétendent que, si rigide qu'elle paraisse à mon égard, elle exagère ailleurs la joyeuseté jusqu'à faire naître sur son compte des bruits fâcheux. Maintenant, sir John, nous voici au cœur de ma pensée. Vous êtes un gentilhomme de parfaite qualité, d'une admirable élocution, du meilleur monde, faisant autorité par votre rang et votre personne, généralement vanté pour votre haute expérience d'homme de guerre, d'homme de cour et de savant.

FALSTAFF.

Oh ! monsieur !

GUÉ.

Vous pouvez m'en croire, car vous le savez vous-même... Voilà de l'argent, dépensez-le, dépensez-le ; dépensez tout ce que j'ai ; seulement en retour accordez-moi sur vos moments le temps nécessaire pour faire le siége amiable de la vertu de mistress Gué ; usez de toute votre science de galant ; amenez-la à vous céder ; si on le peut, vous le pouvez aussi aisément qu'un autre.

FALSTAFF.

Conviendrait-il à la véhémence de votre affection que je fisse la conquête de celle que vous voulez posséder ? Je trouve votre prescription bien bizarre pour vous-même.

GUÉ.

Oh ! comprenez bien mon intention ! Elle s'appuie avec une telle assurance sur l'excellence de sa vertu, que la folie de mon âme n'ose s'exposer à elle ; elle est trop éblouissante pour pouvoir être affrontée. Maintenant, si je pouvais me présenter à elle avec quelque preuve à la main, mes désirs auraient un précédent, un argument à invoquer en leur faveur. Je pourrais la déloger de cette forteresse de pureté, de réputation, de fidélité conjugale et de ces mille autres retranchements qui m'opposent aujourd'hui une si formidable résistance. Qu'en dites-vous, sir John?

FALSTAFF.

Maître Fontaine, d'abord j'accepte sans façon votre argent; ensuite, donnez-moi votre main, et enfin, foi de gentilhomme, vous aurez la femme de Gué, si vous le voulez.

GUÉ.

O cher monsieur!

FALSTAFF.

Je vous dis que vous l'aurez.

GUÉ.

Usez librement de mon argent; il ne vous fera pas défaut.

FALSTAFF.

Usez librement de mistress Gué, maître Fontaine; elle ne vous fera pas défaut. Je dois la voir (je peux vous le dire), à un rendez-vous qu'elle m'a donné elle-même; juste au moment où vous êtes arrivé, son assistante ou sa procureuse me quittait. Je répète que je dois la voir entre dix et onze heures, car c'est le moment où son affreux jaloux, son coquin de mari, doit être absent. Venez me trouver ce soir; vous connaîtrez mon succès.

GUÉ.

Mes relations avec vous sont une bénédiction. Connaissez-vous Gué, monsieur?

FALSTAFF.

Au diable le pauvre cocu! Je ne le connais pas. Pourtant j'ai tort de le traiter de pauvre. On dit que ce coquin de cornard jaloux a des monceaux d'or; c'est ce qui fait pour moi le charme de sa femme. Je veux la posséder comme la clef du coffre de ce gredin de cocu; et alors commencera pour moi la récolte.

GUÉ.

J'aurais voulu, monsieur, que Gué vous fût connu ; vous auriez pu l'éviter, en cas de rencontre.

FALSTAFF.

Au diable ce misérable trafiquant de beurre salé ! Je le méduserai d'un regard ; je le terrifierai avec ma canne : elle planera comme un météore au-dessus des cornes du cocu. Maître Fontaine, sache-le, j'aurai raison de ce maraud, et tu coucheras avec sa femme... Viens me trouver ce soir de bonne heure. Gué est un drôle, et je prétends aggraver son titre ; je veux, maître Fontaine, que tu le tiennes pour un drôle et pour un cocu... Viens me trouver ce soir de bonne heure.

Il sort.

GUÉ.

Quel maudit chenapan d'épicurien est-ce là !... Mon cœur est prêt à éclater d'impatience !... Qu'on vienne me dire que cette jalousie est insensée ! Ma femme lui a envoyé un message, l'heure est fixée, le marché est conclu. Aurait-on cru cela ?... Oh ! l'enfer d'avoir une femme infidèle ! Mon lit sera souillé, mon coffre-fort pillé, ma réputation déchirée à belles dents ; et non-seulement je subirai ces affreux outrages, mais je m'entendrai appliquer les épithètes les plus abominables, et par celui-là même qui m'outrage !... Et quelles épithètes ! et quels noms !... Qu'on m'appelle Amaimon, soit ; Lucifer, soit ; Barbason, soit : ce sont des appellations de diables, des noms de démons : mais cocu, archicocu ! le diable lui-même n'a pas un nom pareil. Page est un âne, un âne de confiance ; il a foi dans sa femme, il n'est pas jaloux ! Moi, j'aimerais mieux confier mon beurre à un Flamand, mon fromage à Hugh, le pasteur welche, ma bouteille d'eau-de-vie à un Irlandais, ma haquenée à un voleur pour une promenade que ma femme à elle-même! Elle complote, elle rumine, elle intrigue; et ce que les femmes ont à cœur de faire, elles se rompront le cœur plutôt que de ne pas le faire. Dieu soit loué de ma jalousie! onze heures, voilà l'heure! je préviendrai tout ça, je surprendrai ma femme, je me vengerai de Falstaff et je rirai de Page. A l'œuvre! plutôt trois heures d'avance qu'une minute de retard. Fi, fi, fi, cocu! cocu! cocu!

Il sort.

SCÈNE VI.

[Dans le parc de Windsor.]

Entrent CAIUS et RUGBY.

CAIUS.

Zack Rugby!

RUGBY.

Monsieur.

CAIUS.

Quelle heure est-il, Zack?

RUGBY.

Monsieur, il est passé l'heure à laquelle sir Hugh avait promis de venir.

CAIUS.

Palsembleu, il a sauvé son âme en ne venant pas; il a dû bien prier dans sa Pible, pour n'être pas venu. Palsembleu, Zack Rugby, il serait dézà mort, s'il était venu.

RUGBY.

Il est prudent, monsieur; il savait que votre révérence le tuerait s'il venait.

CAIUS.

Palsembleu, ze le tuerai comme un hareng saur! Prenez votre rapière, Zack; ze veux vous montrer comme ze le tuerais.

RUGBY.
Hélas, monsieur, je ne sais pas tirer.
CAIUS.
Maraud, prenez votre rapière.
RUGBY.
Arrêtez, voici de la compagnie.

Entrent L'Hote *de la Jarretière,* Shallow, Slender *et* Page.

L'HOTE.
Dieu te bénisse, immense docteur !
SHALLOW.
Dieu vous garde, maître docteur Caïus.
PAGE.
Salut, bon maître docteur !
SLENDER.
Je vous souhaite le bonjour, monsieur.
CAIUS.
Un, deux, trois, quatre. Que venez-vous tous faire ici ?
L'HOTE.
Nous venons te voir combattre, te voir tirer une botte, te voir te tenir en garde, te voir de-ci, te voir de-là ; te voir pousser ta pointe, ton estocade, ta riposte, ta parade, ta tierce. Est-il mort, mon Éthiopien, est-il mort, mon francisco ? Hein, immense ? Que dit mon Esculape ? mon Galien ? mon cœur de sureau ? Hein ! Est-il mort, immense Pissat ? est-il mort ?
CAIUS.
Palsembleu, il est le prêtre le plus lâche du monde ; il n'ose pas montrer sa face !
L'HOTE.
Tu es un roi castillan, Urinal ! un Hector de Grèce, mon gars !
CAIUS.
Soyez témoins, je vous prie, que ze l'ai attendu six ou

SCÈNE VI.

sept, deux ou trois heures, et qu'il n'est point venu.

SHALLOW.

Il n'en est que plus sage, maître docteur. Il est le médecin des âmes, et vous le médecin des corps. Si vous vous battiez, vous prendriez votre profession à rebrousse-poil, n'est-il pas vrai, maître Page?

PAGE.

Maître Shallow, vous avez été vous-même un grand batailleur, tout homme de paix que vous êtes.

SHALLOW.

Corbleu, maître Page, quoique je sois vieux maintenant, et homme de paix, je ne puis voir une épée nue, sans que les doigts me démangent : tout magistrats et docteurs et gens d'Église que nous sommes, maître Page, il nous reste encore un levain de notre jeunesse; nous sommes fils de femmes, maître Page.

PAGE.

C'est vrai, maître Shallow.

SHALLOW.

Il en sera toujours ainsi, maître Page... Maître docteur Caïus, je suis venu pour vous ramener. Je suis assermenté juge de paix ; vous vous êtes montré un sage médecin, et sir Hugh s'est montré un sage et patient homme d'Église. Il faut que vous veniez avec moi, maître docteur.

L'HOTE.

Pardon, juge pratique!..... Eh! monsieur Engrais liquide!

CAIUS.

Engrais liquide! Que signifie cela?

L'HOTE.

Pour nous autres Anglais, mon immense, l'engrais liquide est une grande valeur.

CAIUS.

Palsembleu, alors z'ai autant d'engrais liquide qu'aucun Anglais... Ce misérable roquet de prêtre ! Palsembleu, ze lui couperai les oreilles !

L'HOTE.

Il te chantera tarare, mon immense !

CAIUS.

Tarare ! que signifie cela ?

L'HOTE.

Eh bien, il te fera réparation.

CAIUS.

Palsembleu, ze compte bien qu'il me chantera tarare ; palsembleu, ze le veux !

L'HOTE.

Et moi, je l'y exciterai, ou qu'il aille au diable !

CAIUS.

Ze vous remercie pour ça.

L'HOTE.

Et d'ailleurs, mon immense...

Bas aux trois autres.

Mais d'abord, monsieur mon convive, maître Page, et toi aussi, cavalero Slender, rendez-vous par la ville à Frogmore.

PAGE, bas à l'hôte.

Sir Hugh est là, n'est-ce pas ?

L'HOTE, bas à Page.

Il est là ; vous verrez dans quelle humeur il est, et moi, j'amènerai le docteur par les champs. Ça va-t-il ?

SHALLOW, bas à l'hôte.

Nous ferons la chose.

PAGE, SHALLOW ET SLENDER.

Adieu, cher maître docteur.

Sortent Page, Shallow et Slender.

CAIUS.

Palsembleu, ze veux tuer le prêtre ; car il veut parler à Anne Paze pour un sapazou.

L'HOTE.

Qu'il meure donc; rengaîne ton impatience; jette de l'eau froide sur ta colère; viens avec moi par les champs jusqu'à Frogmore; je vais te mener là où est mistress Anne Page, dans une ferme, à une fête; et tu lui feras ta cour. Taïaut! est-ce bien parlé?

CAIUS.

Palsembleu, ze vous remercie pour ça! Palsembleu, ze vous aime! Et ze veux vous procurer de bonnes pratiques, des comtes, des chevaliers, des lords, des zentilshommes, mes patients.

L'HOTE.

En retour de quoi je serai ton adversaire auprès d'Anne Page : est-ce bien parlé?

CAIUS.

Palsembleu, bien parlé!

L'HOTE.

Filons donc.

CAIUS.

Marche à mes talons, Zack Rugby.

Ils sortent.

SCÈNE VII.

[Un champ près de Frogmore.]

Entrent sir Hugh Evans et Simple.

EVANS.

Je vous en prie, pon serviteur de maître Slender, ami Simple, s'il faut vous nommer, dites-moi de quel côté vous avez cherché maître Caïus, qui s'intitule docteur en médecine.

SIMPLE.

Eh bien, monsieur, sur la route de Londres, du côté

du parc, partout ; sur la route du vieux Windsor, partout excepté du côté de la ville.

EVANS.

Je vous prie féhémentement de chercher aussi de ce côté-là.

SIMPLE.

Bien, monsieur.

EVANS.

Dieu me pénisse ! dans quelle colère je suis ! dans quel tremplement d'esprit ! Je serais pien aise qu'il m'eût trompé ! Comme me voilà mélancolique ! Je lui casserai ses pots de chambre sur sa poule de coquin, si jamais je trouve une ponne occasion. Dieu me pénisse !

Il chante.

Près des sources peu profondes dont la chute
Inspire des madrigaux aux mélodieux oiseaux,
Nous ferons nos lits de roses
Et mille guirlandes odorantes.
Près des sources...

Miséricorde ! Je me sens grande envie de pleurer !

... Inspire des madrigaux aux mélodieux oiseaux.
Quand j'étais Papylone... (12)
Et mille guirlandes odorantes...
Près des sources...

SIMPLE.

Le voilà qui vient de ce côté, sir Hugh !

EVANS.

Il est le bien venu...

Près des sources peu profondes dont la chute...

Que le ciel protége le droit !... Quelles armes a-t-il ?

SIMPLE.

Pas d'armes, monsieur. Voici mon maître, maître Shallow, et un autre gentleman qui viennent du côté de Frogmore, par-dessus la haie, de ce côté.

EVANS.

Donnez-moi ma robe, je vous prie ; ou plutôt non, gardez-la à votre pras.

Entrent PAGE, SHALLOW *et* SLENDER.

SHALLOW.

C'est vous, maître pasteur ! Bon jour, bon sir Hugh. Voir un joueur loin de ses dés et un savant loin de ses livres, c'est merveilleux.

SLENDER, *soupirant.*

Ah! suave Anne Page!

PAGE.

Dieu vous garde, bon sir Hugh !

EVANS.

Qu'il vus pénisse tous en sa merci !

SHALLOW.

Quoi! l'épée et la parole ! Vous possédez donc l'une et l'autre, maître pasteur?

PAGE.

Et vêtu comme un jouvenceau ! en pourpoint et en haut-de-chausses par ce froid jour des rhumatismes !

EVANS.

Il y a des raisons et des causes pour ça.

PAGE.

Nous sommes venus à vous pour une bonne œuvre, maître pasteur.

EVANS.

Très-pien. De quoi s'agit-il?

PAGE.

Il y a là-bas un très-respectable gentleman qui, sans doute ayant reçu une offense de quelqu'un, foule aux pieds la gravité et la patience avec un emportement inouï.

SHALLOW.

J'ai vécu quatre-vingts ans et plus ; mais je n'ai jamais

vu un homme de sa profession, de sa gravité et de son savoir, perdre ainsi le respect de lui-même.

EVANS.

Qui est-ce ?

PAGE.

Je crois que vous le connaissez : monsieur le docteur Caïus, le célèbre médecin français.

EVANS.

Vive Tieu et la passion de mon cœur ! j'aimerais autant vous ouïr parler d'un plat de pouillie.

PAGE.

Pourquoi ?

EVANS.

Il n'en sait pas plus long sur Hibbocrate et sur Galien, et puis c'est un coquin, le plus lâche coquin que vous puissiez désirer connaître.

PAGE, à Shallow.

Je vous garantis que c'est lui qui devait se battre avec le docteur.

SLENDER, soupirant.

Oh ! suave Anne Page !

SHALLOW, à Page.

Ses armes le donnent à croire en effet... Retenez-les l'un l'autre... Voici le docteur Caïus.

Entrent L'HOTE, CAIUS *et* RUGBY.

PAGE.

Ah ! mon bon pasteur, rengaînez votre épée.

SHALLOW.

Et vous la vôtre, mon bon docteur.

L'HOTE.

Désarmons-le, et laissons-le discuter : qu'ils conservent leurs membres intacts, et qu'ils hachent notre anglais !

SCÈNE VII.

CAIUS, à Evans.

Ze vous prie, laissez moi dire un mot à votre oreille.
Bas.
Pourquoi ne voulez-vous pas me rencontrer?

EVANS, à Caïus.

De grâce, ayez patience : le moment viendra.

CAIUS, bas à Evans.

Palsembleu, vous êtes un couard, un chien de Zacquot, un sapazou de Zeannot.

EVANS, bas à Caïus.

De grâce, ne servons pas de plastron à la risée puplique; je vous demande votre amitié, et je vous ferai réparation d'une façon ou d'une autre...
Haut.
Je vous casserai votre pot de chambre sur votre toupet de faquin pour vous apprendre à manquer à vos rendez-vous.

CAIUS.

Diable! Zack Rugby, mon hôte de la Zarretiere, ne l'ai-ze pas attendu pour l'occire lui? N'ai-ze pas attendu à l'endroit que z'avais indiqué?

EVANS.

Sur mon âme de chrétien, voici l'endroit indiqué, voyez-vous; j'en appelle à mon hôte de la Jarretière.

L'HOTE.

Paix ! Gallois et Gaulois, Français et Welche, médecin de corps et médecin d'âme !

CAIUS.

Ah ! cela est très-bon ! excellent !

L'HOTE.

Paix, dis-je! Écoutez mon hôte de la Jarretière. Suis-je politique? Suis-je subtil? Suis-je un Machiavel? Voudrais-je perdre mon docteur? Non, il me donne des potions et des lotions. Voudrais-je perdre mon pasteur? Il me donne le verbe et les proverbes... Donne-moi ta main, savant terrestre... Donne-moi ta main, savant céleste; ainsi, ainsi! Enfants de la science, je vous ai trompés tous deux; vos cœurs sont grands, vos peaux sont intactes; que le vin chaud termine cette affaire... Allons mettre leurs épées en gage... Suis-moi, gars de paix! suivez, suivez, suivez!

SHALLOW.

Sur ma foi, voilà un hôte assez fou!... Suivez, messieurs, Suivez.

SLENDER, soupirant.

Oh! suave Anne Page!

Sortent Shallow, Slender, Page et l'hôte.

CAIUS.

Ah! ze devine! Vous avez fait des sots de nous deux! Ah! ah!

EVANS.

C'est pon! Il a fait de nous ses jouets. Soyons amis, je vous le demande; et compinons nos deux cervelles pour nous venger de ce teigneux, de ce galeux, de ce coquin d'hôte de la Jarretière.

CAIUS.

Palsembleu, de tout mon cœur; il m'a promis de me mener voir Anne Paze! Palsembleu, il se zoue de moi aussi!

EVANS.

Pien, je lui écraserai la poule... Suivez-moi, je vous prie.

Ils sortent.

SCÈNE VIII.

[Les abords de la maison de Gué.]

Entrent MISTRESS PAGE et ROBIN.

MISTRESS PAGE.

Allons, marchez devant, petit gaillard; vous aviez coutume de suivre, et maintenant vous conduisez. Qu'aimez-vous mieux, diriger ma marche, ou marcher derrière votre maître?

ROBIN.

J'aime mieux, ma foi, aller devant vous comme un homme que le suivre comme un nain.

MISTRESS PAGE.

Oh! vous êtes un petit flatteur; maintenant je le vois, vous ferez un courtisan.

Entre GUÉ.

GUÉ.

Heureux de vous rencontrer, mistress Page; où allez-vous?

MISTRESS PAGE.

Voir votre femme, monsieur; est-elle chez elle?

GUÉ.

Oui, et aussi désœuvrée qu'elle peut l'être, faute de compagnie. Je crois que, si vos maris mouraient, vous vous marieriez l'une et l'autre.

MISTRESS PAGE.

Soyez-en sûr, à deux autres maris.

GUÉ, montrant le page.

Où avez-vous eu ce coq de clocher mignon?

MISTRESS PAGE.

Je ne saurais vous dire comment diable se nomme celui de qui mon mari l'a eu. Comment appelez-vous votre chevalier, l'ami?

ROBIN.

Sir John Falstaff.

GUÉ.

Sir John Falstaff !

MISTRESS PAGE.

Lui-même, lui-même ! Je ne puis jamais attraper son nom... Il y a une telle camaraderie entre mon bonhomme et lui !... Votre femme est-elle chez elle, vraiment ?

GUÉ.

Vraiment, elle y est.

MISTRESS PAGE, saluant.

Avec votre permission, monsieur. Je suis malade tant que je ne la vois pas.

Sortent mistress Page et Robin.

GUÉ.

Page a-t-il sa tête ? a-t-il ses yeux ? a-t-il son bon sens ? Sûrement, tout cela dort ; il n'en a plus l'usage. Mais ce garçon porterait une lettre à vingt milles, aussi facilement qu'un canon toucherait but à deux cent cinquante pas. Page se prête aux inclinations de sa femme ; il donne à ses folies le concours et l'occasion, et la voilà qui va chez ma femme avec le page de Falstaff ! Tout homme entendrait cet orage-là chanter dans le vent... Avec le page de Falstaff !... Beau complot !... C'est arrangé ; nos femmes révoltées vont se damner ensemble. Bon ! Je le surprendrai, je torturerai ma femme, j'arracherai à l'hypocrite mistress Page son voile de chasteté empruntée, je dénoncerai Page lui-même pour un Actéon complaisant et volontaire ; et à ces mesures violentes tous mes voisins applaudiront.

L'horloge sonne.

L'horloge me donne le signal, et ma conviction me presse de faire les perquisitions. Je trouverai Falstaff

SCÈNE VIII.

là, et loin de me bafouer, on me louera pour ça. Car, aussi sûr que la terre est ferme, Falstaff est là : j'y vais.

Entrent PAGE, SHALLOW, SLENDER, L'HOTE de la Jarretière, sir HUGH EVANS, CAIUS et RUGBY.

TOUS.

Heureux de vous rencontrer, maître Gué.

GUÉ.

Bonne compagnie, sur ma parole ! J'ai bonne chère à la maison ; je vous en prie, venez tous chez moi.

SHALLOW.

Il faut que je m'excuse, maître Gué.

SLENDER.

Et moi aussi, monsieur ; nous avons promis de dîner avec mistress Anne, et je ne voudrais pas lui faire faux bond pour plus d'argent que je ne pourrais dire.

SHALLOW.

Nous avons mis en avant un mariage entre Anne Page et mon neveu Slender, et c'est aujourd'hui que nous aurons notre réponse.

SLENDER.

J'espère avoir votre consentement, père Page.

PAGE.

Vous l'avez, maître Slender. Je suis entièrement pour vous.

A Caïus.

Mais ma femme, maître docteur, est pour vous tout à fait.

CAIUS.

Oui, palsembleu ! et la demoiselle m'aime ; mon infirmière Quickly me le zure.

L'HOTE.

Que dites-vous du jeune monsieur Fenton ? Il voltige, il danse, il a les yeux de la jeunesse, il écrit des vers, il parle en style de gala, il a un parfum d'avril et de mai.

Il l'emportera, il l'emportera; les fleurs le lui annoncent; il l'emportera!

PAGE.

Ce ne sera pas avec mon consentement, je vous le promets. Ce monsieur n'a rien; il a été de la société de ce fou de prince et de Poins; il est de trop haute volée, il en sait trop long. Non, il ne nouera pas un nœud à sa destinée avec les doigts de ma fortune. S'il la prend, qu'il la prenne telle quelle. Ce que je possède est attaché à mon consentement, et mon consentement ne va pas de ce côté-là.

GUÉ.

J'insiste vivement pour que quelques-uns d'entre vous viennent dîner chez moi; outre la bonne chère, vous aurez de l'amusement; je vous ferai voir un monstre. Maître docteur, vous viendrez; et vous aussi, maître Page; et vous, sir Hugh!

SHALLOW.

Eh bien, adieu... Nous n'en serons que plus à l'aise pour faire notre cour chez maître Page.

Sortent Shallow et Slender.

CAIUS.

Retourne à la maison, Zohn Rugby; ze reviendrai bientôt.

Sort Rugby.

L'HOTE.

Adieu, mes chers cœurs; moi, je vais rejoindre mon honnête chevalier Falstaff, et boire du canarie avec lui.

GUÉ, à part.

Je pense qu'auparavant je lui servirai à boire avec certain chalumeau qui le fera danser.

Haut.

Voulez-vous venir, messieurs?

TOUS.

Nous sommes à vous. Allons voir ce monstre.

Ils sortent.

SCÈNE IX.

[Dans la maison de Gué.]

Entrent MISTRESS GUÉ et MISTRESS PAGE (13).

MISTRESS GUÉ.

Holà, John! holà, Robert!

MISTRESS PAGE.

Vite, vite! le panier au linge sale...

MISTRESS GUÉ.

J'en réponds... Holà! Robin!

Entrent des domestiques avec un panier à linge.

MISTRESS PAGE.

Allons, allons, allons.

MISTRESS GUÉ.

Posez-le là.

MISTRESS PAGE.

Donnez vos ordres à vos gens : il faut nous dépêcher.

MISTRESS GUÉ.

Eh bien, comme je vous l'ai déjà dit, Jean et Robert, tenez-vous ici tout prêts dans la brasserie ; et, aussitôt que je vous appellerai, arrivez, et, sans délai ni hésitation, chargez ce panier sur vos épaules ; cela fait, emportez-le en toute hâte parmi les blanchisseuses, au pré Datchet, et là videz-le dans le fossé bourbeux, près du bord de la Tamise.

MISTRESS PAGE.

Vous ferez tout cela.

MISTRESS GUÉ.

Je le leur ai dit et redit ; ils ont toutes les instructions nécessaires. Partez, et venez dès que vous serez appelés.

Sortent les domestiques.

MISTRESS PAGE.

Voici le petit Robin.

Entre ROBIN.

MISTRESS GUÉ.

Eh bien, mon émouchet mignon, quelles nouvelles ?

ROBIN.

Mon maître, sir John, est à la porte de derrière, mistress Gué, et demande à vous voir.

MISTRESS PAGE.

Petit pantin, nous avez-vous été fidèle ?

ROBIN, à mistress Page.

Oui, je le jure ; mon maître ne sait pas que vous êtes ici ; et il m'a menacé d'une éternelle liberté, si je vous dis la chose ; bref, il a juré qu'il me chasserait.

MISTRESS PAGE.

Tu es un bon garçon. Cette discrétion te servira de tailleur, et te fera un haut-de-chausses et un pourpoint neufs. Je vais me cacher.

MISTRESS GUÉ.

C'est ça... Va dire à ton maître que je suis seule.

Robin sort.

Mistress Page, rappelez-vous votre rôle.

MISTRESS PAGE.

Je t'en réponds ; si je ne le joue pas bien, siffle-moi.

Sort mistress Page.

MIRTRESS GUÉ.

En avant donc ! Nous allons traiter comme il faut cette humeur malsaine, ce gros melon d'eau ! Nous lui apprendrons à distinguer les tourterelles des geais.

Entre FALSTAFF (14).

FALSTAFF.

T'ai-je donc attrapé, mon céleste bijou ? Ah ! puissé-je mourir en ce moment ! car j'ai assez vécu : voici le comble de mon ambition. O heure bénie !

MISTRESS GUÉ.

O suave sir John !

FALSTAFF.

Mistress Gué, je ne sais pas enjôler, je ne sais pas babiller, mistress Gué. Je vais faire un souhait coupable : je voudrais que ton mari fût mort. Je suis prêt à le déclarer devant le lord suprême, je ferais de toi ma lady.

MISTRESS GUÉ.

Moi, votre lady, sir John ! Hélas ! je ferais une pitoyable lady.

FALSTAFF.

Que la cour de France m'en montre une pareille ! Tes yeux, je le vois bien, rivaliseraient avec le diamant. Tu as ces beaux sourcils arqués en harmonie avec la coiffure en carène, la coiffure à voiles, avec la plus belle coiffure de Venise (15) !

MISTRESS GUÉ.

Un simple mouchoir, sir John, voilà ce qui sied à mon front, et tout au plus encore.

FALSTAFF.

Tu es une traîtresse de parler ainsi. Tu ferais une femme de cour accomplie ; et la fermeté rigide de ton pied donnerait une grâce parfaite à ta démarche dans le demi-cercle d'un vertugadin. Je vois ce que tu serais sans la fortune ennemie, la nature étant ton amie. Allons, tu ne saurais le nier.

MISTRESS GUÉ.

Croyez-moi, je n'ai rien de tout ça.

FALSTAFF.

Qu'est-ce qui m'a fait t'aimer ? Cela seul doit te convaincre qu'il y a en toi quelque chose d'extraordinaire. Va, je ne sais pas flatter, je ne sais pas te dire : Tu es ceci et ça, comme ces muguets susurrants qui ont des airs de femmes en habits d'hommes, et qui sentent comme le marché aux herbes à la saison des simples. Je ne le puis, moi ; mais je t'aime, je n'aime que toi, et tu le mérites.

MISTRESS GUÉ.

Ne me trahissez pas, messire ; j'en ai peur, vous aimez mistress Page.

FALSTAFF.

Tu ferais aussi bien de dire que j'aime à flâner devant la porte de la prison pour dettes, laquelle m'est aussi odieuse que la gueule d'un four à chaux.

MISTRESS GUÉ.

Ah ! Dieu sait combien je vous aime, et vous en aurez la preuve un jour.

FALSTAFF.

Gardez-moi cette inclination ; j'en serai digne.

MISTRESS GUÉ.

Eh ! vous en êtes digne, je dois vous le dire, sans quoi je ne l'aurais pas.

ROBIN, de l'intérieur.

Mistress Gué ! mistress Gué ! voici mistress Page à la porte, tout en nage, tout essoufflée, l'air effaré ; elle tient à vous parler sur-le-champ.

FALSTAFF.

Elle ne me verra pas ; je vais m'embusquer derrière la tapisserie.

MISTRESS GUÉ.

Faites, je vous en prie ; c'est une femme si bavarde.

Falstaff se cache.

Entrent MISTRESS PAGE et ROBIN.

Eh bien ! qu'y a-t-il ?

MISTRESS PAGE.

Ah ! mistress Gué, qu'avez-vous fait ? Vous êtes

déshonorée, vous êtes ruinée, vous êtes perdue pour toujours.

MISTRESS GUÉ.

Qu'y a-t-il, ma bonne mistress Page ?

MISTRESS PAGE.

Ah ! miséricorde, mistress Gué ! Ayant un honnête homme pour mari, lui donner un tel sujet de suspicion !

MISTRESS GUÉ.

Quel sujet de suspicion ?

MISTRESS PAGE.

Quel sujet de suspicion ?... Fi de vous ! comme vous m'avez trompée !

MISTRESS GUÉ.

Mais, miséricorde ! de quoi s'agit-il ?

MISTRESS PAGE.

Votre mari vient ici, femme, avec tous les magistrats de Windsor pour chercher un gentleman qui, dit-il, est maintenant ici dans la maison, avec votre consentement, pour prendre un avantage criminel de son absence. Vous êtes perdue !

MISTRESS GUÉ.

J'espère qu'il n'en est rien.

MISTRESS PAGE.

Fasse le ciel qu'il n'en soit rien et que vous n'ayez pas un homme ici ! Mais ce qui est certain, c'est que votre mari vient pour l'y chercher, avec la moitié de Windsor à ses talons. Je viens en avant vous le dire : si vous vous sentez innocente, eh bien, j'en suis fort aise ; mais, si vous avez ici un ami, faites-le évader, faites-le évader. Ne soyez pas consternée ; reprenez toute votre présence d'esprit ; défendez votre réputation, ou dites pour jamais adieu à votre bonne vie.

MISTRESS GUÉ.

Que faire ? Il y a là un gentleman, mon ami cher ; et

je redoute moins ma honte que son danger. Je voudrais, dût-il m'en coûter mille livres, qu'il fût hors de la maison.

MISTRESS PAGE.

Par pudeur! Laissez-là vos *je voudrais, je voudrais*. Votre mari est à deux pas; songez à un moyen d'évasion; vous ne pouvez pas le cacher dans la maison... Oh! comme vous m'avez trompée!... Tenez, voici un panier : s'il est de stature raisonnable, il peut se fourrer dedans ; vous jetterez sur lui du linge sale que vous aurez l'air d'envoyer à la lessive; et, comme c'est le moment du blanchissage, vous le ferez porter par vos deux valets au pré Datchet.

MISTRESS GUÉ.

Il est trop gros pour entrer là. Que faire ?

Rentre FALSTAFF.

FALSTAFF.

Voyons ça, voyons ça! Oh! voyons ça! j'entrerai, j'entrerai. Suivez le conseil de votre amie. J'entrerai !

MISTRESS PAGE, bas.

Quoi ! sir John Falstaff ! Voilà donc ce que valent vos lettres, chevalier ?

FALSTAFF, bas à mistress Page.

Je t'aime, sauve-moi.

Haut.

Fourrons-nous là-dedans. Jamais je ne...

Il se fourre dans le panier. On le couvre de linge sale.

MISTRESS PAGE.

Aidez à couvrir votre maître, page... Appelez vos gens, mistress Gué... Hypocrite chevalier !

MISTRESS GUÉ.

Holà ! John, Robert, John !

Robin sort. Les DOMESTIQUES *entrent.*

Enlevez ce linge, vite ! Où est la perche ? Comme

SCÈNE IX.

vous lambinez ! Portez-le à la blanchisseuse au pré Datchet ; vite, allez.

Entrent Gué, Page, Caius *et sir* Hugh Evans.

GUÉ.

Avancez, je vous prie. Si je soupçonne sans cause, eh bien, moquez-vous de moi, faites de moi votre risée, je le mérite... Eh bien! où portez-vous ça?

LES DOMESTIQUES.

A la blanchisseuse, pardine.

MISTRESS GUÉ.

Eh! qu'avez-vous besoin de savoir où ils portent ça? Il ne vous manquerait plus que de vous occuper du lavage !

GUÉ.

Du lavage, du lavage! Ah! si je pouvais laver mon honneur! Je vous garantis qu'il y a une tache, une tache terrible ; vous allez voir.

Sortent les valets emportant le panier.

Messieurs, j'ai rêvé cette nuit ; je vous dirai mon rêve. Tenez, tenez, voici mes clefs ; montez dans mes appartements, fouillez, cherchez, trouvez ; je vous garantis que nous délogerons le renard... Laissez-moi d'abord fermer cette issue ; maintenant, déterrez!

PAGE.

Mon cher monsieur Gué, contenez-vous : c'est vous faire trop de tort à vous-même.

GUÉ.

C'est vrai, monsieur Page... Montons, messieurs ; vous allez rire tout à l'heure ; suivez-moi, messieurs.

Il sort.

EVANS.

Voilà des humeurs et des jalousies pien singulières.

CAIUS.

Palsembleu, ceci n'est pas la mode de France ; on n'est pas zaloux en France.

PAGE.

Allons, suivez-le, messieurs; voyons l'issue de ces recherches.

Evans, Page et Caïus sortent.

MISTRESS PAGE.

L'aventure n'est-elle pas doublement excellente?

MISTRESS GUÉ.

Je ne sais ce qui me plaît le plus, la déconvenue de mon mari ou celle de sir John.

MISTRESS PAGE.

Dans quelles transes il devait être, quand votre mari a demandé ce qu'il y avait dans le panier!

MISTRESS GUÉ.

Je crains fort qu'il n'ait grand besoin de lessive; et c'est lui rendre service que de le jeter à l'eau.

MISTRESS PAGE.

Peste soit du déshonnête coquin! Je voudrais que tous ceux du même acabit fussent dans la même détresse.

MISTRESS GUÉ.

Je crois que mon mari se doutait particulièrement de la présence de Falstaff ici, car je ne l'ai jamais vu aussi brutal dans sa jalousie.

MISTRESS PAGE.

Je trouverai moyen d'approfondir cela; et nous jouerons de nouveaux tours à Falstaff. Son libertinage maladif ne cédera pas à cette simple médecine.

MISTRESS GUÉ.

Si nous lui envoyions cette folle carogne de mistress Quickly pour le prier d'excuser son immersion et pour lui donner un nouvel espoir qui lui attire une nouvelle correction?

MISTRESS PAGE.

Oui; envoyons-le chercher demain à huit heures pour qu'il ait un dédommagement.

SCÈNE IX.

Rentrent Gué, Page, Caius et sir Hugh Evans.

GUÉ.

Je ne puis le trouver : le drôle a pu se vanter de ce qu'il n'a pu obtenir.

MISTRESS PAGE.

Avez-vous entendu ça ?

MISTRESS GUÉ.

Oui, oui, silence! Vous me traitez-bien, maître Gué, n'est-ce pas?

GUÉ.

Oui, certes.

MISTRESS GUÉ.

Puisse-le ciel vous faire meilleur que vos pensées !

GUÉ.

Amen.

MISTRESS PAGE.

Vous vous faites grand tort à vous-même, maîtré Gué.

GUÉ.

Oui, oui, j'en dois porter la peine.

EVANS.

S'il y a personne dans la maison, dans les champres, dans les coffres et dans les armoires, que le ciel me pardonne mes péchés au jour du jugement !

CAIUS.

Palsembleu, ni moi non plus ; il n'y a personne ici !

PAGE.

Fi, fi ! maître Gué ! n'avez-vous pas honte? Quel malin esprit, quel démon vous suggère ces idées? Je ne voudrais pas, pour toutes les richesses du château de Windsor, avoir une maladie de ce genre.

GUÉ.

C'est mon malheur, maître Page : j'en souffre.

EVANS.

Vous souffrez d'une mauvaise conscience : votre femme

est une honnête femme, honnête comme j'voudrais en trouver une sur cinq mille, voire sur cinq cents.

CAIUS.

Palsembleu, ze vois que c'est une honnête femme.

GUÉ.

Bon !... je vous ai promis à dîner. Venez, venez faire un tour dans le parc. Je vous en prie, pardonnez-moi : je vous expliquerai plus tard pourquoi j'ai agi ainsi. Allons, ma femme; allons, mistress Page; je vous en prie, pardonnez-moi; je vous en prie instamment, pardonnez-moi.

PAGE.

Allons, messieurs; mais, si vous m'en croyez, nous nous moquerons de lui. Je vous invite à déjeuner chez moi demain matin : après nous irons ensemble à la chasse à l'oiseau; j'ai un excellent faucon pour le bois. Est-ce dit?

GUÉ.

Comme vous voudrez.

EVANS.

S'il y en a un, je ferai le second de la compagnie.

CAIUS.

S'il y en a un ou deux, ze ferai le troisième.

GUÉ.

Passez, je vous prie, maître Page.

EVANS, à Caïus.

Je vous en prie, rappelez-vous demain ce galeux, ce pélître d'hôte de la Jarretière !

CAIUS.

C'est zuste ! palsembleu, de tout mon cœur.

EVANS.

Le galeux ! le pélître ! se permettre des railleries et des moqueries pareilles !

Ils sortent.

SCÈNE X.

[Chez maître Page.]

Entrent FENTON et mistress ANNE PAGE.

FENTON.

— Je vois bien que je ne puis obtenir la sympathie de ton père, — cesse donc de me renvoyer à lui, chère Nan.

ANNE.

— Hélas ! comment faire alors ?

FENTON.

Eh bien ! ose être toi-même. — Il prétend que je suis de trop haute naissance, — et qu'ayant largement entamé mon patrimoine par mes dépenses, — je cherche à le restaurer avec sa fortune. — Il m'objecte encore d'autres choses, — mes désordres passés, mes folles liaisons, — et il me dit qu'il est impossible — que je t'aime autrement que comme un héritage.

ANNE.

Peut-être dit-il vrai.

FENTON.

— Non, je le jure par la faveur que j'attends du ciel ! — Il est vrai, je le confesse, que la fortune de ton père — a été mon premier motif pour te faire la cour, Anne. — Mais, en te la faisant, je t'ai trouvé plus de valeur — qu'à tout l'or monnoyé, entassé dans des sacs scellés ; — et c'est aux trésors de ta personne — que j'aspire désormais.

ANNE.

Cher monsieur Fenton, — n'en recherchez pas moins la bienveillance de mon père ; recherchez-la toujours, monsieur ; — si les démarches les plus opportunes et les plus humbles — n'amènent rien alors... Écoutez.

Ils causent à part.

Entrent SHALLOW, SLENDER *et* MISTRESS QUICKLY.

SHALLOW.

Interrompez leur colloque, mistress Quickly ; mon parent va parler pour lui-même.

SLENDER.

Je vais décocher une flèche ou deux : rien qu'un coup d'essai.

SHALLOW.

Ne vous effrayez pas.

SLENDER.

Non, elle ne m'effraie pas ; ce n'est pas ce qui m'inquiète, mais j'ai peur.

MISTRESS QUICKLY, à Anne.

Écoutez ; maître Slender voudrait vous dire un mot.

ANNE.

Je suis à lui.

A part.

C'est le choix de mon père. — Oh ! quel tas de vilains défauts — trois cents livres par an embellissent !

MISTRESS QUICKLY.

Et comment va ce bon monsieur Fenton ? Un mot, je vous prie.

Elle prend Fenton à part.

SHALLOW, à Slender.

Elle vient ; en avant, neveu. O mon gars, tu avais un père !

SLENDER.

J'avais un père, mistress Anne... Mon oncle peut vous conter de bonnes farces de lui... Oncle, dites donc, je vous prie, à mistress Anne la farce des deux oies que mon père vola un jour dans un poulailler, bon oncle.

SHALLOW.

Mistress Anne, mon neveu vous aime.

SLENDER.

Oui, c'est vrai; autant que j'aime aucune femme du Glocestershire.

SHALLOW.

Il vous maintiendra comme une dame.

SLENDER.

Oui, aussi bien que n'importe quel mortel, huppé ou non, au-dessous du rang d'esquire.

SHALLOW.

Il vous assurera cent cinquante livres de préciput.

ANNE.

Cher monsieur Shallow, laissez-le faire lui-même sa cour.

SHALLOW.

Vraiment, je vous remercie; je vous remercie de ce bon encouragement. Elle vous appelle, neveu; je vous laisse ensemble.

ANNE.

Eh bien, maître Slender?

SLENDER.

Eh bien, ma bonne mistress Anne?

ANNE.

Quelles sont vos volontés?

SLENDER.

Mes volontés! vive Dieu! voilà une jolie plaisanterie, vraiment! Je ne les ai pas arrêtées, grâce au ciel; je ne suis pas si malade, le ciel soit loué!

ANNE.

J'entends demander, maître Slender, ce que vous me voulez.

SLENDER.

Ma foi, pour ma part, je ne vous veux rien ou presque rien. Votre père et mon oncle ont fait une motion; si elle me réussit, bien; sinon, bonne chance au préféré!

Ils peuvent vous dire mieux que moi où en sont les choses. Vous pouvez demander à votre père ; le voici qui vient.

Entrent PAGE et MISTRESS PAGE.

PAGE.

— Allons, maître Slender! aime-le, fille Anne. — Eh bien, que fait ici maître Fenton ? — Il me déplaît fort, monsieur, que vous hantiez ainsi ma maison ; — je vous ai dit, monsieur, que j'avais disposé de ma fille.

FENTON.

— Voyons, maître Page, ne vous impatientez pas.

MISTRESS PAGE.

— Mon cher monsieur Fenton, renoncez à mon enfant.

PAGE.

Ce n'est pas un parti pour vous.

FENTON.

— Monsieur, écoutez-moi.

PAGE.

Non, cher monsieur Fenton. — Venez, maître Shallow ; venez, fils Slender. — Connaissant mes idées, vous m'offensez, maître Fenton.

Sortent Page, Shallow et Slender.

MISTRESS QUICKLY, à Fenton.

Parlez à mistress Page.

FENTON.

— Bonne mistresse Page, j'ai pour votre fille — la plus pure affection ; — et, en dépit des obstacles et des rebuffades de toutes sortes, j'aurai la force — d'arborer les couleurs de mon amour ; — je ne me retirerai pas : accordez-moi votre consentement.

ANNE.

— Bonne mère, ne me mariez pas à cet imbécile là-bas.

MISTRESS PAGE.

— Ce n'est pas mon intention ; je vous cherche un meilleur mari.

MISTRESS QUICKLY.

— C'est mon maître, monsieur le docteur.

ANNE.

— Hélas ! j'aimerais mieux être enterrée vive, — et être lapidée avec des navets !

MISTRESS PAGE.

— Allons, ne vous troublez pas. Cher monsieur Fenton, — je ne serai ni votre amie ni votre ennemie. — Je saurai de ma fille jusqu'à quel point elle vous aime ; — et ses sentiments détermineront mes dispositions ; — jusque-là, adieu, monsieur... Il faut qu'elle rentre ; — son père se fâcherait.

FENTON.

Adieu, chère madame ; adieu, Nan.

Sortent mistress Page et Anne.

MISTRESS QUICKLY, à Fenton.

Eh bien, voilà mon ouvrage : « Madame, ai-je dit, allez-vous jeter votre enfant à ce niais ou à ce médecin ? Prenez maître Fenton. » Voilà mon ouvrage.

FENTON.

— Je te remercie. Ah ! je t'en prie, ce soir — remets cet anneau à ma chère Nan. Voici pour ta peine.

Il sort.

MISTRESS QUICKLY.

Que le ciel t'envoie une bonne chance !... Il a un bon cœur ; une femme irait à travers l'eau et le feu pour un si bon cœur. N'importe ! je voudrais que mon maître eût mistress Anne ; ou je voudrais que maître Slender l'eût ; ou, ma foi, je voudrais que maître Fenton l'eût ; je ferai tout ce que je pourrai pour eux trois, car je l'ai promis, et je tiendrai ma parole ; mais spécieusement pour maître Fenton... Eh ! mais je suis chargée par mes deux maîtresses d'une autre commission pour sir John Falstaff. Quelle bête je suis de flâner ainsi !

Elle sort.

SCÈNE XI.

[L'auberge de la Jarretière.]

Entrent FALSTAFF et BARDOLPHE.

FALSTAFF.

Bardolphe ! allons donc !

BARDOLPHE.

Voilà, monsieur !

FALSTAFF.

Va me chercher une pinte de vin d'Espagne ; mets-y une rôtie.

Sort Bardolphe.

Ai-je donc vécu pour être emporté dans un panier, comme le rebut d'une boucherie, et jeté à la Tamise ? Ah ! si jamais je me laisse jouer encore pareil tour, je veux qu'on m'enlève la cervelle pour l'assaisonner au beurre, et qu'on la donne à un chien pour ses étrennes. Les marauds m'ont versé dans la rivière avec aussi peu de remords que s'ils avaient noyé les quinze aveugles petits d'une chienne ! et vous pouvez voir par ma corpulence que j'ai une certaine propension à enfoncer ; quand le fond eût atteint jusqu'à l'enfer, j'y serais dégringolé. J'aurais été noyé si le rivière n'avait été basse et pleine d'écueils... Une mort que j'abhorre, car l'eau enfle un homme ; et quelle figure j'aurai faite, ainsi enflé ! J'aurais été une momie-montagne.

SCÈNE XI.

Rentre BARDOLPHE *avec du vin.*

BARDOLPHE.

Monsieur, voici mistress Quickly qui voudrait vous parler.

FALSTAFF.

Allons! versons un peu de vin dans l'eau de la Tamise. J'ai le ventre glacé comme si j'avais avalé des boules de neige en guise de pilules pour me rafraîchir les entrailles... Fais-la entrer.

BARDOLPHE.

Entrez, la femme.

Entre MISTRESS QUICKLY.

MISTRESS QUICKLY.

Avec votre permission... Je vous demande pardon... Je souhaite le bonjour à votre révérence.

FALSTAFF *à Bardolphe.*

Emporte ces calices; et va bellement me préparer un pot de vin chaud.

BARDOLPHE.

Avec des œufs, monsieur?

FALSTAFF.

Sans mélange : je ne veux pas de germe de poulet dans mon breuvage.

Sort Bardolphe.

Eh bien?

MISTRESS QUICKLY.

Ma foi, monsieur, je viens trouver votre révérence de la part de mistress Gué.

FALSTAFF.

Mistress Gué! j'en ai eu assez de gué! J'ai été jeté dans le gué! j'ai du gué plein le ventre!

MISTRESS QUICKLY.

Hélas! le cher cœur, ce n'est pas sa faute; elle est si

furieuse contre ses gens ! Ils se sont trompés dans leur érection.

FALSTAFF.

Comme moi, quand je me fondais sur la promesse d'une folle !

MISTRESS QUICKLY.

Ah ! monsieur, elle s'en désole, que ça vous fendrait le cœur de la voir. Son mari va ce matin chasser à l'oiseau ; elle vous prie encore une fois de venir la voir entre huit et neuf. Il faut que je lui rapporte la réponse au plus vite ; elle vous dédommagera, je vous le garantis.

FALSTAFF.

C'est bon, je lui ferai visite : dis-le lui ; et fais-lui bien comprendre ce que c'est que l'homme ; qu'elle considère la fragilité humaine, et qu'alors elle juge de mon mérite.

MISTRESS QUICKLY.

Je le lui dirai.

FALSTAFF.

Fais-le. Entre neuf et dix, dis-tu ?

MISTRESS QUICKLY.

Entre huit et neuf, monsieur.

FALSTAFF.

C'est bien, pars : je ne la manquerai pas.

MISTRESS QUICKLY.

Que la paix soit avec vous, monsieur !

Elle sort.

FALSTAFF.

Je m'étonne de ne pas voir maître Fontaine ; il m'a envoyé dire de rester ici : j'aime fort son argent. Oh ! le voici qui vient.

SCÈNE XI.

Entre GUÉ.

GUÉ.

Dieu vous bénisse, monsieur!

FALSTAFF.

Eh bien, maître Fontaine, vous venez savoir ce qui s'est passé entre moi et la femme de Gué?

GUÉ.

C'est, en effet, mon but, sir John.

FALSTAFF.

Maître Fontaine, je ne veux pas vous faire de mensonge. J'étais chez elle à l'heure qu'elle m'avait fixée.

GUÉ.

Et vous avez réussi, monsieur?

FALSTAFF.

Fort mal, maître Fontaine.

GUÉ.

Comment ça, monsieur? Aurait-elle changé de détermination?

FALSTAFF.

Non, maître Fontaine; mais son misérable cornard de mari, maître Fontaine, étant dans une continuelle alarme de jalousie, nous est arrivé à l'instant même de notre rencontre, après le premier moment d'embrassades, de baisers, de protestations, quand nous terminions, pour ainsi dire, le prologue de notre comédie. Il était suivi d'une bande de ses amis qui, provoqués et ameutés par sa fureur, venaient, morbleu, fouiller sa maison pour découvrir l'amant de sa femme!

GUÉ.

Quoi! tandis que vous étiez là?

FALSTAFF.

Tandis que j'étais là!

GUÉ.

Et il vous a cherché sans pouvoir vous trouver?

FALSTAFF.

Vous allez voir. Par bonheur est arrivée une certaine mistress Page; elle a donné avis de l'approche de Gué; et, à sa suggestion, la femme de Gué ayant perdu la tête, on m'a emmené dans un panier à linge.

GUÉ.

Un panier à linge!

FALSTAFF.

Oui, un panier à linge. On m'a entassé avec chemises et cotillons sales, chaussettes et bas sales, serviettes crasseuses; le tout, maître Fontaine, faisait le plus puant mélange d'odeurs nauséabondes qui aient jamais offensé les narines.

GUÉ.

Et combien de temps êtes-vous resté là?

FALSTAFF.

Eh bien, vous allez voir, maître Fontaine, ce que j'ai souffert afin d'amener cette femme à mal pour votre bien. A peine étais-je empilé dans le panier, que deux coquins de valets de Gué ont été appelés par leur maîtresse pour me transporter comme linge sale au pré Datchet : ils m'ont chargé sur leurs épaules, et ont rencontré à la porte le coquin de jaloux, leur maître, qui leur a demandé une fois ou deux ce qu'ils avaient dans leur panier; je tremblais de peur que ce coquin de lunatique ne fît une fouille; mais la destinée, ayant ordonné qu'il serait cocu, a retenu sa main. Bon! il est parti pour sa perquisition, et moi, je suis parti pour linge sale. Mais remarquez la suite, maître Fontaine. J'ai enduré les angoisses de trois différentes morts : d'abord, l'intolérable frayeur d'être découvert par cet infect bélier jaloux; puis le tourment d'être courbé, comme une bonne lame de Bilbao, dans la circonférence d'un dé, la poignée contre la pointe, la tête contre les talons; et enfin la torture d'être enfermé, comme pour une violente distillation, avec des hardes puantes fermentant dans leur crasse! Pensez à ça!... Un homme de ma trempe! Pensez à ça!... Moi, sur qui la chaleur agit comme sur du beurre, un homme en incessante dissolution, en dégel continu. C'est miracle que j'aie échappé à la suffocation. Et au plus fort de ce bain, quand j'étais plus qu'à moitié cuit dans la graisse, comme un plat hollandais, être jeté à la Tamise, et, tout rouge de chaleur, refroidi dans cette eau, ainsi qu'un fer à cheval! Pensez à ça!... tout chaud, tout bouillant!... Pensez à ça, maître Fontaine.

GUÉ.

Sérieusement, monsieur, je suis fâché que pour moi vous ayez souffert tout cela. Ainsi je n'ai plus d'espoir ; vous ne ferez plus de tentative auprès d'elle.

FALSTAFF.

Maître Fontaine, je veux être jeté dans l'Etna, comme je l'ai été dans la Tamise, plutôt que de renoncer à elle ainsi. Son mari est allé ce matin chasser à l'oiseau; j'ai reçu d'elle un message pour un autre rendez-vous : ce sera entre huit et neuf heures, maître Fontaine.

GUÉ.

Il est déjà passé huit heures, monsieur.

FALSTAFF.

Vraiment? Je vais donc me préparer pour mon rendez-vous. Venez me voir à l'heure qui vous conviendra, vous saurez mon succès, et en conclusion, pour couronner la chose, vous la posséderez. Adieu, elle sera à vous, maître Fontaine. Fontaine, vous ferez cocu le Gué.

Il sort.

GUÉ.

Humph! hein, est-ce une vision? est-ce un rêve? suis-je

endormi ? Maître Gué, éveillez-vous ; éveillez-vous, maître Gué ; il y a un accroc à votre plus belle cotte, maître Gué. Voilà ce que c'est que d'être marié ! Voilà ce que c'est que d'avoir du linge et des paniers à lessive !... Soit, je veux me proclamer ce que je suis. Je vais enfin surprendre le paillard ; il est chez moi, il ne peut m'échapper ; c'est impossible. Il ne peut pas se fourrer dans une bourse d'un sou, ni dans une poivrière ; mais, de peur que le diable qui le guide ne l'assiste, je veux fouiller les plus impossibles endroits. Bien que je ne puisse éviter mon sort, un sort qui m'est odieux ne me trouvera pas docile. Si j'ai des cornes à me rendre furieux, j'entends justifier le porverbe : Je serai furieux comme une bête à cornes.

SCÈNE XII.

[Une avenue.]

Entrent MISTRESS PAGE, MISTRESS QUICKLY, et WILLIAM.

MISTRESS PAGE.

Crois-tu qu'il soit déjà chez maître Gué?

MISTRESS QUICKLY.

Pour sûr, il y est déjà, ou il y sera dans un moment ; mais il est fièrement en colère d'avoir été ainsi jeté à l'eau. Mistress Gué vous prie de venir immédiatement.

MISTRESS PAGE.

Je serai chez elle tout à l'heure ; il faut d'abord que je mène mon petit homme à l'école. Tenez, voici justement son maître qui vient ; c'est jour de congé, je le vois.

Entre SIR HUGH EVANS.

Eh bien, sir Hugh ? Pas d'école aujourd'hui ?

EVANS.

Non, maître Slender a obtenu pour les enfants la permission de jouer.

SCÈNE XII.

MISTRESS QUICKLY.

Béni soit-il!

MISTRESS PAGE.

Sir Hugh, mon mari dit que mon fils ne fait aucun progrès dans ses études. Je vous en prie, faites-lui quelques questions sur ses rudiments.

EVANS.

Approchez, William; levez la tête; allons.

MISTRESS PAGE.

Allons, marmouset : levez la tête; répondez à votre maître, n'ayez pas peur.

EVANS.

William, compien y a-t-il de nompres dans les noms?

WILLIAM.

Deux.

MISTRESS QUICKLY.

Vraiment, je croyais qu'il y en avait un de plus, puisqu'on parle toujours du nombre impair.

EVANS.

Cessez votre papil... Comment se dit *beau*, William?

WILLIAM.

Pulcher.

MISTRESS QUICKLY.

Poules chères! il y a quelque chose de plus beau que des poules chères, bien sûr.

EVANS.

Vous êtes un'femme pien simple! Paix, je vous prie.. Qu'es-ce que *lapis*, William?

WILLIAM.

Une pierre.

EVANS.

Et qu'est-ce qu'une pierre, William?

WILLIAM.

Un caillou.

EVANS.

Non, c'est *lapis*; je vous en prie, mettez-vous ça dans la cervelle.

WILLIAM.

Lapis.

EVANS.

C'est pien, William. William, qu'est-ce qui fournit les articles?

WILLIAM.

Les articles sont empruntés au pronom, et se déclinent ainsi : singulier nominatif, *hic hæc, hoc.*

EVANS.

Nominatif, *hig, hag, hog.* Attention, je vous prie! génitif, *hujus.* Pien, qu'est-ce que votre accusatif?

WILLIAM.

Accusatif, *hinc.*

EVANS.

Je vous prie, ayez ponne mémoire, enfant. Accusatif, *hunc, hanc, hoc.*

MISTRESS QUICKLY.

Un grand coq! c'est du latin pour le poulailler, bien sûr.

EVANS.

Cessez votre papil, femme. Qu'est-ce que le vocatif, William?

WILLIAM.

Oh! vocatif, O!

EVANS.

Souvenez-vous pien, William, vocatif, *caret.*

MISTRESS QUICKLY.

Carotte, bonne racine,

EVANS.

Femme, taisez-vous!

SCÈNE XII.

MISTRESS PAGE.

Paix !

EVANS.

Qu'est-ce que c'est que votre cas génitif pluriel, William ?

WILLIAM.

Le cas génitif ?

EVANS.

Oui.

WILLIAM.

Génitif, *horum, horum, horum.*

MISTRESS QUICKLY.

C'est une horreur que le cas de Jenny ! Fi ! *Jenny pour hommes !* N'en parle pas, enfant, si c'est une putain.

EVANS.

Par pudeur, la femme !

MISTRESS QUICKLY.

Vous avez tort d'apprendre à l'enfant tout ça... Il lui apprend le *hic*, qu'on sait toujours trop tôt ! Il lui parle des filles qui sont pour hommes !... Honte à vous !

EVANS.

Femme, es-tu lunatique ? As-tu pas l'intelligence des cas, des nompres et des genres ? Tu es pien la plus sotte créature chrétienne qu'on puisse désirer.

MISTRESS PAGE.

Je t'en prie, tais-toi.

EVANS.

Maintenant, William, dites-moi quelques déclinaisons de vos pronoms.

WILLIAM.

Ma foi, j'ai oublié.

EVANS.

C'est *qui, quæ, quod*; si vous oupliez votre code, vous

aurez sur les doigts. Maintenant passez votre chemin et allez jouer.

MISTRESS PAGE.

Il est plus savant que je ne croyais.

EVANS.

Il a la mémoire pien vive. Au revoir, mistress Page.

MISTRESS PAGE.

Adieu, bon sir Hugh.

Sort Evans.

Rentrez à la maison, enfant...
    A mistress Quickly.
Venez, nous tardons trop.

Ils sortent.

SCÈNE XIII.

[Dans la maison de Gué.]

Entrent FALSTAFF et MISTRESS GUÉ (16).

FALSTAFF.

Mistress Gué, vos regrets ont dévoré mes souffrances... Je vois combien votre amour est profond, et je m'engage à vous payer scrupuleusement de retour, non-seulement, mistress Gué, dans le simple office de l'amour, mais dans tous ses accompagnements, dans tous ses compléments, dans toutes ses cérémonies. Mais êtes-vous sûre de votre mari maintenant!

MISTRESS GUÉ.

Il chasse à l'oiseau, suave sir John.

MISTRESS PAGE, *de l'intérieur du théâtre*

Holà, commère Gué! Holà!

MISTRESS GUÉ.

Passez dans cette chambre, sir John.

Sort Falstaff.

SCÈNE XIII.

Entre MISTRESS PAGE.

MISTRESS PAGE.
Eh bien, chère? Qui donc est ici avec vous?

MISTRESS GUÉ.
Mais rien que mes gens.

MISTRESS PAGE.
Vraiment?

MISTRESS GUÉ.
Assurément.
  Bas.
Parlez plus haut.

MISTRESS PAGE.
En vérité, je suis si contente que vous n'ayez personne ici !

MISTRESS GUÉ.
Pourquoi?

MISTRESS PAGE.
Eh! ma chère, votre mari a été repris par ses vieilles lunes; il est là-bas avec mon mari à déblatérer ; il tempête contre toute l'humanité mariée : il maudit toutes les filles d'Ève, de n'importe quelle couleur; il se frappe le front en criant : *Percez ! percez donc!* Je n'ai jamais vu de démence qui ne fût la douceur, la civilité et la patience même, à côté de sa frénésie! Je suis bien aise que le gros chevalier ne soit pas ici.

MIRTRESS GUÉ.
Quoi ! Est-ce qu'il parle de lui ?

MISTRESS PAGE.
Rien que de lui; et il jure que, lorsqu'il a fait la dernière perquisition, sir John a été emporté dans un panier; il déclare à mon mari qu'il est ici maintenant, et il l'a arraché de la chasse, ainsi que le reste de la société, pour faire une nouvelle expérience à l'appui de ses soup-

çons. Mais je suis bien aise que le chevalier ne soit pas ici. Maintenant il va voir lui-même sa folie.

MISTRESS GUÉ.

A quelle distance est-il, mistress Page?

MISTRESS PAGE.

Tout près, au bout de la rue; il va être ici à l'instant.

MISTRESS GUÉ.

Je suis perdue! le chevalier est ici!

MISTRESS PAGE.

En ce cas, vous êtes complétement déshonorée, et lui, c'est un homme mort... Quelle femme êtes-vous donc!... Faites-le sortir, faites-le sortir. Mieux vaut un scandale qu'un meurtre.

MISTRESS GUÉ.

Par où sortira-t-il! Comment le sauver? Si je le mettais une seconde fois dans le panier?

Rentre Falstaff.

FALSTAFF.

Non, je ne veux plus aller dans le panier Est-ce que je peux pas sortir avant qu'il vienne?

MISTRESS PAGE.

Hélas! trois des frères de maître Gué veillent à la porte avec des pistolets, afin que nul ne sorte. Sans quoi, vous pourriez vous esquiver avant qu'il vienne. Mais que faites-vous ici?

FALSTAFF.

Que faire? Je vais grimper dans la cheminée.

MISTRESS GUÉ.

C'est par là qu'ils ont l'habitude de décharger leurs fusils de chasse. Glissez-vous dans le four.

FALSTAFF.

Où est-il?

MISTRESS GUÉ.

Non, il vous y chercherait, sur ma parole. Il n'y a pas d'armoire, de coffre, de caisse, de malle, de puits, de caveau dont il n'ait l'inventaire pour fixer son souvenir, et il en fait la visite, sa note à la main. Nul moyen de vous cacher dans la maison.

FALSTAFF.

Eh bien, je vais sortir.

MISTRESS PAGE.

Si vous sortez tel que vous êtes, vous êtes mort, sir John... A moins que vous ne sortiez déguisé...

MISTRESS GUÉ.

Comment pourrions-nous le déguiser?

MISTRESS PAGE.

Hélas! je ne sais pas. Il n'y a pas une robe de femme assez ample pour lui; autrement il aurait pu mettre un chapeau, une mentonnière et une coiffe, et s'échapper ainsi.

FALSTAFF.

Chers cœurs, trouvez un moyen : toute extrémité plutôt qu'un malheur.

MISTRESS GUÉ.

La tante de ma chambrière, la grosse femme de Brentford, a laissé une robe là-haut.

MISTRESS PAGE.

Sur ma parole, ça lui ira; elle est aussi grosse que lui, et il y a là également son chapeau d'étamine et sa mentonnière. Montez vite, sir John.

MISTRESS GUÉ.

Allez, allez, suave sir John : mistress Page et moi, nous chercherons quelque linge pour votre tête.

MISTRESS PAGE.

Vite, vite; nous allons vous attifer sur-le-champ : passez la robe en attendant.

Sort Falstaff.

MISTRESS GUÉ.

Je voudrais que mon mari le rencontrât sous ce déguisement : il ne peut pas souffrir la vieille femme de Brentford ; il jure qu'elle est sorcière ; il lui a interdit ma maison, en la menaçant de la battre.

MISTRESS PAGE.

Que le ciel le mène sous le bâton de ton mari, et qu'ensuite le diable mène le bâton !

MISTRESS GUÉ.

Mais est-ce que mon mari arrive ?

MISTRESS PAGE.

Oui, très-sérieusement. Il parle même de l'aventure du panier, qu'il a sue je ne sais comment.

MISTRESS GUÉ.

Nous tirerons ça à clair ; car je vais dire à mes gens d'emporter le panier encore une fois, et de faire en sorte qu'ils le rencontrent à la porte, comme la dernière fois.

MISTRESS PAGE.

Mais il va être ici tout de suite. Allons habiller l'autre comme la sorcière de Brentford.

MISTRESS GUÉ.

Je vais d'abord indiquer à mes gens ce qu'ils doivent faire du panier. Montez, j'apporte du linge pour lui dans un moment.

Elle sort.

MISTRESS PAGE.

Peste soit de ce déshonnête coquin ! Nous ne saurions trop le malmener.

Nous prouverons, par ce que nous allons faire,
Que des Épouses peuvent être Joyeuses en restant vertueuses.
Nous ne faisons pas le mal, nous qui souvent rions et plaisantons.
Le proverbe dit vrai : Il n'est pire eau que l'eau qui dort.

Elle sort.

SCÈNE XIII.

Rentre MISTRESS GUÉ, avec deux valets.

MISTRESS GUÉ.

Allons, mes amis, chargez ce panier encore une fois sur vos épaules ; votre maître est presque à la porte ; s'il vous dit de le mettre à terre, obéissez-lui : vite, dépêchez.

Elle sort.

PREMIER VALET.

Allons, allons, enlève.

DEUXIÈME VALET.

Fasse le ciel que cette fois il ne soit pas rempli du chevalier.

PREMIER VALET.

J'espère que non ; j'aimerais autant porter une masse égale de plomb.

Entrent GUÉ, PAGE, SHALLOW, CAIUS et SIR HUGH EVANS.

GUÉ.

Oui, mais, si le fait est prouvé, maître Page, quelle réparation m'offrirez-vous pour toutes vos railleries ?... Mets bas ce panier, coquin ; qu'on appelle ma femme !... Damoiseau du panier !... Oh ! misérables ruffians ! Il y a une clique, une bande, une meute de gens conjurés contre moi ! Mais le diable va être confondu... Allons ! femme ! viendrez-vous ?... Sortez, sortez de là !... Voyez l'honnête linge que vous envoyez au blanchissage !

PAGE.

Ah ! ceci passe les bornes, maître Gué ; on ne doit pas vous laisser en liberté plus longtemps ; il faudra vous attacher.

EVANS.

Eh ! c'est un lunatique ! c'est enragé comme un chien enragé.

SHALLOW.

Vraiment, maître Gué, ce n'est pas bien ; vraiment.

GUÉ.

C'est ce que je dis, monsieur.

Entre MISTRESS GUÉ.

Approchez, mistress Gué ; mistress Gué, l'honnête femme, la chaste épouse, la vertueuse créature qui a pour mari un bélître de jaloux !... Je soupçonne sans cause, madame, n'est-ce pas ?

MISTRESS GUÉ.

Oui, le ciel m'en est témoin, si vous me soupçonnez de quelque déshonnêteté.

GUÉ.

Bien dit, front bronzé ; persistez ainsi !... Sortez de là, coquin.

Il arrache le linge du panier.

PAGE.

Ceci passe les bornes.

MISTRESS GUÉ.

N'avez-vous pas honte ? Laissez là ce linge.

GUÉ.

Je vais vous y prendre !

EVANS.

C'est déraisonnable ! allez-vous relever le linge de votre femme ? Laissez ça.

GUÉ.

Videz le panier, vous dis-je.

MISTRESS GUÉ.

Voyons, mon homme, voyons...

GUÉ.

Maître Page, comme il est vrai que je suis un homme, quelqu'un a été emmené de ma maison hier dans ce panier ; pourquoi n'y serait-il pas encore ? Je suis sûr qu'il est dans la maison; mes renseignements sont exacts; ma jalousie est raisonnable. Enlevez-moi tout ce linge.

MISTRESS GUÉ.

Si vous trouvez un homme là, qu'il meure comme une puce!

PAGE.

Il n'y a pas d'homme là.

SHALLOW.

Par ma fidélité, ce n'est pas bien, maître Gué; ceci vous fait tort.

EVANS.

Maître Gué, vous ferez pien de prier, et de ne pas suivre les imaginations de votre cœur : c'est des jalousies.

GUÉ.

Allons, celui que je cherche n'est pas là!

PAGE.

Non, ni là, ni ailleurs que dans votre cervelle.

GUÉ.

Aidez-moi, cette fois encore, à fouiller ma maison. Si je ne trouve pas ce que je cherche, n'ayez pas de ménagement pour mon extravagance, que je sois pour toujours l'amusement de votre table; qu'on dise de moi : *aussi jaloux que Gué, qui cherchait l'amant de sa femme dans le creux d'une noix.* Accordez-moi encore cette satisfaction; encore une fois, fouillez avec moi.

MISTRESS GUÉ.

Holà! mistress Page! descendez, vous et la vieille femme. Mon mari va aller dans la chambre.

GUÉ.

La vieille femme! quelle vieille femme est-ce là?

MISTRESS GUÉ.

Eh! la vieille de Brentford, la tante de ma chambrière.

GUÉ.

Une sorcière, une gouine, une vieille coquine de

gouine! Est-ce que je ne lui ai pas interdit ma maison? Elle vient pour des commissions, n'est-ce pas? Que les hommes sont simples! Nous ne savons pas ce qui se fait sous couleur de dire la bonne aventure. Elle agit par des charmes, des sortiléges, des chiffres et d'autres artifices du même genre qui dépassent notre portée; nous n'y connaissons rien... Descendez, sorcière, stryge; descendez, vous dis-je.

MISTRESS GUÉ.

Voyons, mon bon, mon bien-aimé mari! Chers messieurs, ne le laissez pas frapper la vieille femme.

Entre FALSTAFF habillé en femme, conduit par MISTRESS PAGE.

MISTRESS PAGE.

Venez, mère Prat, venez, donnez-moi la main.

GUÉ.

Je vais la pratiquer, moi.

Il bat Falstaff.

Hors de chez moi, sorcière, guenille, bagasse, fouine, carogne! dehors! dehors! Je vais vous conjurer! Je vais vous dire la bonne aventure, moi!

Sort Falstaff.

MISTRESS PAGE.

N'avez-vous pas honte? Je crois que vous avez tué la pauvre femme.

MISTRESS GUÉ.

Oui, il la tuera... Ça vous fait grand honneur.

GUÉ.

A la potence la sorcière!

EVANS.

Par oui et par non, je crois que la femme est vraiment une sorcière; je n'aime pas qu'une femme ait une grande parpe; j'ai vu une grande parpe sous sa mentonnière.

GUÉ.

Voulez-vous me suivre, messieurs? Je vous en supplie,

suivez-moi; voyons seulement le résultat de ma jalousie. Si mon cri ne vous a pas mis sur une piste, ne vous fiez plus à moi.

PAGE.

Prêtons-nous encore un peu à son humeur. Venez, messieurs.

Sortent Gué, Page, Shallow, Caïus et Evans.

MISTRESS PAGE.

Ma foi, il l'a battu de la plus pitoyable façon.

MISTRESS GUÉ.

Non, par la messe, non; il l'a battu, ce me semble, de la façon la plus impitoyable.

MISTRESS PAGE.

Je veux que le bâton soit consacré et suspendu au-dessus de l'autel; il a fait un service méritoire.

MISTRESS GUÉ.

Quelle est votre opinion? Pouvons-nous, avec la réserve féminine et l'appui d'une bonne conscience, pousser plus loin notre vengeance contre lui?

MISTRESS PAGE.

L'esprit du libertinage est à coup sûr expulsé de lui. S'il n'appartient pas au diable en fief inaliénable, il ne fera plus, je crois, aucune tentative à notre détriment.

MISTRESS GUÉ.

Dirons-nous à nos maris comme nous l'avons traité?

MISTRESS PAGE.

Oui, sans doute, quand ce ne serait que pour ôter du cerveau de votre mari toutes ses visions. S'ils décident en conscience que ce pauvre gros libertin de chevalier doit subir un surcroît de punition, nous nous en chargerons encore.

MISTRESS GUÉ.

Je garantis qu'ils voudront le confondre publiquement; et il me semble que la farce ne serait pas complète, s'il n'était pas publiquement confondu.

MISTRESS PAGE.

Allons! forgeons vite la chose; battons le fer tandis qu'il est chaud.

Ils sortent.

SCÈNE XIV.

[L'auberge de la Jarretière.]

Entrent l'Hôte et Bardolphe.

BARDOLPHE.

Monsieur, les Allemands désirent avoir trois de vos chevaux; le duc en personne doit être demain à la cour, et ils vont au-devant de lui.

L'HOTE.

Quel peut être ce duc qui arrive si secrètement? Je n'entends rien dire de lui à la cour. Que je parle à ces messieurs! Ils parlent anglais?

BARDOLPHE.

Oui, monsieur, je vais vous les envoyer.

L'HOTE.

Ils auront mes chevaux, mais je les ferai payer; je les salerai. Ils ont eu, une semaine, ma maison à leur disposition; j'ai renvoyé mes autres hôtes. Il faudra qu'ils déboursent; je les salerai. Allons!

Ils sortent

SCÈNE XV.

[Chez Gué.]

Entrent PAGE, GUÉ, MISTRESS PAGE, MISTRESS GUÉ et SIR HUGH EVANS.

EVANS.

C'est une des plus belles idées de femme que j'aie jamais vues.

PAGE.

Et il vous a envoyé ces deux lettres en même temps?

MISTRESS PAGE.

Dans le même quart d'heure.

GUÉ.

— Pardonne-moi, femme ; désormais fais ce que tu voudras. — Je soupçonnerai plutôt le soleil de froideur — que toi de légèreté. Désormais ton honneur, — pour celui qui naguère etait un hérétique, — est une inébranlable foi.

PAGE.

C'est bon, c'est bon ; en voilà assez. — Ne soyez pas extrême dans la soumission — comme dans l'offense. — Mais donnons suite à notre complot ; qu'encore une fois — nos femmes, pour nous donner un divertissement public, — donnent à ce vieux gros gaillard un rendez-vous — où nous puissions le surprendre et le honnir. —

GUÉ.

Il n'y a pas de meilleur moyen que celui dont elles ont parlé.

PAGE.

Quoi ! qu'elles lui assignent un rendez-vous dans le parc, à minuit ! Fi ! fi ! il n'ira jamais.

EVANS.

Vous dites qu'il a été jeté dans les rivières, et qu'il a été si rudement pattu, sous son costume de vieille femme.

Il doit avoir de telles terreurs, ce me semple, qu'il ne voudrait pas venir. Sa chair est assez punie, ce me semple, pour qu'il n'ait plus de désirs.

PAGE.

C'est aussi ce que je pense.

MISTRESS GUÉ.

— Avisez seulement à la manière dont vous le traiterez quand il sera venu, — et nous, nous aviserons toutes deux au moyen de l'amener là.

MISTRESS PAGE.

— Une vieille tradition raconte que Herne le chasseur, — garde de la forêt de Windsor au temps jadis, — revient, durant tout l'hiver, dans le calme de minuit, — rôder autour d'un chêne, avec de grandes cornes au front ; — et alors il flétrit les arbres, il ensorcèle le bétail, — il fait donner du sang aux vaches laitières, et secoue une chaîne — de la manière la plus sinistre et la plus effroyable... — Vous avez entendu parler de cet esprit, et vous savez fort bien — que les vieillards superstitieux et crédules — ont reçu et transmis comme vraie — à notre génération cette légende de Herne le chasseur (17).

PAGE.

— Eh! mais il y a encore nombre de gens qui ont peur — de passer au milieu de la nuit près du chêne de Herne (18). — Mais où voulez-vous en venir ?

MISTRESS GUÉ.

Eh bien, voici notre idée : — que Falstaff vienne nous rencontrer près de ce chêne, — sous le déguisement de Herne, avec de grandes cornes sur sa tête.

PAGE.

— Soit ! admettons qu'il y vienne, — et sous ce déguisement. Quand vous l'aurez amené là, — qu'en fera-t-on ? quel est votre plan ?

MISTRESS PAGE.

— Nous y avons songé, et voici : — Nanette Page, ma fille, mon petit garçon, — et trois ou quatre autres enfants de leur taille, auront été costumés par nous — en lutins, en elfes et en fées, en vert et en blanc, — avec des couronnes de flambeaux de cire sur la tête, — et des crécelles à la main ; soudain, — dès que Falstaff, elle et moi nous serons réunis, — ils s'élanceront tous à la fois d'un fossé — en entonnant des chants incohérents. A leur vue, — nous fuirons toutes deux en grande épouvante. — Alors il faudra que tous fassent un cercle autour de lui, — et, en vrais lutins, pincent l'impur chevalier, — lui demandant pourquoi, à cette heure de féeriques ébats, — il ose pénétrer dans leurs sentiers sacrés — sous ce déguisement profane.

MISTRESS GUÉ.

Et jusqu'à ce qu'il ait dit la vérité, — il faudra que les prétendues fées le pincent solidement, — et le brûlent avec leurs flambeaux.

MISTRESS PAGE.

La vérité une fois confessée, — nous nous présenterons tous, nous désencornerons le revenant, — et nous le ramènerons sous les rires à Windsor.

GUÉ.

Les enfants devront — être parfaitement exercés à leur rôle ; sinon, ils ne le rempliront pas. —

EVANS.

J'apprendrai aux enfants leurs fonctions ; et je serai moi-même en magot pour pouvoir brûler le chevalier avec mon flambeau.

GUÉ.

Ce sera excellent. Je vais acheter les masques.

MISTRESS PAGE.

Ma Nanette sera la reine des fées, — magnifiquement vêtue de blanc.

PAGE.

— Je vais acheter la soie.

A part.

Et à ce beau moment, — maître Slender enlèvera ma Nanette, — pour aller l'épouser à Éton...

Haut.

Allons, envoyez vite chez Falstaff.

GUÉ.

— Et moi, je vais encore une fois me présenter à lui sous le nom de Fontaine : — il me dira tous ses projets... Il viendra, bien sûr.

MISTRESS PAGE.

— N'en doutez pas... Allons chercher les toilettes — et les parures pour nos fées.

EVANS.

A l'œuvre ! c'est des plaisirs admirables et des malices bien honnêtes.

Sortent Page, Gué et Evans.

MISTRESS PAGE.

Allons, mistress Gué, — envoyez vite chez sir John savoir sa décision.

Sort mistress Gué.

— Moi, je vais chez le docteur ; il a mes sympathies, — et nul autre que lui n'épousera Nanette Page. — Ce Slender, avec toutes ses terres, n'est qu'un idiot, — et c'est lui que mon mari préfère. — Le docteur a de beaux écus et des amis — puissants en cour ; lui seul aura ma fille, — quand vingt mille plus dignes la solliciteraient.

Elle sort.

SCÈNE XVI.

[La cour de l'auberge de la Jarretière.]

Entrent l'Hôte et Simple.

L'HOTE.

Que veux-tu, rustaud? que veux-tu, cuir épais? parle, murmure, explique-toi; sois bref, prompt, leste, preste!

SIMPLE.

Eh bien, monsieur, je viens pour parler à sir John Falstaff de la part de maître Slender.

L'HOTE.

Voilà sa chambre, sa maison, son château, son lit fixe et son lit roulant; tout autour est peinte fraîchement et à neuf l'histoire de l'Enfant prodigue. Va, frappe et appelle; il te répliquera comme un anthropophage. Frappe, te dis-je.

SIMPLE.

Il y a une vieille femme, une grosse femme, qui est montée dans sa chambre; je prendrai la liberté d'attendre qu'elle descende, monsieur; c'est à elle que je viens parler.

L'HOTE.

Hein! une grosse femme! le chevelier pourrait être volé! Je vais appeler... Immense chevalier! Immense sir John! réponds de toute la force de tes poumons militaires. Es-tu là? C'est ton hôte, ton Éphésien qui appelle.

FALSTAFF, paraissant à une fenêtre.

Qu'y a-t-il, mon hôte?

L'HOTE.

Voici un Tartare bohémien qui attend que ta grosse femme vienne en bas. Fais-la descendre, immense, fais-la descendre. Mes chambres sont honorables. Fi des privautés ! fi !

Entre FALSTAFF.

FALSTAFF.

En effet, mon hôte, il y avait une vieille grosse femme tout à l'heure avec moi, mais elle est partie.

SIMPLE.

Monsieur, je vous prie, n'était-ce pas la devineresse de Brentford ?

FALSTAFF.

Oui, morbleu, c'était elle, coquille de moule ; que lui veux-tu ?

SIMPLE.

Mon maître, monsieur, maître Slender, l'ayant vue passer par les rues, m'a envoyé après elle pour savoir, monsieur, si un certain Nym, monsieur, qui lui a filouté une chaîne, a la chaîne ou non.

FALSTAFF.

J'ai parlé de ça à la vielle femme.

SIMPLE.

Et que dit-elle, je vous prie, monsieur?

FALSTAFF.

Morbleu, elle dit que le même homme qui a filouté à maître Slender sa chaîne, la lui a escroquée.

SIMPLE.

J'aurais voulu parler à la femme elle-même ; j'avais encore d'autres choses à lui dire de la part de mon maître.

FALSTAFF.

Quelles sont-elles ? voyons.

L'HOTE.

Oui, allons, vite !

SIMPLE.

Je ne puis les taire, monsieur.

SCÈNE XVI.

L'HOTE.

Tais-les, ou tu es mort.

SIMPLE.

Eh bien, monsieur, elles ont trait uniquement à mistress Anne Page; il s'agit de savoir si mon maître a ou non la chance de l'avoir.

FALSTAFF.

Oui, il a cette chance.

SIMPLE.

Laquelle?

FALSTAFF.

De l'avoir ou non. Va, dis que la femme m'a dit ça.

SIMPLE.

Puis-je prendre la liberté de dire ça, monsieur?

FALSTAFF.

Oui, messire Claude : quelle liberté!

SIMPLE.

Je remercie Votre Révérence. Je rendrai mon maître bien heureux avec ces nouvelles.

Sort Simple.

L'HOTE.

Tu es docte, tu es docte, sir John. Est-ce qu'il y avait une devineresse chez toi?

FALSTAFF.

Oui, il y en avait une, mon hôte, une qui m'a révélé plus de choses que je n'en avais appris dans toute ma vie; et je n'ai rien payé; c'est moi au contraire qui ai été payé pour apprendre!

Entre BARDOLPHE.

BARDOLPHE.

Merci de nous, monsieur! filouterie! pure filouterie!

L'HOTE.

Où sont mes chevaux? Il faut m'en rendre bon compte, varletto.

BARDOLPHE.

Échappés avec les filous! A peine étais-je arrivé au delà d'Éton, en croupe derrière l'un d'eux, qu'ils m'ont renversé dans une fondrière; puis ils ont piqué des deux et disparu, comme trois diables allemands, trois docteurs Faust.

L'HOTE.

Ils sont allés tout bonnement à la rencontre du duc, maraud; ne dis pas qu'ils se sont enfuis; les Germains sont d'honnêtes gens.

Entre SIR HUGH EVANS.

EVANS.

Où est mon hôte?

L'HOTE.

De quoi s'agit-il, monsieur?

EVANS.

Ayez l'œil à vos pratiques; un mien ami, qui arrive à la ville, me dit qu'il y a trois cousins germains qui ont volé dans toutes les auperges de Reading, de Colebrook, et y ont piqué tous les chevaux. Je vous dis ça dans votre intérêt, voyez-vous; vous êtes spirituel, plein de saillies et de mots piquants, et il ne faut pas que vous soyez attrapé par ces cousins-là. Adieu.

Il sort.

Entre LE DOCTEUR CAIUS.

CAIUS.

Où être mon hôte de la Zarretière?

L'HOTE.

Ici, maître docteur, en grande perplexité et dans un embarrassant dilemme.

CAIUS.

Ze ne sais pas ce qui se passe. Mais z'ai appris que vous faites de grands préparatifs pour un duc de Zar-

SCÈNE XVI.

manie. Sur mon âme, on n'attend à la cour la venue d'aucun duc. Ze vous dis cela dans votre intérêt. Adieu.

Il sort.

L'HOTE.

Haro! haro! Cours, coquin!... Assistez-moi, chevalier. Je suis ruiné! Cours, vite, crie haro! coquin, je suis perdu!

Sortent l'hôte et Bardolphe.

FALSTAFF.

Je voudrais que tout le monde fût mystifié; car moi jai été mystifié, et de plus battu. Si l'on venait à savoir à la cour comment j'ai été métamorphosé, et comment, dans mes métamorphoses, j'ai été trempé et bâtonné, on me ferait suer ma graisse goutte à goutte pour en huiler les bottes des pêcheurs : je garantis que tous me fustigeraient de leurs bons mots, jusqu'à ce que je fusse aplati comme une poire tapée. Je n'ai jamais prospéré depuis que j'ai triché à la prime. Ah! si j'avais seulement assez de souffle pour dire mes prières, je me repentirais.

Entre MISTRESS QUICKLY.

Allons! de quelle part venez-vous?

MISTRESS QUICKLY.

Eh! de la part des deux intéressés.

FALSTAFF.

Que le diable emporte l'une, et sa mère l'autre; et elles seront toutes deux bien loties! Pour l'amour d'elles j'ai souffert plus de choses, oui, plus que la misérable fragilité de la nature humaine n'en peut supporter.

MISTRESS QUICKLY.

Et est-ce qu'elles n'ont pas souffert? Oui, certes, je vous le garantis, spécialement l'une d'elles : mistress Gué, ce cher cœur! est bleue et noire de coups, au point que vous ne lui trouveriez pas une place blanche.

FALSTAFF.

Que me parles-tu de bleu et de noir? J'ai été, moi, tellement battu que je suis de toutes les couleurs de l'arc-en-ciel ; j'ai même failli être appréhendé au corps pour la sorcière de Brentford ; si l'admirable présence d'esprit avec laquelle j'ai su contrefaire la démarche d'une bonne vieille ne m'avait sauvé, le coquin de constable m'aurait mis aux ceps, aux ceps publics, comme sorcière.

MISTRESS QUICKLY.

Monsieur, permettez que je vous parle dans votre chambre, vous apprendrez comment les choses s'arrangent, et je vous garantis que vous serez content. Voici une lettre qui vous dira quelque chose. Chers cœurs, que de mal on a à vous mettre en présence ! Assurément, l'un de vous ne sert pas bien le ciel, pour que vous soyez ainsi traversés.

FALSTAFF.

Monte dans ma chambre.

Ils sortent.

Entrent Fenton *et* l'Hôte.

L'HOTE.

Maître Fenton, ne me parlez pas ; j'ai le cœur gros ; je renonce à tout.

FENTON.

— Écoutez-moi cependant. Assistez-moi dans mon projet, — et, foi de gentilhomme, je vous donnerai — cent livres en or, plus que vous n'avez perdu. —

L'HOTE.

Je vous écoute, maître Fenton, et je m'engage, tout au moins, à vous garder le secret.

FENTON.

— Je vous ai parlé plusieurs fois — du tendre amour que je porte à la jolie Anne Page ; — elle a répondu à mon affection, — autant qu'il lui est permis personnellement de le faire, — et que je puis le désirer. J'ai une lettre d'elle — dont le contenu vous émerveillera; — il y a une plaisanterie si bien mêlée à mon secret — que je ne puis révéler l'un — sans expliquer l'autre. Le gros Falstaff — doit jouer un grand rôle; les détails de la farce, je vous les montrerai ici tout au long.

Il lui montre une lettre.

Écoutez, mon bon hôte. — Cette nuit, entre minuit et une heure, au chêne de Herne, — ma bien-aimée Nanette doit représenter la reine des fées. — Pourquoi? Vous le verrez ici.

Il montre la lettre.

Sous ce déguisement, — tandis que les autres seront dans toute l'ardeur de leurs plaisanteries, — son père lui a commandé de s'esquiver — avec Slender, et d'aller avec lui à Éton — pour se marier immédiatement : elle a consenti. — D'un autre côté, — sa mère, fortement opposée à cette union, — et entêtée du docteur Caïus, a décidé — que celui-ci enlèverait Anne, pendant que les autres seraient préoccupés de leur jeu, — et l'épouserait aussitôt au Doyenné, — où un prêtre attend. Anne, feignant de se prêter — à ce complot de sa mère, a également — donné sa promesse au docteur. Maintenant, voici l'état des choses. — Son père veut qu'elle soit tout en blanc, — et que sous ce costume, au moment favorable — où Slender la prendra par la main et lui dira de partir, — elle parte avec lui. — Sa mère entend, — pour mieux la désigner au docteur — (car tous doivent être masqués et travestis), — qu'elle soit parée de vert, qu'elle ait une robe flottante, — avec des rubans épars chatoyant tout autour de sa tête; — et, quand le docteur verra l'occasion propice, — il devra lui pincer la main, et, à ce signal, — la jeune fille a consenti à partir avec lui.

L'HOTE.

— Et qui compte-t-elle tromper ? Son père ou sa mère ?

FENTON.

— Tous deux, mon cher hôte, pour partir avec moi. —Il ne faut plus qu'une chose : c'est que vous engagiez le vicaire — à m'attendre à l'église entre minuit et une heure, — et à unir solennellement nos cœurs — selon a formule légale du mariage.

L'HOTE.

— C'est bien, disposez tout pour votre projet ; moi, je vais chez le vicaire ; — amenez la fille, le prêtre ne vous fera pas défaut.

FENTON.

— Je t'en serai à jamais reconnaissant, — et je veux, au surplus, te récompenser dès à présent.

Ils sortent.

SCÈNE XVII.

[L'appartement de Falstaff.]

Entrent FALSTAFF et MISTRESS QUICKLY.

FALSTAFF.

Je t'en prie, assez de bavardage. Pars, je serai exact. C'est la troisième fois ; les nombres impairs portent bonheur, j'espère... En route, pars ! On dit que les nombres impairs ont une vertu divine, soit pour la naissance, soit pour la fortune, soit pour la mort... En route !

MISTRESS QUICKLY.

Je vous procurerai une chaîne, et je ferai ce que je pourrai pour vous avoir une paire de cornes.

FALSTAFF.

Partez, vous dis-je ; le temps se passe ; relevez la tête, et trottez menu.

Sort mistress Quickly.

Entre GUÉ.

Comment va, maître Fontaine? Maître Fontaine, l'affaire se conclura cette nuit, ou jamais. Soyez dans le parc vers minuit, au chêne de Herne, et vous verrez merveilles.

GUÉ.

Est-ce que vous n'êtes pas allé la voir hier, monsieur, selon la convention dont vous m'aviez parlé?

FALSTAFF.

Je suis allé chez elle, comme vous voyez, maître Fontaine, en pauvre vieux; mais je suis sorti de chez elle, maître Fontaine, en pauvre vieille. Ce coquin de Gué, son mari, maître Fontaine, est possédé du plus furieux démon de jalousie qui ait jamais gouverné un frénétique. Il m'a battu rudement sous ma forme de femme; car sous ma forme d'homme, maître Fontaine, avec le simple fuseau d'un tisserand, je ne craindrais pas Goliath; je sais d'ailleurs que la vie n'est qu'une navette. Je suis pressé; venez avec moi, et je vous dirai tout, maître Fontaine. Depuis le temps où je plumais les oies, où je faisais l'école buissonnière, et où je fouettais une toupie, je n'ai jamais su qu'hier ce que c'est que d'être battu. Accompagnez-moi : je vous dirai d'étranges choses de ce coquin de Gué; cette nuit je vais me venger de lui, et je remettrai sa femme dans vos mains... Venez; d'étranges choses se préparent, maître Fontaine! Venez.

Ils sortent.

SCÈNE XVIII.

[Les abords du parc de Windsor.]

Entrent PAGE, SHALLOW *et* SLENDER.

PAGE.

Venez, venez; nous nous coucherons dans le fossé du

château, jusqu'à ce que nous voyions la lumière de nos fées. Rappelle-toi bien ma fille, fils Slender.

SLENDER.

Oui, dame; je lui a parlé, et nous avons un mot d'ordre pour nous reconnaître l'un l'autre. J'irai à celle en blanc, et je lui crierai : *Motus!* Elle criera : *Budget!* Et par ça nous nous reconnaîtrons.

SHALLOW.

C'est bien; mais qu'avez-vous besoin de votre *motus* et de son *budget?* Le blanc vous la désignera suffisamment... Il est dix heures sonnées.

PAGE.

La nuit est sombre; la lumière et les apparitions n'en auront que plus d'effet. Que le ciel protége notre divertissement! Personne ne songe à mal, si ce n'est le diable, et nous le reconnaîtrons à ses cornes. Partons! suivez-moi.

Ils sortent.

Entrent MISTRESS PAGE, MISTRESS GUÉ *et le docteur* CAIUS.

MISTRESS PAGE.

Maître docteur, ma fille est en vert; quand vous verrez le moment propice, prenez-la par la main, emmenez-la au doyenné, et finissez-en vite. Allez dans le parc en avant. Il faut que nous allions toutes deux seules ensemble.

CAIUS.

Ze sais ce que ze dois faire; adieu.

MISTRESS PAGE.

Adieu, docteur.

Sort Caïus.

Mon mari éprouvera moins de plaisir à voir berner Falstaff que de colère à savoir sa fille mariée au docteur; mais n'importe : mieux vaut une petite gronderie qu'un grand crève-cœur.

MISTRESS GUÉ.

Où est Nanette avec sa troupe de fées? et Hugh, le diable welche?

MISTRESS PAGE.

Ils sont tous tapis dans un fossé près du chêne de Herne, avec des lumières cachées; et, au moment où Falstaff sera réuni à nous, ils feront tout d'un coup leur déploiement dans la nuit.

MISTRESS GUÉ.

Ça ne peut pas manquer de l'effarer.

MISTRESS PAGE.

S'il n'est pas effaré, il sera bafoué; s'il est effaré, il sera bafoué de plus belle.

MISTRESS GUÉ.

Nous allons joliment le trahir.

MISTRESS PAGE.

— Il n'y a pas de déloyauté à trahir — des libertins pareils et leur paillardise.

MISTRESS GUÉ.

L'heure approche : au chêne! au chêne!

Elles sortent.

SCÈNE XIX.

[Le parc de Windsor. Devant le chêne de Herne.]

Entrent sir HUGH EVANS et les FÉES.

EVANS.

Filez, filez, fées, allons, et rappelez-vous pien vos rôles. De la hardiesse, je vous prie ; suivez-moi dans le fossé, et quand je donnerai le signal, faites comme je vous ai dit. Venez, venez, filez, filez.

Ils se cachent.

Entre FALSTAFF, déguisé, ayant des cornes de cerf sur la tête

FALSTAFF.

La cloche de Windsor a sonné minuit. La minute approche. Maintenant, que les dieux au sang ardent m'assistent!... Souviens-toi, Jupin, que tu fus un taureau pour ton Europe; l'amour t'imposa des cornes. Oh! puissance de l'amour qui, dans certains cas, fait d'une bête un homme, et, dans d'autres, d'un homme une bête!... Jupiter, vous fûtes cygne aussi pour l'amour de Léda. O omnipotent amour! combien peu s'en est fallu que le dieu n'eût l'air d'une oie!... Première faute commise sous la forme d'une bête à cornes, ô Jupin faute bestiale! Seconde faute sous les traits d'une volaille, songes-y. Jupin, excès volage!... Quand les dieux ont l'échine si ardente, que peuvent faire les pauvres hommes? Pour moi, je suis un cerf de Windsor, et le plus gras, je pense, de la forêt. Rafraîchis pour moi la saison du rut, ô Jupin; sinon, qui pourra me blâmer de pisser mon suif?... Qui vient ici, ma biche?

Entrent MISTRESS GUÉ et MISTRESS PAGE.

MISTRESS GUÉ.

Sir John! Es-tu là, mon cerf, mon mâle chéri?

FALSTAFF.

Ma biche au poil noir? Maintenant, que le ciel fasse pleuvoir des patates! qu'il tonne sur l'air des *Manches vertes!* qu'il grêle des dragées aphrodisiaques et qu'il neige des érynges! Qu'une tempête de provocations éclate! je m'abrite ici.

Il l'embrasse.

MISTRESS GUÉ.

Mistress Page est venue avec moi, mon cher cœur.

FALSTAFF.

Partagez-moi comme un daim qu'on dépèce; cha-

SCÈNE XIX.

cune une hanche! Je garde mes côtes pour moi, mes épaules pour le garde du bois, et je lègue mes cornes à vos maris. Ne suis-je pas un veneur accompli? hein! est-ce que je ne parle pas comme Herne le chasseur?... Allons, Cupido est cette fois un garçon de conscience : il me dédommage. Foi de franc esprit, vous êtes les bienvenues.

Bruit derrière le théâtre.

MISTRESS PAGE.

Miséricorde! quel est ce bruit?

MISTRESS GUÉ.

Le ciel nous pardonne nos péchés!

FALSTAFF.

Qu'est-ce que ça peut être?

MISTRESS PAGE ET MISTRESS GUÉ.

Fuyons, fuyons!

Elles se sauvent.

FALSTAFF.

Je crois que le diable ne veut pas que je sois damné, de peur que l'huile qui est en moi ne mette le feu à l'enfer; autrement il ne me contrarierait pas ainsi.

Entrent sir Hugh Evans, déguisé en satyre; Pistolet, représentant Hobgoblin; Anne Page, vêtue comme la reine des Fées, accompagnée de son frère et d'autres, déguisés en fées, et portant sur la tête des flambeaux de cire allumés.

LA REINE DES FÉES.

— Fées noires, grises, vertes et blanches; — vous, joueuses du clair de lune, ombres de la nuit; — vous, créatures orphelines de l'immuable destinée; — faites votre office et votre devoir... — Crieur Hobgoblin, faites l'appel des fées.

PISTOLET.

— Elfes, écoutez vos noms; silence, espiègles aériens!
— Grillon, tu sauteras aux cheminées de Windsor; — et là

où le feu ne sera pas couvert, l'âtre pas balayé, — tu pinceras les servantes et leur feras des bleus foncés comme la myrtille. — Notre reine radieuse hait les salauds et la saleté.

FALSTAFF.

— Ce sont des fées, quiconque leur parle est mort; — je vais fermer les yeux et me coucher à terre. Nul être humain ne doit voir leurs œuvres.

Il s'étend la face contre terre.

EVANS.

— Où est Pède?... Allez, vous, et quand vous trouverez une fille — qui, avant de dormir, ait dit trois fois ses prières, charmez en elle les organes de la rêverie, — et quelle dorme du sommeil profond de l'insouciante enfance. — Mais ceux qui s'endorment sans songer à leurs péchés, — pincez-leur les pras, les jambes, le dos, les épaules, les côtes et les mollets.

LA REINE DES FÉES.

A l'œuvre ! à l'œuvre ! — Fouillez le château de Windsor, elfes, au dedans et au dehors; — semez la bonne chance, lutins, dans chacune de ses salles sacrées; — que jusqu'au jugement dernier il reste debout, — dans la plénitude de sa majesté; — que toujours le château soit digne du châtelain, le châtelain du château !— Ayez soin de frotter les fauteuils de l'ordre — avec le suc embaumé des fleurs les plus rares : — que chacune de ces belles stalles, chaque écu, chaque cimier, — soient à jamais ornés d'un blason loyal ! — Et vous, fées des prairies, chantez pendant la nuit — en formant un rond pareil au cercle de la Jarretière; — que sous la trace de vos pas la verdure naisse — plus épaisse et plus fraîche que dans tous les autres prés; — puis écrivez *Honni soit qui mal y pense* — en touffes émeraude, en fleurs pourpres, bleues et blanches, — éclatantes comme les saphirs, les perles et les riches broderies, — bouclés au-dessous des genoux fléchissants de la splendide chevalerie! — Les fées ont pour lettres les fleurs. — Allez, dispersez-vous ; mais, jusqu'à une heure, — n'oublions pas de danser notre ronde coutumière — autour du chêne de Herne le chasseur.

EVANS.

— Je vous en prie, mettez-vous en place, la main serrée dans la main ; — et vingt vers luisants nous serviront de lanternes — pour guider notre mesure autour de l'arpre. — Mais arrêtez! je sens un homme de la terre moyenne.

FALSTAFF.

Que les cieux me défendent de ce lutin welche! Il me métamorphoserait en un morceau de fromage.

PISTOLET.

— Vil reptile, tu as été atteint dès ta naissance du mauvais œil.

LA REINE DES FÉES.

— Qu'on me touche le bout de son doigt avec le feu de l'épreuve ; — s'il est chaste, la flamme descendra en arrière, — sans lui faire de mal ; mais s'il tressaille, — c'est qu'il a la chair d'un cœur corrompu.

PISTOLET.

— Une épreuve, allons!

EVANS.

Voyons, ce pois-là va-t-il prendre feu?

Tous le brûlent avec leurs flambeaux.

FALSTAFF.

Oh! oh! oh!

LA REINE DES FÉES.

— Corrompu, corrompu, souillé dans ses désirs! — Entourez-le, fées, chantez-lui les vers méprisants, — et, tout en courant, pincez-le en mesure.

CHANSON :

Fi des pensées pécheresses!
Fi du vice et de la luxure!

> La luxure n'est qu'un feu sanglant,
> Allumé par d'impurs désirs,
> Dont le foyer est au cœur et dont les flammes aspirent
> Toujours, et toujours plus haut, sous le souffle des pensées.
> Fées, pincez-le à l'envi ;
> Pincez-le pour sa vilenie ;
> Pincez-le, brûlez-le, et tournez autour de lui,
> Jusqu'à ce que les flambeaux, la lumière des étoiles
> Et le clair de lune soient éteints !

Durant ce chant, les fées pincent Falstaff. Le DOCTEUR CAIUS arrive d'un côté et enlève une fée habillée de vert ; SLENDER arrive d'un autre côté, et enlève une fée vêtue de blanc ; puis FENTON arrive et enlève Anne Page. Un bruit de chasse se fait entendre. Toutes les fées s'enfuient. Falstaff arrache sa tête de cerf et se redresse.

Entrent PAGE, GUÉ, MISTRESS PAGE et MISTRESS GUÉ. Ils se saisissent de Falstaff.

PAGE.

— Non, ne fuyez pas ; je pense que nous vous avons dompté cette fois. — Ne pouvez-vous donc réussir que sous la figure de Herne le chasseur ?

MISTRESS PAGE.

— Laissez-le, je vous prie ; ne poussons pas plus loin la plaisanterie... — Eh bien, bon sir John, comment trouvez-vous les dames de Windsor ?

Montrant les cornes de Falstaff.

Voyez-vous ça, mon mari ? Est-ce que ces belles ramures ne vont pas mieux à la forêt qu'à la ville ?

GUÉ, à Falstaff.

Eh bien, messire, qui donc est cocu à présent ?... Maître Fontaine, Falstaff est un drôle, un drôle de cocu ; voici ses cornes, maître Fontaine. Ainsi, maître Fontaine, de ce qui appartient à Gué il n'a eu que son panier à linge sale, son gourdin, et vingt livres d'argent, lesquelles devront être remboursées à maître Fontaine. Ses chevaux sont saisis en nantissement, maître Fontaine.

SCÈNE XIX.

MISTRESS GUÉ.

Sir John, nous n'avons pas eu de chance ; nous n'avons jamais pu avoir de tête-à-tête. Allons, je ne veux plus vous prendre pour amant, quelque chair que je puisse vous trouver.

FALSTAFF.

Je commence à m'apercevoir que j'ai été un âne.

GUÉ.

Oui, et un bœuf aussi : les preuves en existent.

FALSTAFF.

Ce ne sont donc pas des fées ? J'ai eu trois ou quatre fois dans l'idée que ce n'en était pas ; et pourtant mes remords de conscience, le brusque saisissement de mes facultés m'ont aveuglé sur la grossièreté de la mascarade et fait croire fermement, en dépit de toute rime et de toute raison, que c'étaient des fées. Voyez maintenant à quel ridicule l'esprit s'expose, quand il est mal employé.

EVANS.

Sir John Falstaff, servez Tieu, et renoncez à vos convoitises, et les fées ne vous pinceront plus.

GUÉ.

Bien dit, fée Hugh.

EVANS, à Gué.

Et vous aussi, renoncez à vos jalousies, je vous prie.

GUÉ.

Je ne me méfierai désormais de ma femme que quand tu seras capable de lui faire la cour en bon anglais.

FALSTAFF.

Ai-je donc laissé dessécher ma cervelle au soleil, qu'il ne m'en reste plus assez pour me prémunir contre une si grossière duperie ? Suis-je donc berné par un bouc gallois ? Me laisserai-je coiffer d'un bonnet d'âne welche ? Il ne me reste plus qu'à me laisser étrangler par un morceau de fromage grillé.

EVANS.

Le vromage ne se donne pas au peurre ; et votre pedaine est toute de peurre.

FALSTAFF.

Vromage et peurre ! Ai-je donc vécu pour être en butte aux railleries d'un être qui fait un hachis de l'anglais ? En voilà assez pour mortifier, par tout le royaume, le libertinage et les rôdeurs nocturnes.

MISTRESS GUÉ.

Allons, sir John, quand même nous aurions expulsé la vertu de nos cœurs par la tête et par les épaules, quand nous nous serions données sans scrupule à l'enfer, croyez-vous donc que jamais le diable vous eût fait agréer de nous ?

GUÉ.

Quoi ! un hoche-pot ! un ballot de chanvre !

MISTRESS PAGE.

Un homme tuméfié !

PAGE.

Vieux, glacé, flétri, et d'intolérables intestins !

GUÉ.

Et aussi médisant que Satan !

PAGE.

Et pauvre comme Job !

GUÉ.

Et mauvais comme sa femme !

EVANS.

Et adonné aux fornications, et aux tavernes, et au xérès, et au vin, et à l'hydromel, et à la poisson, et aux jurements, et aux effronteries, et au patati et au patata.

FALSTAFF.

Fort bien, je suis votre plastron : vous avez l'avantage sur moi ; je suis écrasé ; je ne suis pas capable de répondre à de la flanelle ¦welche. L'ignorance elle-même me toise. Traitez-moi à votre guise.

GUÉ.

Eh bien, monsieur, nous allons vous mener à Windsor à un certain maître Fontaine, à qui vous avez escroqué de l'argent, et dont vous deviez être l'entremetteur; entre toutes les mortifications que vous avez subies, la plus cuisante, je crois, ce sera de rembourser cet argent.

PAGE.

N'importe; sois gai, chevalier. Tu prendras ce soir chez moi un bon chaudeau; et je t'inviterai alors à rire de ma femme qui maintenant rit de toi : tu lui diras que maitre Slender a épousé sa fille.

MISTRESS PAGE, à part.

Il y a des docteurs qui doutent de ça : s'il est vrai qu'Anne Page soit ma fille, elle est à cette heure la femme du docteur Caïus.

Entre SLENDER.

SLENDER.

Houhou! ho! ho! père Page!

PAGE.

Eh bien, fils? eh bien, fils? Est-ce expédié?

SLENDER.

Expédié! Je défie le plus malin du comté de Glocester de s'y reconnaitre; et, s'il le fait, je veux être pendu.

PAGE.

Qu'y a-t-il, fils?

SLENDER.

Quand je suis arrivé là-bas à Éton pour épouser mistress Anne Page, elle s'est trouvée être un grand lourdaud de garçon. Si nous n'avions pas été dans l'église, je l'aurais étrillé, ou il m'aurait étrillé. Si je n'ai pas cru que ce fût Anne Page, je veux ne plus jamais bouger ; eh bien, c'était un postillon !

PAGE.

Sur ma vie, alors vous vous êtes mépris.

SLENDER.

Qu'avez-vous besoin de me le dire? je le crois bien, puisque j'ai pris un garçon pour une fille. Il avait beau être habillé en femme ; quand je l'aurais épousé, je n'aurais pas voulu de lui.

PAGE.

Eh ! c'est une bêtise que vous avez faite. Ne vous avais-je pas dit que vous reconnaîtriez ma fille à ses vêments ?

SLENDER.

Je suis allé à celle en blanc, et je lui ai crié *motus*, et elle m'a crié *budget*, comme Anne et moi nous en étions convenus ; et pourtant ce n'était pas Anne, mais un postillon !

MISTRESS PAGE, à Page.

Mon bon Georges, ne vous fâchez pas ; je savais votre projet ; j'ai travesti ma fille en vert ; et, en réalité, elle est maintenant avec le docteur au doyenné, où on les marie.

Entre Caius.

CAIUS.

Où est mistress Paze? Palsembleu. Ze suis zoué. Z'ai épousé un garçon, un *boy*, un paysan, palsembleu, un *boy* ! Ce n'est pas Anne Paze ; palsembleu, ze suis zoué !

MISTRESS PAGE.

Mais avez-vous pris celle en vert ?

CAIUS.

Oui, palsembleu, et c'était un garçon ; palsembleu, ze vais soulever tout Windsor.

Sort Caïus.

SCÈNE XIX.

GUÉ.

C'est étrange; qui a donc la vraie Anne?

PAGE.

J'ai une appréhension au cœur : voici maître Fenton.

Entrent FENTON *et* ANNE PAGE.

Qu'est-ce à dire, maître Fenton?

ANNE.

Pardon, bon père! ma bonne mère, pardon!

PAGE.

Eh bien, mistress? Comment se fait-il que vous ne soyez pas partie avec maître Slender?

MISTRESS PAGE.

Pourquoi n'êtes-vous pas partie avec monsieur le docteur, donzelle?

FENTON.

— Vous l'accablez! Écoutez la vérité. — Vous vouliez pour elle un mariage misérable, — où les sympathies n'eussent pas été assorties. — Le fait est qu'elle et moi, depuis longtemps fiancés, — nous sommes désormais si fermement unis que rien ne peut nous séparer. — Sainte est l'offense qu'elle a commise; — et ce stratagème ne saurait être traité de fraude, — de désobéissance, d'irrévérence, — puisque par là elle évite et écarte — les mille moments d'irréligieuse malédiction — qu'allait lui imposer un mariage forcé.

GUÉ.

— Ne restez pas ainsi consternés. Il n'y a pas de remède. — En amour, le ciel exerce un empire souverain; — les terres s'achètent par argent, les femmes s'acquièrent de par le sort! —

FALSTAFF.

Je suis ravi de voir que, bien que vous eussiez pris position pour m'atteindre, votre flèche a porté contre vous.

PAGE.

— Eh bien, quel remède? Fenton, que le ciel te tienne en joie! — Ce qui ne peut être évité doit être accepté.

FALSTAFF.

Quand les chiens chassent la nuit, toute proie leur est bonne.

MISTRESS PAGE.

— Soit, n'y pensons plus, maître Fenton! — Que le ciel vous accorde maintes, maintes journées de bonheur! — Mon cher mari, retournons tous à la maison, — et allons achever cette plaisanterie autour d'un feu de campagne, — sir John comme les autres.

GUÉ.

— Qu'il en soit ainsi!... Sir John — vous aurez encore tenu parole à maître Fontaine, — car il couchera cette nuit avec mistress Gué.

Ils sortent.

FIN DES JOYEUSES ÉPOUSES DE WINDSOR.

LA
COMÉDIE DES ERREURS

PERSONNAGES

SOLINUS, duc d'Éphèse.
ÉGÉON, marchand de Syracuse.
ANTIPHOLUS D'ÉPHÈSE, } frères jumeaux, fils d'Égéon et
ANTIPHOLUS DE SYRACUSE, }   d'Émilia.
DROMION D'ÉPHÈSE,   } frères jumeaux, au service des deux
DROMION DE SYRACUSE, }   Antipholus.
BALTHAZAR, marchand.
ANGELO, orfévre.
UN MARCHAND, ami d'Antipholus de Syracuse.
UN AUTRE MARCHAND, créancier d'Angelo.
PINCH, maître d'école et exorciste.
ÉMILIA, femme d'Égéon, abbesse à Éphèse.
ADRIANA, femme d'Antipholus d'Éphèse.
LUCIANA, sa sœur.
LUCE, sa servante.
UNE COURTISANE.
GEOLIERS, OFFICIERS, GENS DE SUITE.

La scène est à Éphèse.

SCÈNE I.

[Dans le palais du duc d'Éphèse.]

Entrent le Duc d'Éphèse et sa suite, ÉGÉON, un GEOLIER et des gardes.

ÉGÉON.

Poursuivez, Solinus, consommez ma perte, — et, par un arrêt de mort, terminez mes maux, terminez tout pour moi.

LE DUC.

— Marchand de Syracuse, cessez de plaider; — je ne suis pas assez partial pour enfreindre nos lois. — La haine et la discorde, récemment — provoquées par l'impitoyable cruauté de votre duc — envers d'honnêtes marchands, nos compatriotes, — qui, faute d'or pour racheter leurs vies, — ont scellé de leur sang ses rigoureux décrets, — bannissent toute pitié de nos regards menaçants. — Depuis les hostilités intestines et mortelles — soulevées entre tes séditieux compatriotes et nous, — il a été décidé, en assemblées solennelles, — et par les Syracusains et par nous-mêmes, — que tout trafic serait interdit entre nos villes ennemies ; — en outre, tout homme, né à Éphèse, qui se montre — dans les marchés et dans les foires de Syracuse, — tout Syracusain — qui aborde à la baie d'Éphèse, doit être mis à mort, — ses biens confisqués au profit du duc, — à moins qu'il ne fournisse mille marcs — de rançon pour racheter la pénalité. — Ton avoir, évalué au plus haut, — ne monte pas à cent marcs. — Conséquemment, tu es de par la loi condamné à mourir.

ÉGÉON.

— J'ai du moins cette consolation que, votre arrêt une fois prononcé, — mes maux se seront évanouis avec le soleil couchant.

LE DUC.

— Allons, Syracusain, dis-nous brièvement — pourquoi tu as quitté ton pays natal, — et pour quelle cause tu es venu à Éphèse.

ÉGÉON.

— On ne pouvait m'imposer une tâche plus pénible — que celle de dire mes indicibles malheurs. — Cependant, pour que le monde sache bien que je meurs — pour le seul crime d'avoir obéi à la nature, — je dirai ce que ma douleur me permettra de dire. — Je naquis à Syracuse, et j'épousai — une femme qui eût fait mon bonheur, — comme moi le sien, sans notre mauvaise étoile. — Je vivais avec elle en joie; notre fortune croissait, — grâce à d'heureux voyages que je faisais fréquemment, — à Épidamnum, quand mon facteur mourut. — La nécessité de veiller sur mes biens restés à l'abandon — m'arracha aux doux embrassements de mon épouse. — J'étais absent depuis six mois à peine, — quand elle-même, presque défaillante — sous la délicieuse peine infligée aux femmes, fit ses préparatifs pour me rejoindre, — et bientôt arriva saine et sauve où j'étais. — Peu de temps après, elle devint — l'heureuse mère de deux beaux garçons, — se ressemblant à tel point, chose étrange, — qu'ils ne pouvaient être distingués que par leur nom. — A la même heure et dans la même hôtellerie, — une pauvre femme fut délivrée — d'un fardeau pareil, deux garçons parfaitement semblables; — leurs parents étant dans une indigence extrême, — j'achetai ces enfants, et les élevai pour les mettre au service des miens. — Ma femme, qui n'était pas peu fière de ses deux fils, — insistait chaque jour pour notre retour à Syracuse. — J'y consentis à regret; trop tôt, hélas! Nous nous embarquâmes. — Partis d'Épidamnum, nous avions fait une lieue, — avant que la mer toujours obéissante au vent — nous fît pressentir aucun malheur tragique, — mais nous ne gardâmes pas plus longtemps notre espoir; — car bientôt le peu de lumière que nous accordait le ciel — ne fit que révéler à nos esprits épouvantés — l'alarmante certitude d'une mort immédiate. — Pour moi, je l'eusse accueillie volontiers; — mais les incessantes lamentations de ma femme, — d'avance éplorée de ce qui lui paraissait inévitable, — mais les plaintes touchantes de ces jolis enfants — qui pleuraient par instinct, ne sachant que craindre, — firent que je cherchai à reculer l'instant fatal pour eux et pour moi. — Voici le moyen que j'employai, à défaut d'autre. — Les matelots avaient cherché leur salut dans la chaloupe, — et nous avaient abandonné le vaisseau prêt à couler. — Ma femme, plus occupée de son dernier-né, — l'attacha à un de ces petits mâts de rechange — que les marins réservent pour les tempêtes; — avec lui, elle lia un des deux autres jumeaux, — tandis que moi, je m'occupais pareillement du couple restant. — Les enfants ainsi placés, ma femme et moi, — sans perdre des yeux ceux que nous devions surveiller, — nous nous attachâmes aux deux extrémités du mât; — et, flottant aussitôt à la merci du courant, — nous fûmes emportés, à ce qu'il nous sembla, dans la direction de Corinthe. — Enfin le soleil, dardant sur la terre, — dispersa les brumes qui nous accablaient ; — sous l'influence de sa lumière désirée, — a mer se calma, et nous distinguâmes — au loin deux navires qui venaient vers nous, — l'un du côté de Corinthe, l'autre du côté d'Épidaure. — Mais avant qu'ils nous eussent atteints... Oh! permettez que je n'en dise pas davantage. — Par ce qui précède devinez la suite.

LE DUC.

— Non, continue, vieillard; ne t'interromps pas ainsi; — tu peux obtenir notre pitié, sinon notre pardon.

ÉGÉON.

— Oh! si j'avais obtenu celle des dieux, je n'aurais pas eu — alors à les qualifier d'inexorables ! — Les deux navires étaient encore éloignés d'une dizaine de lieues — quand nous rencontrâmes un gros rocher ; — violemment lancé contre cet écueil, — notre secourable esquif se brisa par le milieu, — de telle sorte que, dans notre inique divorce, — la fortune laissa à ma femme et à moi — une consolation et un regret. — La moitié du mât qui la portait, pauvre âme, étant apparemment chargée — d'un poids moindre, mais non d'une moindre douleur, — fut emportée par le vent avec plus de vitesse, — et tous trois furent recueillis à nos yeux — par des pêcheurs de Corinthe, à ce que nous crûmes. — Enfin, un autre navire nous prit à son bord; — et, dès qu'ils surent qui ils avaient eu la chance de sauver, — les gens de l'équipage accordèrent les soins les plus empressés aux naufragés leurs hôtes; — ils voulaient même enlever leur proie aux pêcheurs; mais leur bâtiment n'était pas assez fin voilier, — et conséquemment ils dirigèrent leur course vers leur pays. — Vous savez maintenant comment j'ai été arraché à mon bonheur; — l'adversité n'a prolongé ma vie — que pour que je fisse le triste récit de ma propre infortune.

LE DUC.

— Au nom de ceux que tu pleures — ,fais-moi la faveur

de me conter en détail — ce qui vous est arrivé, à eux comme à toi, jusqu'à ce jour.

ÉGÉON.

— Mon plus jeune fils, l'ainé dans ma sollicitude, — à l'âge de dix-huit ans voulut s'enquérir — de son frère et me pressa de permettre — que son serviteur, comme lui-même, — privé d'un frère dont il ne se rappelait plus que le nom, l'accompagnât dans cette recherche. — Dans mon ardeur de revoir l'enfant que j'avais perdu, — j'ai risqué la perte de celui que j'aimais. — Pendant cinq étés j'ai voyagé dans les extrémités de la Grèce, — errant le long des confins de l'Asie, — et c'est au retour qu'en suivant les côtes, je suis venu à Éphèse, — sans espoir de retrouver mes fils, mais répugnant à laisser inexploré — un seul des lieux qui abritent l'homme. — Ici doit finir l'histoire de ma vie, — et je serais heureux de mourir à cette heure, — si tous mes voyages m'avaient donné la certitude de leur existence.

LE DUC.

— Malheureux Égéon que le sort a prédestiné — à subir les plus terribles extrémités de l'infortune, — crois-moi, si ce n'était pas une atteinte à nos lois, — à ma couronne, à mon serment, à cette dignité — que les princes ne peuvent prescrire, quand ils le voudraient, — mon âme te servirait d'avocat. — Mais, bien que tu sois condamné à mort, — et qu'une sentence prononcée ne puisse être révoquée — sans que notre honneur en soit grandement compromis, — je veux te favoriser autant qu'il m'est possible. — En conséquence, marchand, je t'accorde ce jour — pour chercher ton salut dans un secours bienfaisant. — Adresse-toi à tous les amis que tu as dans Éphèse. — Sollicite ou emprunte la somme nécessaire, — et tu vivras; sinon, tu es voué à la mort. — Geôlier, prends-le sous ta garde.

LE GEOLIER.

Oui, monseigneur.

ÉGÉON.

— Sans espoir, sans ressource, Egéon se retire, — mais à peine aura-t-il différé son agonie finale.

Ils sortent.

SCÈNE II.

(Une place publique.)

Entrent un MARCHAND, ANTIPHOLUS DE SYRACUSE et DROMION DE SYRACUSE.

LE MARCHAND, à Antipholus.

— Ainsi, déclarez que vous êtes d'Epidamnum, — si vous ne voulez pas que vos biens soient immédiatement confisqués. — Aujourd'hui même, un marchand syracusain — a été arrêté pour avoir débarqué ici ; — et, comme il n'a pas les moyens de racheter sa vie, — conformément aux statuts de la ville, — il doit mourir avant que le soleil fatigué se couche à l'occident, — Voilà votre argent que j'avais en dépôt.

ANTIPHOLUS DE SYRACUSE à Dromion.

— Va porter ça au *Centaure*, où nous logeons, — et reste là, Dromion, jusqu'à ce que je te rejoigne. — Il y a encore une heure d'ici au dîner ; — jusque-là, je vais étudier les mœurs de la ville, — voir les marchands, regarder les édifices, — et puis je reviendrai dormir à mon auberge, — car je suis accablé et harassé de ce long voyage. — Décampe.

DROMION DE SYRACUSE, prenant le sac d'argent.

— Bien des gens vous prendraient au mot — et décamperaient en effet, ayant une si bonne aubaine.

Sort Dromion de Syracuse.

ANTIPHOLUS DE SYRACUSE.

— Un honnête maraud, monsieur, qui bien souvent, —

quand je suis abattu par les soucis et la mélancolie, — allége mon humeur par ses propos joyeux. — Allons, voulez-vous faire un tour avec moi dans la ville, — et puis venir dîner avec moi à mon auberge ?

LE MARCHAND.

— Je suis invité, monsieur, chez certains marchands, — avec qui j'espère faire de gros bénéfices ; — je vous supplie de m'excuser. A cinq heures au plus tard, — si vous voulez, je vous rejoindrai au marché, — et ensuite je vous tiendrai compagnie jusqu'à l'heure du coucher. — Mes affaires m'éloignent de vous pour le moment.

ANTIPHOLUS DE SYRACUSE.

— Adieu jusque-là ! Je vais m'égarer, — et flâner en visitant la ville.

LE MARCHAND.

— Monsieur, je vous recommande à votre propre bonheur.

Il sort.

ANTIPHOLUS DE SYRACUSE.

— Celui qui me recommande à mon propre bonheur — me recommande à ce que je ne puis trouver. — Je suis en ce monde comme une goutte d'eau — qui cherche une autre goutte dans l'Océan ; — elle s'y laisse tomber pour y trouver sa pareille, — et, inaperçue, inquiète, s'y abîme : — ainsi moi, voulant trouver une mère et un frère, — malheureux je me perds à leur recherche.

Entre DROMION D'ÉPHÈSE.

— Voila l'almanach véridique de mon existence. — Eh bien, par quel hasard es-tu sitôt revenu ?

DROMION D'ÉPHÈSE.

— Sitôt revenu ? dites donc arrivé si tard ! — Le chapon brûle, le cochon tombe de la broche. — L'horloge a frappé douze coups, — et ma maîtresse en a frappé un... sur ma joue. — Elle s'est échauffée ainsi parce que le dîner a refroidi; — le dîner a refroidi parce que vous ne rentrez pas; — vous ne rentrez pas parce que — vous n'avez pas d'appétit; — vous n'avez pas d'appétit parce que vous avez déjeuné; — mais nous, qui savons par expérience ce que c'est que jeûner et prier, — nous faisons pénitence aujourd'hui par votre faute.

ANTIPHOLUS DE SYRACUSE.

— Contenez votre souffle, messire ; dites-moi, je vous prie, — où avez-vous laissé l'argent que je vous ai remis ?

DROMION D'ÉPHÈSE.

— Oh ! les six pennys que j'ai eus mercredi dernier, — pour payer au sellier la croupière de ma maîtresse ! — Le sellier les a eus, monsieur, je ne les ai pas gardés.

ANTIPHOLUS DE SYRACUSE.

— Je ne suis pas en humeur de rire à ce moment; — dis-moi, sans badinage, où est l'argent ? — Nous sommes étrangers ici ; comment oses-tu — te dessaisir d'un dépôt si considérable ?

DROMION D'ÉPHÈSE.

— De grâce, monsieur, vous plaisanterez quand vous serez à table; — je viens à vous au galop de la part de ma maîtresse; — si je retourne sans vous, elle me donnera un vrai galop, — en faisant pâtir ma caboche pour votre faute. — Il me semble que votre estomac, comme le mien, devrait vous servir d'horloge — et vous rappeler au logis sans qu'il fût besoin de messager.

ANTIPHOLUS DE SYRACUSE.

— Allons, Dromion, allons, ces plaisanteries sont hors de saison; — réserve-les pour une heure plus gaie : — où est l'or que je t'ai donné à garder ?

DROMION D'ÉPHÈSE.

— A moi, monsieur? Mais vous ne m'avez pas donné d'or.

ANTIPHOLUS DE SYRACUSE.

— Allons donc, messire drôle, cesse de batifoler, — et dis-moi ce que tu as fait de ce dont je t'ai chargé.

DROMION D'ÉPHÈSE.

— Je n'ai été chargé que d'une chose, c'est d'aller vous chercher au marché — et de vous ramener dîner chez vous, au Phénix, monsieur; — ma maîtresse et sa sœur vous attendent.

ANTIPHOLUS DE SYRACUSE.

— Allons, répondez-moi, dites-moi — en quel lieu sûr vous avez déposé mon argent, — ou, foi de chrétien, je briserai cette tête folle — qui s'obstine au badinage quand je n'y suis pas disposé. — Où sont les mille marcs que tu as eus de moi?

DROMION D'ÉPHÈSE.

— J'ai eu quelques marques de vous sur ma caboche, — quelques marques de ma maîtresse sur mes épaules, — mais le tout ne va pas à mille. — Si je les restituais à votre révérence, — peut-être ne les empocherait-elle pas patiemment.

ANTIPHOLUS DE SYRACUSE.

— Les marques de ta maîtresse ! Quelle maîtresse as-tu donc, maraud?

DROMION D'ÉPHÈSE.

— Eh ! la femme de votre révérence, ma maîtresse, là-bas au Phénix, — qui jeûne en attendant que vous veniez dîner — et qui prie que vous accouriez pour dîner.

ANTIPHOLUS DE SYRACUSE.

— Quoi! tu persistes à me narguer en face — malgré ma défense ! Tiens, attrape-ça, messire drôle.

Il le frappe.

DROMION D'ÉPHÈSE.

— Quelle idée avez-vous, monsieur? Au nom du ciel, retenez vos mains. — Ah ! si vous ne le voulez pas, je vais jouer des talons.

Il s'enfuit.

ANTIPHOLUS DE SYRACUSE, seul.

— Sur ma vie, par un artifice ou par un autre, — le maraud se sera laissé escamoter tout mon argent. — On dit que cette ville est pleine d'escrocs, — d'agiles jongleurs qui trompent les yeux, — de nécromans ténébreux qui changent l'esprit, — de sorcières, assassines de l'âme, qui déforment le corps, — de fripons déguisés, de charlatans bavards, — et de bien d'autres adeptes du péché. — Si cela est, je n'en partirai que plus tôt. — Je vais au *Centaure* chercher ce maroufle; — je crains fort que mon argent ne soit en danger.

Il sort.

SCÈNE III.

[Le Phénix.]

Entrent ADRIANA et LUCIANA.

ADRIANA.
— Ils ne reviennent pas ! ni mon mari, ni l'esclave — que j'avais envoyé chercher son maître en si grande hâte! — Sûrement, Luciana, il est deux heures.

LUCIANA.
— Peut-être quelque marchand l'aura-t-il invité, — et sera-t-il allé dîner quelque part en sortant du marché. — Bonne sœur, dînons, et ne vous tourmentez pas. — Les hommes sont maîtres de leur liberté. — Le moment seul est leur maître; et, au gré du moment, — ils vont et viennent. Cela étant, patience, ma sœur.

ADRIANA.
— Pourquoi leur liberté serait-elle plus grande que la nôtre?

LUCIANA.
— Parce que leurs occupations sont toujours au dehors.

ADRIANA.

— Mais, si j'en faisais autant que lui, il le prendrait mal.

LUCIANA.

— Oh ! sachez-le, il est la bride de votre volonté.

ADRIANA.

— Il n'y a que les ânes qui se laissent brider ainsi.

LUCIANA.

— Une liberté rétive est fouettée par le malheur. — Il n'y a rien sous l'œil du ciel, — rien sur la terre, dans la mer, dans le firmament, qui n'ait sa borne. — Les femelles des quadrupèdes, des poissons et des oiseaux — sont assujetties à leurs mâles, et sous leur autorité. — L'homme, plus divin, le maître de tout cela, — le souverain du continent immense et des solitudes humides de la mer, — placé par le sens intellectuel et par l'âme — bien au dessus du poisson et de l'oiseau, — est le seigneur et maître de sa femelle ; — ainsi, que votre volonté se soumette à sa convenance.

ADRIANA.

— C'est cette servitude-là qui vous empêche de vous marier.

LUCIANA.

— Non, c'est la crainte des tribulations du lit conjugal.

ADRIANA.

— Mais, si vous étiez mariée, vous voudriez avoir quelque ascendant.

LUCIANA.

— Avant d'apprendre à aimer, je m'exercerai à obéir.

ADRIANA.

— Et si votre mari allait soupirer ailleurs ?

LUCIANA.

— J'attendrais patiemment qu'il revînt à moi.

ADRIANA.

—Nulle merveille que la patience inattaquée reste calme. — On peut être doux quand on n'a pas de raison d'être autrement. — Une misérable créature, meurtrie par l'adversité, — crie-t-elle, nous lui disons de se taire. — Mais si nous avions à porter un égal poids de douleur, — nous nous plaindrions autant, et plus encore. — Ainsi toi, qui n'as pas de mari méchant qui t'afflige, — tu crois me soulager en me prêchant une impuissante patience; — mais, si tu vis assez pour voir tes droits également méconnus, — tu renonceras alors à cette folle patience.

LUCIANA.

—Eh bien, je me marierai un jour, rien que pour essayer; — voici votre valet, votre mari n'est pas loin.

Entre DROMION D'ÉPHÈSE.

ADRIANA.

—Parlez, votre maitre retardataire vous suit-il?

DROMION D'ÉPHÈSE.

—Ah! il ne m'a que trop poursuivi, mes deux oreilles peuvent l'attester!

ADRIANA.

—Lui as-tu parlé? connais-tu ses intentions?

DROMION D'ÉPHÈSE.

—Oui, oui, il me les a dites à l'oreille : — maudit bras! je n'y ai vu que du feu. —

LUCIANA.

A-t-il donc parlé d'une manière si trouble que tu n'aies pu même sentir sa pensée?

DROMION D'ÉPHÈSE.

Ses expressions étaient si nettes que je n'en ai été que trop frappé, et en même temps elles étaient si troubles que je n'y ai vu que du feu.

ADRIANA.

—Mais dis-moi, je te prie, revient-il à la maison?—Il semble qu'il se préoccupe fort de plaire à sa femme!

DROMION D'ÉPHÈSE.

—Assurément, maitresse, mon maitre a des lunes.

ADRIANA.

—Des lunes, maraud!

DROMION D'ÉPHÈSE.

— Je ne prétends pas dire qu'il porte cornes, comme le croissant; — mais il est complétement lunatique. — Quand je l'ai prié de revenir dîner, —il m'a réclamé mille marcs d'or. — *C'est l'heure de dîner*, disais-je. *Mon or!* disait-il.— *La viande brûle*, disais-je. *Mon or!* disait-il. *Allez-vous revenir?* disais-je. *Mon or!* disait-il. — *Où sont les mille marcs que je t'ai remis, maraud?* — *Le cochon est brûlé*, disais-je. *Mon or!* disait-il. — *Monsieur*, disais-je, *ma maîtresse... Peste soit de ta maîtresse! — Je ne connais pas ta maîtresse, au diable ta maîtresse!*

LUCIANA.

Qui disait ça?

DROMION D'ÉPHÈSE.

Mon maître! — *Je ne connais*, disait-il, *ni maison, ni femme, ni maîtresse.* — Si bien que le message dont devait être chargée ma langue, — grâce à lui, je le rapporte sur mes épaules; — car, en conclusion, c'est là qu'il m'a battu.

ADRIANA.

— Retourne, maraud, et ramène-le bellement.

DROMION D'ÉPHÈSE.

— Moi, retourner! pour être battu de plus belle! — Au nom du ciel, envoyez quelque autre messager.

ADRIANA.

— Retourne, maroufle, ou je te fends la caboche en quatre.

DROMION D'ÉPHÈSE.

— Et lui, il sanctifiera par de nouveaux soufflets la croix que vous m'aurez faite ; — entre vous deux j'aurai une sacrée tête !

ADRIANA.

— Hors d'ici, méchant bavard ! ramène ton maître, et rondement.

DROMION D'ÉPHÈSE.

— Suis-je donc rond avec vous, autant que vous l'êtes avec moi, — pour que vous me relanciez comme une balle de paume ? — Vous me chassez d'ici, lui me chasse de là-bas ; — si je reste à ce service-là, au moins revêtez-moi de cuir (20).

Il sort.

LUCIANA.

— Fi ! comme l'impatience assombrit votre visage !

ADRIANA.

— Il faut qu'il accorde à ses mignonnes la faveur de sa compagnie, — tandis qu'à la maison je suis affamée d'un regard aimable. — L'âge brutal a-t-il enlevé les séductions de la beauté — à mon pauvre visage ? eh bien, c'est lui qui l'a ravagé. — Ma conversation est-elle ennuyeuse, mon esprit stérile ? — Si je n'ai plus la parole vive et piquante, — c'est que son insensibilité, plus dure que le marbre, l'a émoussée. — Est-ce par leurs parures éclatantes qu'elles amorcent ses affections ? — Ce n'est pas ma faute : il est le maître de ma fortune. — Quelles ruines y a-t-il en moi qui n'aient été — ruinées par lui ? Si je suis défigurée, — c'est lui qui en est cause. Un regard radieux de lui — réparerait bien vite ma beauté délabrée. — Mais lui, cher indocile, il a brisé sa cage, — et cherche pâture ailleurs ; et moi, pauvrette, je ne suis plus que son chaperon.

LUCIANA.

— Funeste jalousie ! fi ! bannissez-la.

ADRIANA.

— D'insensibles niaises sont seules exemptes de ces tourments-là ! — Je sais que ses yeux portent ailleurs leur hommage ; — autrement, qu'est-ce qui l'empêcherait d'être ici ? — Sœur, vous savez qu'il m'a promis une chaîne : — je voudrais que ce fût la seule chose qu'il me laissât désirer, — et qu'il restât fidèle au lit conjugal. — Je le vois, le joyau le mieux émaillé — doit perdre sa beauté ; l'or a beau résister — au toucher, à la longue le toucher doit — user l'or, et il n'y a pas un homme — dont la fausseté et la corruption ne finissent par déparer le caractère. — Puisque ma beauté ne peut plus charmer ses yeux, — je veux, à force de pleurer, en détruire les restes et mourir.

LUCIANA.

— Que de pauvres insensées obéissent à la folle jalousie !

Elles sortent.

SCÈNE IV.

[La place publique.]

Entre ANTIPHOLUS DE SYRACUSE.

ANTIPHOLUS DE SYRACUSE.

— L'or que j'avais remis à Dromion est déposé — en sûreté au *Centaure* ; et le zélé maraud — est sorti pour aller à ma recherche. — D'après le calcul et le rapport de l'hôte, — je n'ai pas pu parler à Dromion depuis le moment — où je l'ai renvoyé du marché... Justement, le voici qui vient.

Entre DROMION DE SYRACUSE.

— Eh bien, monsieur, votre joyeuse humeur s'est-elle modifiée ? — Si vous aimez les coups, recommencez vos plaisanteries. — Vous ne connaissez pas le *Centaure!* Vous n'avez pas reçu d'or! — Votre maîtresse vous a envoyé me chercher pour dîner! — Je demeure au *Phénix!* Étais-tu fou — de me faire des réponses aussi folles?

DROMION DE SYRACUSE.

— Quelles réponses, monsieur? quand ai-je dit de pareilles paroles?

ANTIPHOLUS DE SYRACUSE.

— A l'instant, ici même, il n'y a pas une demi-heure.

DROMION DE SYRACUSE.

— Je ne vous ai pas vu depuis que vous m'avez renvoyé d'ici — au Centaure avec l'or que vous m'aviez remis.

ANTIPHOLUS DE SYRACUSE.

— Maraud, tu as nié avoir reçu cet or; — et tu m'as parlé d'une maîtresse et d'un dîner, — sornettes qui m'ont fort déplu, tu l'as senti, j'espère.

DROMION DE SYRACUSE.

— Je suis bien aise de vous voir dans cette joyeuse veine. — Que signifie cette plaisanterie? dites-le-moi, maître, je vous en prie.

ANTIPHOLUS DE SYRACUSE.

— Oui-dà, tu railles, et tu me nargues en face? — Crois-tu que je plaisante? Tiens, attrape ça, et ça.

Il le frappe.

DROMION DE SYRACUSE.

— Arrêtez, monsieur, au nom du ciel; votre plaisanterie devient grave. — A quel propos me houspillez-vous ainsi?

ANTIPHOLUS DE SYRACUSE.

— Parce que familièrement parfois — je vous prends pour mon bouffon et je cause avec vous, — votre impertinence se rit de ma bienveillance, — et en prend à son aise avec mes moments sérieux. — Quand le soleil brille, que les moucherons espiègles s'ébattent, soit; — mais qu'ils se fourrent dans des trous quand le soleil cache ses rayons. — Si vous voulez badiner avec moi, étudiez mon visage, — et réglez vos façons sur ma mine, — ou j'inculquerai violemment le savoir-vivre à votre esprit fort.

DROMION DE SYRACUSE.

Vous croyez mon esprit fort; j'aimerais mieux que vous le crussiez faible et que votre batterie cessât. Si vous persistez à frapper, il faudra que je le fortifie tout de bon; sans quoi, il me retomberait en cervelle sur les épaules. Mais, de grâce, monsieur, pourquoi suis-je battu?

ANTIPHOLUS DE SYRACUSE.

Est-ce que tu ne le sais pas?

DROMION DE SYRACUSE.

Je ne sais rien, monsieur, sinon que je suis battu.

ANTIPHOLUS DE SYRACUSE.

Faut-il que je vous en dise le motif?

DROMION DE SYRACUSE.

Oui, monsieur, et le pourquoi; car on dit que tout a son pourquoi.

ANTIPHOLUS DE SYRACUSE.

— C'est d'abord parce que tu t'es gaussé de moi; et ensuite — parce que tu as recommencé.

Il le frappe de nouveau.

DROMION DE SYRACUSE.

— Fut-on jamais ainsi battu hors de saison? — Vos motifs n'ont, monsieur, ni rime ni raison. — Merci bien!

ANTIPHOLUS DE SYRACUSE.

Vous me remerciez, monsieur! et de quoi?

DROMION DE SYRACUSE.

Eh bien, monsieur, de me donner ainsi quelque chose pour rien.

ANTIPHOLUS DE SYRACUSE.

Je te dédommagerai la prochaine fois, en ne te donnant

rien pour quelque chose. Mais dites-moi, monsieur, est-il temps de dîner?
DROMION DE SYRACUSE.
Non, monsieur; je crois qu'il manque au rôti ce que j'ai eu.
ANTIPHOLUS DE SYRACUSE.
Et quoi donc, s'il vous plaît?
DROMION DE SYRACUSE.
Une bonne sauce.
ANTIPHOLUS DE SYRACUSE.
Eh bien, il sera desséché, voilà tout.
DROMION DE SYRACUSE.
En ce cas, monsieur, je vous prie de n'y pas toucher.
ANTIPHOLUS DE SYRACUSE.
Pour quelle raison?
DROMION DE SYRACUSE.
De peur que vous ne vous mettiez en colère, et que vous ne me sauciez encore une fois.
ANTIPHOLUS DE SYRACUSE.
Allons, monsieur, apprenez à ne plaisanter qu'à propos. Il y a temps pour tout.
DROMION DE SYRACUSE.
C'est ce que j'aurais nié, avant que vous fussiez si colère.
ANTIPHOLUS DE SYRACUSE.
En vertu de quel argument, monsieur?
DROMION DE SYRACUSE.
En vertu d'un argument aussi peu tiré par les cheveux que peut l'être le crâne chauve du vieux Temps lui-même.
ANTIPHOLUS DE SYRACUSE.
J'écoute.
DROMION DE SYRACUSE.
Il n'y a pas de temps pour recouvrer ses cheveux, quand on est devenu chauve.

SCÈNE IV.

ANTIPHOLUS DE SYRACUSE.

Ne peut-on pas les recouvrer par quelque expédient?

DROMION DE SYRACUSE.

Oui, en faisant emplette d'une perruque, et en recouvrant les cheveux perdus d'un autre.

ANTIPHOLUS DE SYRACUSE.

Pourquoi le Temps est-il aussi avare envers nous de l'excrément capillaire, si commun d'ailleurs?

DROMION DE SYRACUSE.

Parce que c'est une bénédiction qu'il prodigue aux bêtes; quant aux hommes, ce qu'il leur retire en poil, il le leur rend en esprit.

ANTIPHOLUS DE SYRACUSE.

Mais il y a bien des hommes qui ont encore plus de cheveux que d'esprit.

DROMION DN SYRACUSE.

Il n'est pas un d'eux qui n'ait encore l'esprit de perdre ses cheveux.

ANTIPHOLUS DE SYRACUSE.

Eh! tu affirmais tout à l'heure que les hommes les plus chevelus étaient des gens simples et sans esprit.

DROMION DE SYRACUSE.

Plus l'homme est simple, plus il est sujet à perdre ses cheveux; et encore il les perd en grande gaîté.

ANTIPHOLUS DE SYRACUSE.

Pour quelle raison?

DROMION DE SYRACUSE.

Pour deux raisons valides.

ANTIPHOLUS DE SYRACUSE.

Ne dis pas valides, je te prie.

DROMION DE SYRACUSE.

Eh bien, pour deux raisons sûres.

ANTIPHOLUS DE SYRACUSE.

Ne dis pas sûres, quand il s'agit de telles erreurs!

DROMION DE SYRACUSE.
Eh bien, pour deux certaines raisons.
ANTIPHOLUS DE SYRACUSE.
Dis-les.
DROMION DE SYRACUSE.
La première, c'est qu'il économise l'argent qu'il dépenserait en frisure ; la seconde, c'est qu'il ne craint pas qu'à dîner ses cheveux tombent dans sa soupe.
ANTIPHOLUS DE SYRACUSE.
Vous avez voulu tout ce temps prouver qu'il n'y a pas temps pour tout.
DROMION DE SYRACUSE.
Eh bien, je l'ai prouvé, monsieur : il n'y a pas de temps pour recouvrer ses cheveux, quand on les a perdus.
ANTIPHOLUS DE SYRACUSE.
Mais vous ne démontrez pas par une raison solide pourquoi il n'y a pas de temps pour les recouvrer.
DROMION DE SYRACUSE.
Voici comment je l'explique : le Temps lui-même est chauve, et conséquemment il voudra, jusqu'à la fin du monde, avoir un cortége de chauves.
ANTIPHOLUS DE SYRACUSE.
Je savais bien que ta conclusion serait chauve. Mais tout beau ! qui donc nous fait signe là-bas ?

Entrent Adriana *et* Luciana.

ADRIANA.
— Oui, oui, Antipholus, prends un air indifférent, maussade même ; — tes tendres regards sont réservés à quelque maîtresse ; — je ne suis pas Adriana, je ne suis pas ta femme ! — Il fut un temps où volontiers tu jurais — qu'il n'était point de parole harmonieuse à ton oreille, — point d'objet agréable à ton regard, — point de contact doux à ta main, — point de mets assaisonné à ton

goût, — si je n'étais là pour te parler, te contempler, te toucher, te servir. — Comment se fait-il donc, mon mari, oh! comment se fait-il — que tu te renies ainsi toi-même? — Je dis toi-même, puisque tu me renies, moi — qui, inséparable de toi, confondue avec toi, — suis plus que la meilleure portion de ton cher être. — Ah! ne t'arrache pas de moi; — car, sache-le, mon amour, autant vaudrait laisser tomber — une goutte d'eau dans l'Océan qui se brise — et tenter de la retirer entière — sans addition ni diminution — que tenter de te séparer de moi sans m'entraîner avec toi. — Combien profondément tu te sentirais blessé — si tu apprenais que je suis infidèle, — et que ce corps, à toi consacré, — est flétri par une infâme luxure! — Ne me cracherais-tu pas au visage? ne me chasserais-tu pas? — Ne me jetterais-tu pas le nom d'époux à la face? — Ne déchirerais-tu pas la peau souillée de mon front impudique? — N'arracherais-tu pas l'anneau nuptial de ma main perfide, — et ne le briserais-tu pas avec un serment de divorce éternel? — Je le sais, tu ferais tout cela; eh bien, fais-le donc. — J'ai sur moi la tache de l'adultère! — La fange de la luxure est mêlée à mon sang! — Car, si tous deux nous ne sommes qu'un, et si tu es infidèle, — j'ai dans les veines le poison de ta chair, — et je suis prostituée par ta contagion. — Garde donc ton amour et ta foi à ton lit légitime; — alors je vis sans tache, et toi sans déshonneur!

ANTIPHOLUS DE SYRACUSE.

— Est-ce à moi que vous parlez, belle dame? Je ne vous connais pas. — Je suis à Éphèse depuis deux heures seulement, — aussi étranger à votre ville qu'à ce que vous me dites; — j'ai eu beau mettre toute mon intelligence à étudier chacune de vos paroles, — l'intelligence me manque pour en comprendre une seule.

LUCIANA.

— Fi, mon frère ! comme tout est changé avec vous ! — Quand avez-vous jamais traité ma sœur ainsi ? — Elle vous a envoyé chercher par Dromion pour dîner.

ANTIPHOLUS DE SYRACUSE.

Par Dromion ?

DROMION DE SYRACUSE.

Par moi ?

ADRIANA.

— Par toi ; et tu m'as rapporté pour réponse — qu'il t'avait souffleté, en niant — que ma maison fût la sienne et que je fusse sa femme.

ANTIPHOLUS DE SYRACUSE, à Dromion.

— Avez-vous conversé, monsieur, avec cette dame ? — Quel est le sens et le but de votre complot ?

DROMION DE SYRACUSE.

— Moi, monsieur ? je ne l'ai jamais vue jusqu'ici.

ANTIPHOLUS DE SYRACUSE.

— Maraud, tu mens ; car tu m'as rapporté — son message en propres termes sur la place du marché.

DROMION DE SYRACUSE.

— Je ne lui ai jamais parlé de ma vie.

ANTIPHOLUS DE SYRACUSE.

— Comment alors peut-elle ainsi nous appeler par nos noms, — à moins que ce ne soit par inspiration ?

ADRIANA.

— Qu'il sied mal à votre gravité — de jouer cette comédie grossière avec votre esclave, — en l'excitant à me contrarier dans ma tristesse ! — C'est assez pour mon malheur que vous me délaissiez ; — n'outrez pas cet outrage par un surcroît de mépris... — Allons, je veux m'attacher à ton bras : — mon mari, tu es l'ormeau, moi, je suis la vigne ; — ma faiblesse, en épousant ta forte nature, — me communiquera ta force. — Si quelque chose te sépare de moi, c'est quelque plante de rebut, — lierre parasite, ronce ou mousse stérile, — qui, faute d'être élaguée, devient envahissante, — corrompt ta séve et vit de ta ruine.

ANTIPHOLUS DE SYRACUSE.

— C'est à moi qu'elle parle, c'est moi qu'elle prend pour thème de ses invocations! — Quoi! l'aurais-je épousée en rêve? — ou serais-je endormi à présent, et songerais-je que j'entends tout ceci? — Quelle erreur égare nos oreilles et nos yeux? — Jusqu'à ce que j'aie éclairci cette incertitude, — je veux me prêter à l'illusion qui s'offre.

LUCIANA.

— Dromion, va dire aux valets de servir le dîner.

DROMION DE SYRACUSE, à part.

— Ah! où est mon chapelet? Je me signe, comme un pécheur. — C'est ici le pays des fées... O mésaventure des mésaventures! — Nous parlons à des lutins, à des goules, à des elfes; — si nous ne leur obéissons pas, il s'ensuivra ceci, — qu'ils avaleront notre haleine ou qu'ils nous pinceront jusqu'au noir, jusqu'au bleu!

LUCIANA.

— Que marmonnes-tu là, au lieu de répondre? — Dromion, frelon, limaçon, fainéant, sot que tu es!

DROMION DE SYRACUSE, à Antipholus.

— Je suis métamorphosé, maître, n'est-ce pas?

ANTIPHOLUS DE SYRACUSE.

— Je crois que tu l'es dans l'âme, ainsi que moi.

DROMION DE SYRACUSE.

— Non, je suis métamorphosé, corps et âme.

ANTIPHOLUS DE SYRACUSE.

— Tu as bien ta propre forme.

DROMION DE SYRACUSE.

— Non, je suis un sapajou.

LUCIANA.

— Si tu es changé en quelque chose, c'est en âne.

DROMION DE SYRACUSE.

— C'est vrai, elle me surmène, et j'aspire à paître. — C'est exact, je suis un âne ; autrement il serait impossible — que je ne la reconnusse pas comme elle me reconnaît.

ADRIANA.

— Allons, allons, je ne veux plus être assez bête — pour me mettre le doigt dans l'œil et pleurer, — pendant que maître et valet se moquent de mes chagrins. — Mon mari, je veux dîner avec vous aujourd'hui, — et vous faire confesser mille méchantes escapades... — Maraud, si quelqu'un demande votre maître, — répondez qu'il dîne dehors, et ne laissez entrer personne. — Venez, sœur... Dromion, faites bien votre office de portier.

ANTIPHOLUS DE SYRACUSE.

— Suis-je sur terre, au ciel ou en enfer ? — endormi ou éveillé, fou ou dans mon bon sens? — connu d'elles et méconnaissable pour moi-même? — Je dirai comme elles, j'irai jusqu'au bout, — et je me laisserai aller à toute aventure dans ce brouillard.

DROMION DE SYRACUSE.

— Maître, ferai-je l'office de portier?

ADRIANA.

— Oui, et ne laissez entrer personne, ou je vous fends la caboche.

LUCIANA.

— Venez, venez, Antipholus ; nous dînons trop tard.

Ils sortent.

SCÈNE V.

[Devant le Phénix.]

Entrent Antipholus d'Éphèse, Dromion d'Éphèse, Angelo et Balthazar.

ANTIPHOLUS D'ÉPHÈSE.

— Bon signor Angelo, il faut que vous nous excusiez. — Ma femme est maussade quand je ne suis pas à l'heure. — Vous direz que je me suis attardé dans votre boutique — à voir faire sa chaîne, — et que demain vous l'apporterez à la maison.

Montrant Dromion.

— Mais voici un maraud qui me soutient en face — qu'il m'a rencontré au marché, que je l'ai battu, — en lui réclamant mille marcs d'or, — et que j'ai renié ma femme et ma maison! — Ivrogne, que veux-tu dire par là?

DROMION D'ÉPHÈSE.

— Dites ce que vous voudrez, monsieur, mais je sais ce que je sais : — que vous m'avez battu, j'ai votre grffe pour le prouver. — Si ma peau était un parchemin et vos coups de l'encre, — votre propre écriture attesterait ce que je déclare,

ANTIPHOLUS.

— Je déclare que tu es un âne.

DROMION D'ÉPHÈSE.

Dame, on le croirait — aux mauvais traitements que j'endure et aux coups que je reçois. — Je devrais ruer, quand on me frappe; et en ce cas — vous feriez bien de prendre garde à mes coups de pied, et de vous défier de l'âne.

ANTIPHOLUS D'ÉPHÈSE.

— Vous êtes triste, signor Balthazar, Dieu veuille que

notre menu — réponde à ma bonne volonté et à l'empressement de mon accueil.

BALTHAZAR.

— J'attache peu de prix à la bonne chère, monsieur, et un grand prix à votre bon accueil.

ANTIPHOLUS D'ÉPHÈSE.

— Oh! signor Balthazar, en fait de viande ou de poisson, — le meilleur accueil ne vaut pas un bon plat.

BALTHAZAR.

— La bonne chère est commune, monsieur; le premier rustre venu peut l'offrir.

ANTIPHOLUS D'ÉPHÈSE.

— Et un bon accueil est plus commun encore; il n'est fait que de paroles.

BALTHAZAR.

— Petite chère et grand accueil font un joyeux festin.

ANTIPHOLUS D'ÉPHÈSE.

— Oui, pour un hôte ladre, et un convive fort sobre. — Mais, si mesquin que soit mon menu, acceptez-le de bonne grâce; — on peut vous offrir chère meilleure, mais non de meilleur cœur. — Mais tout beau! Ma porte est fermée... Va dire qu'on nous ouvre.

DROMION D'ÉPHÈSE, allant à la porte.

— Madelon, Brigitte, Marianne, Cécile, Julienne, Jenni!

DROMION DE SYRACUSE, de l'intérieur.

— Môme, rosse, chapon, bélître, idiot, paillasse! — Retire-toi de la porte, si tu ne veux pas faire faction devant le guichet. — Fais-tu une évocation de filles, que tu en appelles une telle cargaison, — quand c'est déjà trop d'une? Allons, retire-toi de la porte.

DROMION D'ÉPHÈSE.

— Quel paillasse nous a-t-on donné pour portier? Mon maître attend dans la rue.

SCÈNE V.

DROMION DE SYRACUSE, de l'intérieur.

— Qu'il retourne là d'où il vient, s'il ne veut pas attraper froid aux pieds.

ANTIPHOLUS D'ÉPHÈSE.

— Qui donc parle là?... Holà ! ouvrez la porte.

DROMION DE SYRACUSE, de l'intérieur.

— A merveille, monsieur, je vous dirai quand dès que vous m'aurez dit pourquoi.

ANTIPHOLUS D'ÉPHÈSE.

— Pourquoi? Pour que j'aie mon dîner. Je n'ai pas dîné aujourd'hui.

DROMION DE SYRACUSE, de l'intérieur.

— Et vous n'aurez pas à dîner ici aujourd'hui, revenez quand vous pourrez.

ANTIPHOLUS D'ÉPHÈSE.

— Qui es-tu, toi qui m'empêches d'entrer chez moi ?

DROMION DE SYRACUSE, de l'intérieur.

— Le portier pour le moment, monsieur, et mon nom est Dromion.

DROMION D'ÉPHÈSE.

— Ah! coquin, tu m'as volé et mon office et mon nom. — L'un m'a toujours valu peu de considération, — l'autre force rebuffades. — Si aujourd'hui tu avais été Dromion à ma place, — tu aurais volontiers donné ta face pour un nom, et ton nom pour celui d'un âne.

LUCE, de l'intérieur.

— Quel est ce vacarme? Dromion, qui est donc à la porte?

DROMION D'ÉPHÈSE.

— Faites entrer mon maître, Luce.

LUCE, de l'intérieur.

— Ma foi, non ; il vient trop tard ; — dites-le bien à votre maître.

DROMION D'ÉPHÈSE.

Seigneur ! voilà qui est risible ! — Holà, vous ! Voulez-vous de mon bâton ?

LUCE, de l'intérieur.

— Holà, vous ! Comment l'entendez-vous ?

DROMION DE SYRACUSE, de l'intérieur.

— Si ton nom est Luce, Luce, tu as parfaitement répliqué.

AMTIPHOLUS D'ÉPHÈSE.

— Écoutez, vous, mignonne ! Vous nous permettrez d'entrer, j'espère.

LUCE, de l'intérieur.

— Je croyais vous l'avoir demandé.

DROMION DE SYRACUSE, de l'intérieur.

— Et vous avez refusé.

DROMION D'ÉPHÈSE.

Allons, soutenez le dialogue. Bien riposté ! coup pour coup !

ANTIPHOLUS D'ÉPHÈSE.

— Allons, bagasse, laisse-nous entrer.

LUCE, de l'intérieur.

— Pourriez-vous me dire au nom de qui ?

DROMION D'ÉPHÈSE.

— Maître, frappez à la porte, fort.

LUCE, de l'intérieur.

— Qu'il frappe jusqu'à ce qu'il lui en cuise !

ANTIPHOLUS D'ÉPHÈSE, frappant à la porte.

— Vous pâtirez pour ça, mignonne, si une fois j'enfonce la porte.

LUCE, de l'intérieur.

— Que nous mporte ! Il y a un pilori dans la ville.

ADRIANA, de l'intérieur.

— Qui donc est à la porte à faire tout ce bruit ?

DROMION DE SYRACUSE, de l'intérieur.

— Sur ma parole, votre ville est infestée de mauvais garnements.

ANTIPHOLUS D'ÉPHÈSE.

— Est-ce vous, ma femme? Vous auriez pu venir plus tôt.

ADRIANA, de l'intérieur.

— Votre femme, messire drôle! allons, retirez-vous de la porte.

DROMION D'ÉPHÈSE.

— Maître, si vous étiez déjà froissé, voilà un *drôle* qui va vous blesser.

ANGELO.

— On ne trouve ici ni bonne chère ni bon accueil; et nous aurions souhaité l'un ou l'autre.

BALTHAZAR.

— Nous qui nous demandions lequel est préférable, nous n'obtiendrons ni l'un ni l'autre.

DROMION D'ÉPHÈSE, ironiquement, à Antipholus.

— Ils attendent à votre porte, maître; empressez-vous donc de les accueillir.

ANTIPHOLUS D'ÉPHÈSE.

— Il y a quelque chose dans l'air : nous ne pouvons pas entrer.

DROMION D'ÉPHÈSE.

— Vous sentiriez l'air mieux encore, maître, si vous étiez vêtu légèrement. — Votre dîner est bien chaud chez vous, pendant qu'ici vous restez au frais. — Être ainsi attrapé! il y a de quoi rendre un homme furieux comme une bête à cornes.

ANTIPHOLUS D'ÉPHÈSE.

— Va me chercher quelque chose ; je vais enfoncer la porte.

DROMION DE SYRACUSE, de l'intérieur.

— Oui, brisez ici n'importe quoi, et je vais vous rompre votre caboche de coquin.

DROMION D'ÉPHÈSE.

— On peut bien rompre avec vous une parole ou deux; les paroles ne sont qu'un souffle ; — eh bien, je voudrais vous en briser une à la face, pour ne pas faire lâchement les choses.

DROMION DE SYRACUSE, de l'intérieur.

— Il paraît que tu as besoin de briser... La peste soit de toi, rustre !

DROMION D'ÉPHÈSE.

— C'est trop fort ?... *La peste soit de toi !* Je t'en prie, laisse-moi entrer.

DROMION DE SYRACUSE, de l'intérieur.

— Oui, quand les moutons n'auront pas de laine, et les poissons pas de nageoires.

ANTIPHOLUS D'ÉPHÈSE.

— Allons, je vais enfoncer la porte. Va me chercher un bélier.

DROMION D'ÉPHÈSE.

— Un bélier dépourvu de laine, c'est ainsi que vous l'entendez, maitre?

A Dromion de Syracuse.

— S'il n'y a pas de poisson sans nageoires, il y a du moins des béliers sans laine. — Et nous allons voir, coquin, si un de ces béliers-là pourra nous faire entrer.

ANTIPHOLUS D'ÉPHÈSE.

— Allons, va vite me chercher un bélier de fer.

BALTHAZAR.

— Patience, monsieur ! Oh ! n'en faites rien. — Vous attaqueriez ainsi votre réputation, — en mettant à la portée du soupçon — l'honneur immaculé de votre femme. — Encore un mot... La longue expérience que vous avez de sa sagesse, — sa chaste vertu, son âge, sa modestie, — plaident à sa décharge quelque cause inconnue de vous ; — n'en doutez pas, monsieur, elle s'excusera parfaitement — de vous avoir ainsi fermé la porte. — Croyez-moi, retirez-vous tranquillement, — et allons dîner au *Tigre*; — puis, vers le soir, vous reviendrez seul — savoir le motif de cette étrange expulsion. — Si vous tentez d'entrer de vive force, — au moment le plus animé de la journée, — le vulgaire fera là-dessus des commentaires. — Contre votre réputation encore intacte, — la multitude élèvera des soupçons odieux — qui pourront plus tard forcer la porte de votre tombeau — et peser sur vous jusque dans la mort. — Car la calomnie se perpétue comme par succession ; — dès qu'elle s'est logée quelque part, elle s'y fixe à jamais.

ANTIPHOLUS D'ÉPHÈSE.

— Vous m'avez décidé. Je vais partir en paix, — et, si difficile que me soit la gaieté, je prétends m'égayer. — Je connais une donzelle d'une conversation charmante, — jolie et spirituelle, mauvaise et pourtant bonne. — C'est chez elle que nous dînerons; à propos de cette fille — ma femme (sans motif, je le jure), — m'a souvent fait la guerre. — Nous irons dîner chez elle.

A Angelo.

Retournez chez vous — chercher la chaîne; elle doit être terminée maintenant ; — rapportez-la-moi, je vous prie, au *Porc-Épic*; — c'est là le logis. La chaîne, — quand ce ne serait que pour vexer ma femme, — j'en ferai cadeau à mon hôtesse; dépêchez-vous, cher monsieur. — Puisque ma propre porte me refuse l'hospitalité, — j'irai frapper ailleurs, et je verrai si on m'y repousse.

ANGELO.

— J'irai vous rejoindre là, dans une heure environ.

ANTIPHOLUS D'ÉPHÈSE.

— Faites. Cette plaisanterie-là me coûtera un peu **cher**.

Ils sortent.

SCÈNE VI.

[Même lieu.]

Entrent LUCIANA et ANTIPHOLUS DE SYRACUSE.

LUCIANA.

— Et est-il possible que vous ayez oublié si complétement — les devoirs d'un mari? Se peut-il, Antipholus, — que la fleur printanière de votre amour pourrisse à son printemps? — L'amour peut-il menacer ruine avant d'être édifié? — Si vous avez épousé ma sœur pour sa fortune, — traitez-la avec plus d'égards, ne fût-ce qu'à cette considération. — Ou bien, si vous aimez ailleurs, aimez en secret; — masquez votre amour perfide d'une aveuglante apparence; — que ma sœur ne lise pas dans vos yeux. — Que votre langue ne soit pas l'organe de votre propre honte; — ayez l'air tendre et la parole douce, parez la déloyauté; — habillez le vice comme le héraut de la vertu; - ayez un front pur, si taré que soit votre cœur; — donnez au péché l'attitude d'un saint; — soyez discrètement trompeur. A quoi bon lui tout révéler? — Quel voleur est assez simple pour se vanter de son forfait? — Vous êtes doublement coupable d'être infidèle à votre lit, — et de lui laisser lire à table dans vos regards. — La honte, bien ménagée, obtient une considération bâtarde; — les mauvaises actions sont doublées par une mauvaise parole. — Hélas! pauvres femmes, faites-nous seulement croire, — crédules comme nous le sommes, que vous nous aimez: — si d'autres on le bras, montrez-nous la manche. — Nous tournons dans votre mouvement, et vous nous émouvez à votre gré. — Ainsi, mon gentil frère, rentrez; — consolez ma sœur, rassurez-la, appelez-la votre femme. — C'est une sainte manœuvre que d'être un peu faux, — quand le doux souffle de la flatterie peut maîtriser la discorde.

ANTIPHOLUS DE SYRACUSE.

— Chère dame (car je ne sais quel autre nom vous donner, — et par quel prodige vous avez deviné le mien), — vos lumières et vos grâces font de vous — la merveille de la terre, une créature divine, plus que terrestre! — Apprenez-moi, chère, ce que je dois penser et dire; — dévoilez à mon grossier entendement terrestre, — étouffé sous l'erreur, faible, superficiel, chétif, — le sens caché de vos décevantes paroles. — Pourquoi, en dépit de sa pure loyauté, vous efforcez-vous — d'égarer mon âme dans une région inconnue? — Êtes-vous un dieu? Prétendez-vous me créer à nouveau? — Alors transformez-moi, et je céderai à votre puissance. — Mais, si je suis ce que je suis, je suis bien sûr — que votre sœur éplorée n'est pas ma femme, — et que je ne dois pas hommage à son lit. — Bien plus, bien plus, je me sens entraîné vers vous. — Oh! ne m'attire pas par tes chants, suave sirène, — pour me noyer dans le flot des larmes de ta sœur: — chante, sirène, mais pour toi-même, et je raffolerai; — étends sur les vagues d'argent ta chevelure d'or, — et je ferai d'elle mon lit, et je m'y coucherai; — et, dans ce glorieux rêve, je regarderai — comme un bien de pouvoir mourir ainsi. — Que mon idéal amour soit noyé s'il s'y abîme!

LUCIANA.

— Êtes-vous fou de raisonner ainsi?

ANTIPHOLUS DE SYRACUSE.

— Je ne suis pas fou, mais aveuglé, je ne sais pas comment.

LUCIANA.

— C'est la faute de vos yeux.

ANTIPHOLUS DE SYRACUSE.

— C'est pour avoir de trop près regardé vos rayons, beau soleil.

LUCIANA.

— Fixez vos regards où vous le devez, et cela éclaircira votre vue.

ANTIPHOLUS DE SYRACUSE.

— Autant fermer les yeux, ma bien-aimée, que regarder la nuit.

LUCIANA.

— Pourquoi m'appelez-vous votre bien-aimée? Appelez ainsi ma sœur.

ANTIPHOLUS DE SYRACUSE.

— La sœur de ta sœur.

LUCIANA.

Ma sœur !

ANTIPHOLUS DE SYRACUSE.

Non, — C'est toi, toi, la meilleure portion de moi-même, — la vision radieuse de ma vision, le cœur le plus profond de mon cœur profond, — mon aliment, ma fortune, le but de mon doux espoir, — le ciel unique de ma terre, et ma part de ciel !

LUCIANA.

— Ma sœur est tout cela, ou devrait l'être.

ANTIPHOLUS DE SYRACUSE.

— Sois donc cette sœur, ma charmante, car c'est toi que j'ai en vue ; — c'est toi que je veux aimer, avec toi que je veux passer ma vie — Tu n'as pas encore de mari, ni moi de femme ; — donne-moi ta main !

LUCIANA.

Oh ! doucement, monsieur, tenez-vous tranquille ; — je vais chercher ma sœur pour lui demander son consentement.

Sort Luciana.

Entre, sortant de la maison, DROMION DE SYRACUSE.

ANTIPHOLUS DE SYRACUSE.

Eh bien, Dromion? où cours-tu si vite?

DROMION DE SYRACUSE.

Vous me reconnaissez, monsieur? Suis-je Dromion? Suis-je votre homme? Suis-je moi-même?

ANTIPHOLUS DE SYRACUSE.

Tu es Dromion, tu es mon homme, tu es toi-même.

DROMION DE SYRACUSE.

Je suis un âne, je suis l'homme d'une femme, et hors de moi.

ANTIPHOLUS DE SYRACUSE.

De qu'elle femme es-tu l'homme, et comment es-tu hors de toi?

DROMION DE SYRACUSE.

Eh bien, monsieur, je ne m'appartiens plus, je suis la propriété d'une femme, une femme qui prétend à moi, qui me hante, qui me veut.

ANTIPHOLUS DE SYRACUSE.

Quelles prétentions peut-elle avoir sur toi?

DROMION DE SYRACUSE.

Eh! monsieur, juste les mêmes prétentions que vous pourriez avoir sur votre cheval; elle me réclame comme une bête; ce n'est pas que je sois une bête et qu'elle me réclame à ce titre; mais c'est qu'elle-même est une créature fort bestiale et qu'elle me veut.

ANTIPHOLUS DE SYRACUSE.

Qui est-elle?

DROMION DE SYRACUSE.

Une fort respectable personne, et dont on ne peut parler sans dire : *sauf votre respect*. Je n'ai fait qu'une maigre affaire dans ce marché-là, et pourtant c'est un mariage prodigieusement gras.

ANTIPHOLUS DE SYRACUSE.

Qu'entends-tu par mariage gras?

DROMION DE SYRACUSE.

Eh! monsieur, c'est la fille de cuisine, et elle est toute en graisse; je ne sais pas à quoi l'employer, à moins d'en faire une lampe pour me sauver d'elle à sa propre lumière. Je vous garantis que ses hardes, avec leur suif, brûleraient tout un hiver de Pologne. Si elle vit jusqu'au jugement dernier, elle brûlera une semaine de plus que tout le monde.

ANTIPHOLUS DE SYRACUSE.

De quelle couleur est-elle?

DROMION DE SYRACUSE.

Basanée comme mon soulier; mais sa figure est bien loin d'être aussi propre. Pourquoi? Parce qu'elle sue tant qu'un honnête homme en aurait de la crasse au-dessus de la cheville.

ANTIPHOLUS DE SYRACUSE.

C'est un défaut que l'eau corrigera.

DROMION DE SYRACUSE.

Non, monsieur, c'est dans le grain; le déluge de Noé n'y pourrait rien.

ANTIPHOLUS DE SYRACUSE.

Quel est son nom?

DROMION.

Latone, monsieur; mais son nom triplé, c'est-à-dire une triple tonne, ne la mesurerait pas d'une hanche à l'autre.

ANTIPHOLUS DE SYRACUSE.

Elle est donc d'une certaine taille?

DROMION DE SYRACUSE.

Elle n'est pas plus longue de la tête aux pieds que d'une hanche à l'autre; elle est sphérique comme un globe; je pourrais trouver tous les pays en elle (21).

ANTIPHOLUS DE SYRACUSE.

Dans quelle partie de son corps est située l'Irlande.

DROMION DE SYRACUSE.

Eh bien, monsieur, dans ses fesses; je l'ai reconnue aux marécages.

ANTIPHOLUS DE SYRACUSE.

Où est l'Écosse?

DROMION DE SYRACUSE.

Je l'ai reconnue à l'aridité et à l'âpreté; elle est dans la paume de sa main.

ANTIPHOLUS DE SYRACUSE.

Et la France?

DROMION DE SYRACUSE.

Dans son front, armé, hérissé et continuellement soulevé... à contre-poil.

ANTIPHOLUS DE SYRACUSE.

Où est l'Angleterre?

DROMION DE SYRACUSE.

J'en ai cherché les falaises crayeuses, mais je n'ai rien trouvé de blanc. Je conjecture qu'elle doit être dans sa mâchoire inférieure, par le flux âcre qui coulait entre la France et elle.

ANTIPHOLUS DE SYRACUSE.

Où est l'Espagne?

DROMION DE SYRACUSE.

Ma foi, je ne l'ai pas vue, mais j'en ai senti les chaleurs dans son haleine.

ANTIPHOLUS DE SYRACUSE.

Où sont l'Amérique, les Indes?

DROMION DE SYRACUSE.

Oh! monsieur, sur son nez, tout enrichi de rubis, d'escarboucles, de saphirs déployant leurs splendeurs à la chaude haleine de l'Espagne, laquelle envoyait des armadas entières de galions se lester à son nez.

ANTIPHOLUS DE SYRACUSE.

Où sont situés la Belgique, les Pays-Bas ?

DROMION DE SYRACUSE.

Oh! monsieur, je n'ai pas regardé si bas. Pour conclure, cette souillon, cette stryge a revendiqué ses droits sur moi, m'a appelé Dromion, m'a juré que je lui étais dévolu, m'a dit quels signes particuliers j'ai sur moi, la marque à mon épaule, le signe à mon cou, la grosse verrue à mon bras gauche; si bien que, tout ébahi, je me suis sauvé d'elle comme d'une sorcière. Et je crois que, si je n'avais pas eu la poitrine cuirassée de foi et un cœur d'acier, elle m'aurait transformé en caniche, et m'aurait fait tourner le tourne-broche.

ANTIPHOLUS DE SYRACUSE.

— Va, cours vite à la rade ; — et, pour peu que le vent qui souffle nous éloigne du rivage, — je ne veux pas rester cette nuit dans cette ville. — S'il y a une barque en partance, reviens au marché — me le dire; je vais m'y promener. — Si chacun nous connaît ici sans que nous connaissions personne, — il est, je crois, urgent de plier bagage et de décamper.

DROMION DE SYRACUSE.

— Comme on se sauve d'un ours, à toutes jambes, — je fuis, moi, celle qui prétend être ma femme.

Il sort.

ANTIPHOLUS DE SYRACUSE.

— Il n'y a que des sorcières qui habitent ce pays ; — et, par conséquent, il est grand temps que je m'en aille. — Celle qui m'appelle son mari, je l'abhorre — comme épouse du fond de l'âme; mais sa charmante sœur, — douée d'une grâce si gentiment souveraine, — d'une conversation et d'un maintien si enchanteurs, — m'a presque rendu traître à moi-même. — Mais, pour ne pas être le complice de ma ruine, — je veux fermer l'oreille aux chants de la sirène.

Entre ANGELO.

ANGELO.

— Maître Antipholus?

ANTIPHOLUS DE SYRACUSE.

Oui, c'est là mon nom.

ANGELO.

— Je le sais, monsieur. Tenez, voici la chaîne; — je croyais vous rattraper au *Porc-Épic;* — mais la chaîne n'était pas finie, et c'est ce qui m'a retardé si longtemps.

Elle lui offre une chaîne d'or.

ANTIPHOLUS DE SYRACUSE.

— Que désirez-vous que je fasse de ceci?

ANGELO.

— Ce qui vous plaira à vous-même, monsieur; je l'ai faite pour vous.

ANTIPHOLUS DE SYRACUSE.

— Vous l'avez faite pour moi! je ne l'ai pas commandée!

ANGELO.

— Pas une fois ni deux fois, mais vingt fois; — rentrez avec elle, et gratifiez-en votre femme : — bientôt, à l'heure du souper, je vous ferai visite, — et alors je recevrai l'argent de ma chaîne.

ANTIPHOLUS DE SYRACUSE.

— Veuillez, monsieur, recevoir l'argent maintenant; — sans quoi vous pourriez bien ne revoir ni chaîne ni argent.

ANGELO.

— Vous êtes jovial, monsieur; adieu.

Il sort.

ANTIPHOLUS DE SYRACUSE.

— Que penser de ceci? je ne saurais le dire; — mais ce que je pense, c'est qu'il n'y a pas d'homme assez sot

— pour refuser l'offre d'une si belle chaîne. — Je vois qu'ici un homme n'est pas réduit à vivre d'expédients, — puisqu'il lui arrive dans les rues des présents aussi massifs. — Je vais au marché pour y attendre Dromion. — S'il y a un navire qui appareille, en route sur-le-champ !

Il sort.

SCÈNE VII.

[Une place.]

Entrent un Marchand, Angelo et un Officier de justice.

LE MARCHAND.

— Vous savez, la somme est due depuis la Pentecôte, — et depuis lors je ne vous ai pas beaucoup importuné, — et je ne le ferais même pas aujourd'hui si, devant partir — pour la Perse, je n'avais besoin de florins pour mon voyage. — Veuillez donc vous acquitter sur-le-champ, — ou je vous fais arrêter par cet officier.

ANGELO.

— J'ai à recevoir d'Antipholus — juste la somme que je vous dois ; — et, au moment où je vous ai rencontré, — je venais de lui remettre une chaîne ; à cinq heures, — j'en toucherai l'argent. — Veuillez m'accompagner jusque chez lui, — j'acquitterai mon engagement, et de plus je vous remercierai.

Entrent Antipholus d'Éphèse et Dromion d'Éphèse.

L'OFFICIER.

— Vous pouvez vous épargner cette peine ; le voici qui vient.

ANTIPHOLUS D'ÉPHÈSE, à Dromion.

— Pendant que je vais chez l'orfèvre, va, toi, — acheter un bout de corde ; j'en ferai des largesses — à ma femme et à ses complices, — pour leur apprendre à me fermer ma porte

en plein jour. — Mais doucement! j'aperçois l'orfèvre; détale, — achète une corde et apporte-la-moi à la maison.
DROMION D'ÉPHÈSE.
— J'achète mille livres de revenu! j'achète une corde!

Sort Dromion.
ANTIPHOLUS D'ÉPHÈSE, à Angelo.
— On est bien avisé de se fier à vous! — J'avais promis votre présence et la chaîne; — mais ni chaîne ni orfèvre ne sont venus. — Vous avez cru apparemment que nos amours dureraient trop longtemps — si elles étaient liées par une chaîne, et voilà pourquoi vous n'êtes pas venu.
ANGELO.
— N'en déplaise à votre humeur joviale, voici la note — du poids de votre chaîne jusqu'au dernier carat, — du titre de l'or et des frais de la façon : — le tout se monte à trois ducats de plus — que je ne dois à ce monsieur. — Je vous prie d'acquitter immédiatement ma créance, — car il va s'embarquer et n'attend plus que ça.
ANTIPHOLUS D'ÉPHÈSE.
— Je n'ai pas sur moi la somme nécessaire ; — et puis j'ai une affaire en ville. — Bon signor, menez cet étranger chez moi, — prenez avec vous la chaîne, et dites à ma femme — d'en solder le prix en la recevant ; — peut-être serai-je là-bas aussitôt que vous.
ANGELO.
— Alors vous voudrez bien lui porter la chaîne vous-même.
ANTIPHOLUS D'ÉPHÈSE.
— Non, emportez-la avec vous, dans la crainte que je n'arrive pas à temps.
ANGELO.
— Eh bien, monsieur, soit. Avez-vous la chaîne sur vous?
ANTIPHOLUS D'ÉPHÈSE.
— Si je ne l'ai pas, monsieur, j'espère bien que vous

l'avez ; — autrement vous pourriez vous en retourner sans votre argent.

ANGELO.

— Allons, je vous en prie, monsieur, donnez-moi la chaîne. — Le vent et la marée réclament ce monsieur, — et je suis blâmable de l'avoir retenu ici si longtemps.

ANTIPHOLUS D'ÉPHÈSE.

— Bon Dieu ! vous usez de ce badinage pour excuser — votre manque de parole au rendez-vous du *Porc-Épic* ; — ce serait à moi de vous gronder pour ne pas l'avoir apportée, — et c'est vous, querelleur, qui tout le premier me cherchez noise !

LE MARCHAND, à Angelo.

— L'heure avance ; je vous en prie, monsieur, dépêchez-vous.

ANGELO, à Antipholus.

— Vous voyez comme il m'importune : la chaîne !

ANTIPHOLUS D'ÉPHÈSE.

— Eh bien, portez-la à ma femme, et vous toucherez votre argent.

ANGELO.

— Allons, allons, vous savez bien que je vous l'ai remise à l'instant : — ou envoyez la chaîne, ou envoyez un mot par moi.

ANTIPHOLUS D'ÉPHÈSE.

— Fi ! vous poussez cette plaisanterie trop loin. — Allons, où est la chaîne ? faites-la-moi voir, je vous prie.

LE MARCHAND.

— Mes affaires ne peuvent plus admettre ce badinage. — Cher monsieur, dites-moi si vous voulez me payer, ou non ; — sinon, je vais le livrer à l'officier.

ANTIPHOLUS D'ÉPHÈSE.

— Moi, vous payer ! qu'ai-je donc à vous payer ?

ANGELO.

— L'argent que vous me devez pour la chaîne !

ANTIPHOLUS D'ÉPHÈSE.

— Je ne vous dois rien tant que je n'ai pas reçu la chaîne.

ANGELO.

— Vous savez bien que je vous l'ai donnée, il y a une demi-heure.

ANTIPHOLUS D'ÉPHÈSE.

— Vous ne m'avez rien donné ; vous m'offensez fort en disant cela.

ANGELO.

— Vous m'offensez plus fort, monsieur, en le niant. — Considérez qu'il y va de mon crédit.

LE MARCHAND, montrant Angelo.

— Eh bien, officier, arrêtez-le à ma requête.

L'OFFICIER, à Angelo.

— Je vous arrête, et je vous somme, au nom du duc, de m'obéir.

ANGELO, à Antipholus.

— Ceci me touche dans ma réputation. — Consentez à payer cette somme pour moi, — ou je vous fais appréhender par cet officier.

ANTIPHOLUS D'ÉPHÈSE.

— Que je consente à te payer pour ce que je n'ai pas eu ! — Arrête-moi, être stupide, si tu l'oses !

ANGELO, à l'officier.

— Voici tes honoraires ; officier, arrête-le. — Je n'épargnerais pas mon propre frère en pareil cas, — s'il se jouait de moi aussi ouvertement.

L'OFFICIER, à Antipholus.

— Je vous arrête, monsieur ; vous avez entendu la requête.

ANTIPHOLUS D'ÉPHÈSE.

— Je t'obéis en attendant que je t'aie donné caution. — Mais vous, coquin, vous me paierez cher cette plaisanterie ; — tout le métal de votre boutique m'en répondra.

ANGELO.

— Monsieur, monsieur, j'obtiendrai justice à Éphèse, — pour votre honte, je n'en doute pas, pour votre honte notoire.

Entre Dromion de Syracuse.

DROMION DE SYRACUSE, à Antipholus.

— Maître, il y a une barque d'Épidamnum — qui n'attend plus que son patron — pour mettre à la voile; j'ai fait porter, monsieur, — nos bagages à son bord, et j'ai acheté — de l'huile, du baume et de l'eau-de-vie. — Le navire est tout appareillé ; le vent favorable — souffle gaîment de la terre : on n'attend plus — que le patron, maître, et vous-même.

ANTIPHOLUS D'ÉPHÈSE.

— Ah çà! es-tu fou? animal stupide, — quel est le navire d'Épidamnum qui m'attend?

DROMION DE SYRACUSE.

— Le navire où vous m'avez envoyé arrêter notre passage!

ANTIPHOLUS D'ÉPHÈSE.

— Misérable ivrogne! je t'ai envoyé en quête d'une corde, — et je t'ai dit à quelle intention, et dans quel but.

DROMION DE SYRACUSE.

— Vous m'avez envoyé aussi bien me faire pendre ! — Allons, monsieur, vous m'avez envoyé à la baie en quête d'un navire.

ANTIPHOLUS D'ÉPHÈSE.

— Je discuterai cette affaire-là plus à loisir, — et j'ap-

prendrai à vos oreilles à m'écouter avec plus d'attention.
— Maraud, cours vite chez Adriana, — donne-lui cette clef, et dis-lui que, dans le bureau — qui est couvert d'un tapis turc, — il y a une bourse de ducats ; qu'elle me l'envoie : — dis-lui que j'ai été arrêté dans la rue, — et que ce sera ma caution. Cours, maraud : pars... — En avant, l'officier ! En prison jusqu'à ce qu'il revienne.

Sortent le marchand, Angelo, Antipholus d'Éphèse et l'officier.

DROMION DE SYRACUSE.

— Chez Adriana ! C'est là que nous avons dîné, — là que cette Douzabelle m'a réclamé pour son mari : — elle est trop grosse, j'espère, pour que je puisse l'embrasser. — Il faut que j'y retourne bien malgré moi ; — car il faut que les serviteurs fassent la volonté de leur maître.

Il sort.

SCÈNE VIII.

[La maison d'Antipholus d'Éphèse].

Entrent ADRIANA et LUCIANA.

ADRIANA.

— Ah ! Luciana ! il t'a pressée ainsi ! — As-tu pu voir distinctement à son air — s'il parlait sérieusement, oui ou non ? — Sa figure était-elle rouge ou pâle, grave ou gaie ? — Pouvais-tu observer sur son visage — les émotions de son cœur, comme des météores en lutte ?

LUCIANA.

— Et d'abord il a nié que vous eussiez aucun droit sur lui.

ADRIANA.

— Il a voulu dire qu'il ne m'en accordait aucun, offense bien plus grande !

LUCIANA.

— Puis il a juré qu'il était ici un étranger.

ADRIANA.

— Et il a juré la vérité, le parjure!

LUCIANA.

— Alors j'ai parlé pour vous.

ADRIANA.

Et qu'a-t-il dit?

LUCIANA.

— L'amour que j'implorais pour vous, il l'a imploré de moi.

ADRIANA.

— Avec quels arguments réclamait-il ton amour?

LUCIANA.

— Avec des paroles qui auraient pu être émouvantes dans une bonne cause. — D'abord, il a loué ma beauté, puis mon langage.

ADRIANA.

— Lui as-tu parlé comme il le fallait?

LUCIANA.

De la patience, je vous conjure.

ADRIANA.

— Je ne puis ni ne veux me contenir. — Ma langue, sinon mon cœur, aura sa satisfaction. — Il est difforme, contrefait, vieux et flétri, — laid de visage, plus laid de corps, monstrueux en tout, — vicieux, ignoble, sot, stupide, ingrat, — dénaturé physiquement, pire moralement.

LUCIANA.

— Qui devrait être jalouse d'un pareil être? — On ne pleure pas la perte d'un mal disparu.

ADRIANA.

— Ah! mais je pense de lui plus de bien que je n'en dis : — et pourtant je voudrais qu'il fût pire encore aux yeux des autres. — Le vanneau crie en s'éloignant de son nid ; — mon cœur prie pour lui, bien que ma langue le maudisse.

SCÈNE VIII.

Entre DROMION DE SYRACUSE.

DROMION DE SYRACUSE.

— Vite, allons ; le bureau, la bourse ! chère dame, dépêchez.

LUCIANA.

— Comment t'es-tu mis ainsi hors d'haleine ?

DROMION DE SYRACUSE.

A force de courir.

ADRIANA.

— Où est ton maître, Dromion ? Est-il bien ?

DROMION DE SYRACUSE.

— Non, il est dans les limbes du Tartare, pis qu'en enfer. — Un diable en costume inusable l'a saisi : — un diable dont le cœur dur est boutonné d'acier ; — un démon, un vampire, impitoyable et rude ; — un loup, pis que cela, un être tout en buffle (22) ; — un ami traître qui vous frappe l'épaule ; un gaillard qui intercepte — la circulation des allées, des recoins, des ruelles ; — un limier qui peut suivre une fausse piste, mais qui trouve toujours la vraie ; — un être qui, avant le jugement, conduit les pauvres âmes dans les ténèbres !

ADRIANA.

— Çà, mon cher, de quoi s'agit-il ?

DROMION DE SYRACUSE.

— Je ne sais pas de quoi il s'agit ; en tout cas, il est arrêté.

ADRIANA.

— Arrêté ! Dis-moi à quel effet.

DROMION DE SYRACUSE.

— Je ne sais pas à quel effet il est arrêté ; — ce qui est certain, c'est que celui qui l'a arrêté a des effets tout en buffle. — Voulez-vous, madame, lui envoyer, pour sa rançon, l'argent qui est dans son bureau ?

ADRIANA.

— Va le chercher, sœur.

Sort Luciana.

— Je m'étonne — qu'il se soit ainsi endetté à mon insu... — Dis-moi, est-ce pour un billet qu'il a été arrêté?

DROMION DE SYRACUSE.

— Ce n'est pas pour un billet, mais pour quelque chose de plus massif, — une chaîne, une chaîne. Entendez-vous le son.

ADRIANA.

De la chaîne?

DROMION DE SYRACUSE.

— Non, non, de la cloche. Il est temps que je parte. — Il était deux heures quand j'ai quitté mon maître, et voilà l'horloge qui frappe une heure.

ADRIANA.

— Les heures reculent donc! je n'ai jamais ouï chose pareille.

DROMION DE SYRACUSE.

— Oh! oui, quand une heure rencontre un recors, la peur lui fait rebrousser chemin.

ADRIANA.

— Comme si le temps avait des dettes! Comme tu raisonnes bêtement!

DROMION DE SYRACUSE.

— Le temps est un véritable banqueroutier; il doit plus qu'il ne vaut à l'occasion. — Et c'est aussi un voleur; n'avez-vous jamais ouï dire — que le temps marche nuit et jour à la dérobée? — S'il est endetté et voleur, et qu'il rencontre un recors, — n'a-t-il pas de raison pour rebrousser chemin, une heure dans un jour?

Entre Luciana.

ADRIANA

— Va, Dromion, voici l'argent, porte-le vite, — et ramène ton maître immédiatement.—Viens, sœur, je suis accablée par ma pensée, — ma pensée, tour à tour mon soutien et mon tourment!

Ils sortent.

SCÈNE IX.

[La place du Marché.]

Entre ANTIPHOLUS DE SYRACUSE.

ANTIPHOLUS DE SYRACUSE.

— Je ne rencontre pas un homme qui ne me salue, — comme si j'étais pour lui une vieille connaissance; — et chacun m'appelle par mon nom. — Les uns m'offrent de l'argent, d'autres m'invitent; — d'autres me remercient de services rendus; — d'antres m'offrent des marchandises à acheter. — Tout à l'heure un tailleur m'a appelé dans sa boutique,— m'a montré des soieries qu'il avait achetées pour moi, — et là-dessus a pris mesure de ma personne. — Sûrement tout cela n'est qu'artifice magique, — et les sorciers de Laponie habitent ici. —

Entre DROMION DE SYRACUSE.

DROMION DE SYRACUSE.

Maître, voici l'or que vous m'avez envoyé chercher. Quoi! Vous êtes donc débarrassé de cette effigie du vieil Adam habillée de neuf?

ANTIPHOLUS DE SYRACUSE.

Quel est cet or? De quel Adam veux-tu parler?

DROMION DE SYRACUSE.

Non de cet Adam qui gardait le paradis, mais de cet Adam qui garde la prison; de celui qui est vêtu de la peau du veau tué pour l'Enfant prodigue; de celui qui allait derrière vous, monsieur, comme le mauvais ange, et qui vous forçait de renoncer à votre liberté.

ANTIPHOLUS DE SYRACUSE.

Je ne te comprends pas.

DROMION DE SYRACUSE.

Non? Eh! c'est pourtant chose claire : celui qui va, comme une basse de viole, dans une gaîne de cuir, l'homme, monsieur, qui, quand les gens sont fatigués, leur tape sur l'épaule et les emmène reposer; celui, monsieur, qui prend en pitié les hommes ruinés, et les habille à perpétuité; qui se pique d'exécuter plus d'exploits avec sa masse qu'un More avec sa lance.

ANTIPHOLUS DE SYRACUSE.

Quoi! veux-tu parler d'un recors?

DROMION DE SYRACUSE.

Oui, monsieur, le sergent des engagements, celui qui exige des comptes de quiconque manque à un engagement; celui qui croit toujours qu'on va se coucher et vous souhaite toujours un bon repos.

ANTIPHOLUS DE SYRACUSE.

Allons, monsieur, laissez en repos vos niaiseries. Y a-t-il un navire en partance ce soir? Pouvons-nous nous en aller?

DROMION DE SYRACUSE.

Eh! monsieur, je vous ai annoncé, il y a une heure, que le navire *l'Expédition* met à la voile ce soir : et alors vous avez été retenu par le sergent et arrêté au cri de *halte!...* Voici les anges que vous m'avez envoyé chercher pour votre délivrance.

Il lui remet de l'argent.

ANTIPHOLUS DE SYRACUSE.

— Le drôle divague, et moi aussi; — nous errons ici en pleine illusion. — Que quelque saint pouvoir nous tire de céans!

Entre UNE COURTISANE.

LA COURTISANE.

— Bonne rencontre, bonne rencontre, maître Antipholus ! — Je vois, monsieur, que vous avez enfin trouvé l'orfévre.

— Est-ce là la chaîne que vous m'avez promise aujourd'hui?

ANTIPHOLUS DE SYRACUSE.

Arrière, Satan! je te défends de me tenter.

DROMION DE SYRACUSE.

Maître, est-ce là madame Satan?

ANTIPHOLUS DE SYRACUSE.

C'est le diable.

DROMION DE SYRACUSE.

Non, c'est pis que cela; c'est la femelle du diable; elle vient ici sous la forme d'une fille légère ; aussi, quand une fille dit: *Dieu me damne!* c'est comme si elle disait : *Dieu fasse de moi une fille légère!* Il est écrit qu'elles apparaissent aux hommes comme des êtres flambants: la flamme procède du feu, et le feu brûle! Donc les filles légères doivent brûler. Ne l'approchez pas.

LA COURTISANE.

— Votre valet et vous vous êtes d'une merveilleuse gaîté, monsieur. — Voulez-vous venir avec moi? Nous trouverons ici de quoi avoir un souper parfait. —

DROMION DE SYRACUSE.

Maître, si vous y allez, comptez sur une collation à la cuiller, et munissez-vous d'une longue cuiller.

ANTIPHOLUS DE SYRACUSE.

Pourquoi, Dromion?

DROMION DE SYRACUSE.

Eh bien, parce qu'il faut avoir une longue cuiller pour manger avec le diable.

ANTIPHOLUS DE SYRACUSE.

— Arrière donc, démon! que me parles-tu de souper? — Tu es, comme toutes tes pareilles, une sorcière : — je te conjure, laisse-moi et va-t'en.

LA COURTISANE.

— Donnez-moi la bague que vous avez eue de moi à dîner, — ou la chaîne que vous m'avez promise en échange de mon diamant, — et je partirai, monsieur, sans plus vous importuner.

DROMION DE SYRACUSE.

— Il y a des diables qui ne demandent que la rognure d'un ongle, — un fétu, un cheveu, une goutte de sang, une épingle, — une noix, un noyau de cerise ; mais elle, plus avide, — voudrait une chaîne d'or. — Maître, faites attention : si vous la lui donnez, — le diable secouera sa chaîne et nous en épouvantera.

LA COURTISANE.

— Je vous en prie, monsieur, ma bague ou la chaîne !
— Vous n'avez pas, j'espère, l'intention de me voler ainsi.

ANTIPHOLUS DE SYRACUSE.

— Arrière, sorcière ! Allons, Dromion, partons !

DROMION DE SYRACUSE.

— Fi de l'orgueil ! dit le paon : vous savez ça, madame.

Sortent Antipholus de Syracuse et Dromion de Syracuse.

LA COURTISANE.

— Sans nul doute Antipholus est fou ; — sans quoi il ne se comporterait pas ainsi. — Il a de moi une bague valant quarante ducats ; — il m'a promis en retour une chaîne ; — et maintenant il ne veut me donner ni l'une ni l'autre. — Ce qui me fait conclure qu'il est fou — (outre la preuve qu'il vient d'en donner), — c'est le conte extravagant qu'il m'a fait aujourd'hui à dîner, — en prétendant qu'on lui avait fermé sa propre porte ! — Il est possible que sa femme, informée de ses accès, — lui ait effectivement refusé l'entrée. — Maintenant, il ne me reste qu'à courir chez lui, — et à dire à sa femme que, dans une ses lunes, — il est entré brusquement chez moi, et m'a enlevé de force — ma bague. C'est le meilleur parti que j'aie à prendre. — Car quarante ducats, c'est une trop grosse perte.

Elle sort.

SCENE X.

[Le Marché.]

Entrent ANTIPHOLUS D'ÉPHÈSE et UN OFFICIER DE JUSTICE.

ANTIPHOLUS D'ÉPHÈSE.

— Ne crains rien, l'ami, je ne m'évaderai pas; — avant de te quitter, je te remettrai pour caution — une somme égale à celle pour laquelle je suis arrêté. — Ma femme est d'humeur maussade aujourd'hui, — et elle n'aura pas cru légèrement, sur la foi du messager, — que j'ai été arrêté dans Éphèse : je vous l'affirme, cette nouvelle aura sonné étrangement à ses oreilles.

Entre DROMION D'ÉPHÈSE, tenant un bout de corde.

— Voici mon homme ; je pense qu'il apporte l'argent. — Eh bien, monsieur, avez-vous ce que je vous ai envoyé chercher?

DROMION D'ÉPHÈSE.

— Voilà, je vous le garantis, de quoi les payer tous.

ANTIPHOLUS D'ÉPHÈSE.

— Mais où est l'argent?

DROMION D'ÉPHÈSE.

— Eh ! monsieur, j'ai donné l'argent pour la corde !

ANTIPHOLUS D'ÉPHÈSE.

— Cinq cents ducats, misérable, pour une corde !

DROMION D'ÉPHÈSE.

— Je vous en fournirai cinq cents, monsieur, à ce prix-là.

ANTIPHOLUS D'ÉPHÈSE.

— Dans quel but t'ai-je dit de courir à la maison.

DROMION D'ÉPHÈSE.

— Pour un bout de corde ; et je reviens dans le but de vous l'apporter.

ANTIPHOLUS D'ÉPHÈSE.

— Et voici dans quel but je la reçois.

Il le frappe.

L'OFFICIER.

Cher monsieur, ayez patience !

DROMION D'ÉPHÈSE.

Ah! c'est à moi d'être patient; je suis dans l'adversité.

L'OFFICIER.

Mon bon, retiens ta langue.

DROMION D'ÉPHÈSE.

Ah ! persuadez-lui plutôt de retenir sa main.

ANTIPHOLUS D'ÉPHÈSE.

Fils de putain, maraud, tu as donc perdu le sens.

DROMION D'ÉPHÈSE.

Je voudrais bien l'avoir perdu, monsieur, pour ne pas sentir vos coups.

ANTIPHOLUS D'ÉPHÈSE.

Tu n'es sensible qu'aux coups, comme les ânes.

DROMION D'ÉPHÈSE.

Je suis un âne en effet; mes oreilles si bien allongées par vous le prouvent... Je l'ai servi depuis l'heure de ma naissance jusqu'à cet instant, et je n'ai rien gagné à son service que des coups. Quand j'ai froid, il me réchauffe avec une raclée; quand j'ai chaud, il me rafraîchit avec une raclée ; une raclée m'éveille quand je dors, me fait lever quand je suis assis, me met à la porte quand je sors, m'accueille quand je rentre. Je l'ai constamment sur les épaules, comme une mendiante son marmot; et je crois que, quand il m'aura estropié, je mendierai avec elle de porte en porte.

SCÈNE X.

Entrent ADRIANA, LUCIANA, LA COURTISANE, LE MAITRE D'ÉCOLE PINCH.

ANTIPHOLUS D'ÉPHÈSE.

Allons, avançons ; voilà ma femme qui arrive.

DROMION D'ÉPHÈSE.

Maîtresse, *respice finem*, attention au but, ou plutôt, pour parler comme un perroquet, gare au bout de corde!

ANTIPHOLUS D'ÉPHÈSE.

Tu bavarderas donc toujours !

Il le frappe.

LA COURTISANE.

Qu'en dites-vous maintenant ? Est-ce que votre mari n'est pas fou ?

ADRIANA.

—Son incivilité ne le prouve que trop. — Bon docteur Pinch, vous êtes exorciste; — rétablissez-le dans son bon sens, — et je vous accorderai tout ce que vous demanderez.

LUCIANA.

—Hélas! comme il a le regard enflammé et furieux !

LA COURTISANE.

—Voyez comme il frémit dans son transport !

PINCH, à Antipholus.

—Donnez-moi votre main, et laissez-moi vous tâter le pouls.

ANTIPHOLUS D'ÉPHÈSE.

—Voici ma main, laissez-la vous tâter l'oreille.

PINCH.

—Je te somme, ô Satan, logé dans cet homme, — de te retirer devant mes saintes prières, — et de rentrer au plus vite dans ton empire de ténèbres : — je t'exorcise par tous les saints du paradis.

ANTIPHOLUS D'ÉPHÈSE.

—Paix, sorcier radoteur, paix, je ne suis pas fou.

ADRIANA.

— Plût au ciel que tu ne le fusses pas, pauvre âme en détresse !

ANTIPHOLUS D'ÉPHÈSE, à Adriana.

— Mignonne, sont-ce là vos familiers ? — Est-ce ce compagnon à face de safran — qui banquetait et festoyait aujourd'hui chez moi, — tandis que ma porte, complice, restait fermée pour moi — et que l'entrée de ma maison m'était interdite ?

ADRIANA.

— Ah ! mon mari, Dieu sait que vous avez dîné à la maison. — Que n'y êtes-vous resté jusqu'à cette heure ! — Ce scandale, cette humiliation publique vous eussent été épargnés.

ANTIPHOLUS D'ÉPHÈSE, à Dromion.

— J'ai dîné à la maison, moi ! Qu'en dis-tu, toi, maraud ?

DROMION D'ÉPHÈSE.

Monsieur, pour dire le vrai, vous n'avez pas dîné à la maison.

ANTIPHOLUS D'ÉPHÈSE.

— Est-ce que mes portes n'étaient pas fermées, et moi dehors ?

DROMION D'ÉPHÈSE.

— Pardi, vos portes étaient fermées, et vous dehors.

ANTIPHOLUS D'ÉPHÈSE.

— Et est-ce qu'elle-même alors ne m'a pas injurié ?

DROMION D'ÉPHÈSE.

— Sans fable, elle vous a alors injurié.

ANTIPHOLUS D'ÉPHÈSE.

— Est-ce que sa fille de cuisine ne m'a pas insulté, outragé, nargué ?

DROMION D'ÉPHÈSE.

— Oui, certes, la vestale de cuisine vous a nargué.

SCÈNE X.

ANTIPHOLUS D'ÉPHÈSE.

— Et est-ce que je ne m'en suis pas allé furieux ?

DROMION D'ÉPHÈSE.

— Oui, en vérité. Témoin mes os, — qui depuis ont senti la vigueur de sa rage.

ADRIANA, à Pinch.

— Est-il bon de se prêter ainsi à ses lubies !

PINCH.

— Il n'y a pas de mal. Ce garçon voit son humeur, — et, en lui cédant, amadoue sa frénésie.

ANTIPHOLUS D'ÉPHÈSE, à Adriana.

— Tu as suborné l'orfévre pour qu'il me fît arrêter.

ADRIANA.

Hélas ! je vous ai envoyé l'argent pour vous libérer — par Dromion que voici, et qui était venu en toute hâte le chercher.

DROMION D'ÉPHÈSE.

— De l'argent par moi ! Des vœux et des souhaits de cœur, c'est possible ; — mais assurément, maître, pas un brin d'argent.

ANTIPHOLUS D'ÉPHÈSE.

— Est-ce que tu n'es pas allé lui demander une bourse de ducats ?

ADRIANA.

— Il est venu à moi, et je la lui ai donnée.

LUCIANA.

— Et moi j'en suis témoin.

DROMION D'ÉPHÈSE.

— O Dieu, ô cordier, rendez-moi ce témoignage ; — qu'on ne m'a envoyé chercher qu'une corde !

PINCH, à Adriana.

— Madame, maître et valet sont possédés ; — je le vois à leur mine blême et funèbre ; — il faut les attacher et les mettre dans une chambre noire.

ANTIPHOLUS D'ÉPHÈSE, à Adriana.

— Pourquoi m'as-tu fermé la porte aujourd'hui ?

A Dromion.

— Et toi, pourquoi nies-tu avoir reçu le sac d'or?

ADRIANA.

— Mon bon mari, je ne t'ai pas fermé la porte.

DROMION.

— Et moi, mon bon maître, je n'ai pas reçu d'or ; — mais j'avoue, monsieur, qu'on nous a fermé la porte.

ADRIANA.

— Vilain fourbe, tu dis deux faussetés.

ANTIPHOLUS D'ÉPHÈSE.

— Fourbe catin, tu est fausse en tout : — tu t'es liguée avec cette maudite clique — pour faire de moi une immonde et abjecte risée; — mais avec mes ongles je t'arracherai ces yeux faux — qui ont voulu me voir le jouet de ces indignités.

Pinch et ses aides garrottent Antipholus et Dromion qui se débattent.

ADRIANA.

— Oh ! attachez-le, attachez-le, qu'il ne m'approche pas.

PINCH.

— Du renfort ! le démon est fort chez lui.

LUCIANA.

— Hélas ! le pauvre homme ! comme il est pâle et défait!

ANTIPHOLUS D'ÉPHÈSE, se débattant.

— Vous voulez donc me tuer?... Geôlier, — je suis ton prisonnier; souffriras-tu — qu'ils m'arrachent à toi ?

L'OFFICIER.

— Mes maîtres, lâchez-le : — il est mon prisonnier, et vous ne l'aurez pas.

PINCH.

— Allons, qu'on garrotte cet homme, car lui aussi est en démence.

ADRIANA.

— Que veux-tu donc, officier stupide? — Prends-tu plaisir à voir un malheureux — se faire outrage et violence à lui-même?

L'OFFICIER.

— Il est mon prisonnier; si je le laisse aller, — la somme qu'il doit me sera réclamée.

ADRIANA.

— Je te dégagerai avant de te quitter. — Conduis-moi sur-le-champ à son créancier, — et, quand je saurai comment a été contractée cette dette, je l'acquitterai. — Cher docteur, veillez à ce qu'il soit dûment mis en sûreté — chez moi... O misérable jour!

ANTIPHOLUS D'ÉPHÈSE.

Oh! misérable gourgandine!

DROMION D'ÉPHÈSE.

— Maître, j'endosse là pour vous un rude billet!

ANTIPHOLUS D'ÉPHÈSE.

— La peste soit de toi, coquin! pourquoi me mets-tu en fureur?

DROMION D'ÉPHÈSE.

— Voulez-vous donc être lié pour rien? soyez fou furieux, — mon bon maître: criez comme le diable.

LUCIANA.

— Dieu les assiste, ces pauvres êtres! comme ils divaguent!

ADRIANA.

— Emmenez-le d'ici... Sœur, viens avec moi.

Pinch et ses aides emmènent Antipholus et Dromion.

— Dites-moi, à la requête de qui est-il arrêté?

L'OFFICIER.

— D'un certain Angelo, un orfévre : le connaissez-vous.

ADRIANA.

— Je connais l'homme. Quelle somme doit-il?

L'OFFICIER.

— Deux cents ducats.

ADRIANA.

Pourquoi est-elle due, dites-moi ?

L'OFFICIER.

— Pour une chaîne que votre mari a eue de lui.

ADRIANA.

— Il a commandé une chaîne pour moi, mais il ne l'a pas eue.

LA COURTISANE.

— Vous savez que votre mari est entré aujourd'hui — chez moi, tout furieux, et m'a pris ma bague ; — j'ai vu la bague à son doigt, il y a un moment ; — et presque aussitôt je l'ai rencontré avec une chaine.

ADRIANA.

— Cela se peut, mais je ne l'ai pas vue. — Allons, geôlier, conduisez-moi chez cet orfévre ; — il me tarde de savoir toute la vérité sur ceci.

Entrent ANTIPHOLUS DE SYRACUSE, *la rapière à la main, et* DROMION DE SYRACUSE.

LUCIANA.

— Mon Dieu, miséricorde ! Les voilà relâchés.

ADRIANA.

— Et ils arrivent l'épée nue ; appelons main-forte — pour les rattacher.

L'OFFICIER.

Fuyons ; ils nous tueraient.

Sortent l'officier, Adriana et Luciana.

ANTIPHOLUS DE SYRACUSE.

— Je vois que ces sorcières-là ont peur des épées.

DROMION DE SYRACUSE.

— Celle qui voulait être votre femme, se sauve de vous à présent.

SCÈNE XI.

ANTIPHOLUS DE SYRACUSE.

— Viens au Centaure chercher nos bagages; — il me tarde que nous soyons sains et saufs à bord. —

DROMION DE SYRACUSE.

Croyez-moi, restons ici cette nuit; on ne nous fera sûrement pas de mal; vous l'avez vu, on nous parle amicalement, on nous donne de l'or. A mes avis, c'est une nation si aimable que n'était la montagne de chair affolée qui réclame de moi mariage, je serais assez tenté de me fixer ici et de me faire sorcière.

ANTIPHOLUS DE SYRACUSE.

— Je ne resterais pas cette nuit ici, pour toutes les richesses de la ville. — Allons donc mettre nos bagages à bord.

Ils sortent.

SCÈNE XI.

[Devant un prieuré.]

Entrent LE MARCHAND et ANGELO.

ANGELO.

— Je suis fâché, monsieur, de vous avoir ainsi retardé. — Mais je proteste qu'il a eu de moi la chaîne, quoiqu'il ait la déshonnêteté grande de le nier.

LE MARCHAND.

— Comment cet homme est-il estimé dans cette cité?

ANGELO.

— Il a une réputation fort honorable, — un crédit illimité; il est hautement aimé; — il ne le cède à aucun habitant de cette ville; — sur sa parole je lui prêterais toute ma fortune.

LE MARCHAND.

— Parlez doucement, le voilà, je crois, qui s'avance.

Entrent Antipholus et Dromion de Syracuse.

ANGELO.

— C'est lui ; et il a autour du cou cette même chaîne — qu'il jurait si monstrueusement ne pas avoir. — Cher monsieur, tenez-vous près de moi, je vais lui parler... — Signor Antipholus, je m'étonne grandement — que vous m'ayez mis dans cet humiliant embarras, — non sans scandale pour vous-même, — en niant avec insistance et sous serment — avoir reçu cette chaîne que vous portez si ouvertement à cette heure. — Outre l'ennui des frais, de l'humiliation et de l'emprisonnement, — vous avez causé un grand préjudice à mon honnête ami, ici présent, — qui, s'il n'avait été retardé par notre contestation, — aurait mis à la voile et serait en mer aujourd'hui même. — Vous avez eu de moi cette chaîne; pouvez-vous le nier ?

ANTIPHOLUS DE SYRACUSE.

— Je crois bien l'avoir eue de vous; je ne l'ai jamais nié.

LE MARCHAND.

— Si fait, vous l'avez nié, monsieur, vous avez juré le contraire.

ANTIPHOLUS DE SYRACUSE.

— Qui m'a entendu le nier et jurer le contraire ?

LE MARCHAND.

— Je t'ai entendu de mes propres oreilles, tu le sais bien. — La peste soit de toi, misérable ! il est honteux que tu te permettes — de marcher dans le chemin des honnêtes gens.

ANTIPHOLUS DE SYRACUSE.

— Tu es un manant de m'insulter ainsi ; — je maintiendrai mon honneur et mon honnêteté — contre toi sur-le-champ, si tu oses persister.

LE MARCHAND.

— Je l'ose, et je te défie, misérable.

Ils dégainent.

SCÈNE XI.

Entrent ADRIANA, LUCIANA, LA COURTISANE et d'autres.

ADRIANA.

— Arrêtez! ne lui faites pas de mal, au nom du ciel! il est fou. — Emparez-vous de lui, vous autres, enlevez-lui son épée; — liez aussi Dromion, et emmenez-les chez moi.

DROMION DE SYRACUSE.

— Courons, maître, courons; au nom du ciel, sauvons-nous dans quelque maison. — Voici un prieuré... Entrons, ou nous sommes perdus.

Antipholus et Dromion se réfugient dans le prieuré.

Entre L'ABBESSE.

L'ABBESSE.

— Restez tranquilles, bonnes gens! pourquoi vous pressez-vous ainsi devant cette demeure?

ADRIANA.

— Pour y chercher mon pauvre mari en démence; — laissez-nous entrer, que nous puissions l'attacher, — et le ramener à la maison pour le soigner.

ANGELO.

— Je savais qu'il n'avait pas sa parfaite raison.

LE MARCHAND.

— Je suis fâché à présent d'avoir tiré l'épée contre lui.

L'ABBESSE.

— Depuis quand cet homme est-il ainsi possédé?

ADRIANA.

— Toute cette semaine il a été mélancolique, morose, triste, — et bien différent de ce qu'il était; — mais, avant cette après-midi, son égarement — n'avait pas été porté à cet excès de frénésie.

L'ABBESSE.

— N'a-t-il pas fait quelque perte considérable par un naufrage en mer, — enterré quelque ami cher? Ses yeux — n'ont-ils pas égaré son cœur dans quelque amour illégitime? — Péché fort commun chez les jeunes gens, — qui donnent à leurs yeux toute liberté de regarder. — Lequel de ces malheurs a-t-il subi?

ADRIANA.

— Aucun, si ce n'est peut-être le dernier : — quelque amourette qui souvent l'éloignait de chez lui.

L'ABBESSE.

— Vous auriez dû lui faire des remontrances à ce sujet.

ADRIANA.

— Eh! je lui en ai fait.

L'ABBESSE.

Oui, mais pas assez vives.

ADRIANA.

— Aussi vives que ma modération le permettait.

L'ABBESSE.

— En particulier sans doute.

ADRIANA.

Et devant le monde aussi.

L'ABBESSE.

Oui, mais pas assez souvent.

ADRIANA.

— C'était le thème de tous nos entretiens; — au lit, j'insistais tant qu'il ne dormait pas; — à table, j'insistais tant qu'il ne mangeait pas. — Dans le tête-à-tête, c'était le sujet de toutes mes paroles; — en compagnie, j'y faisais souvent allusion; toujours je lui disais que c'était vilain, que c'était mal.

L'ABBESSE.

— Et de là vient que l'homme est devenu fou. — Les venimeuses clameurs d'une femme jalouse — sont un poison plus mortel que la morsure d'un chien enragé. — Il est clair que tes injures ont empêché son sommeil; — et de là vient que sa tête est en délire. — Tu dis que ses repas étaient assaisonnés de tes reproches; — des repas troublés font de mauvaises digestions, — d'où naît le feu ardent de la fièvre; — et qu'est-ce que la fièvre, sinon un accès de démence? — Tu dis que ses plaisirs étaient troublés par tes clabauderies: — la douce distraction interdite, que survient-il? Une morose et sombre mélancolie, — parenté du sinistre et inconsolable désespoir, — et, à ses talons, un immense cortége pestilentiel — de blêmes désordres ennemis de la vie. — Être troublé dans ses repas, dans ses plaisirs, dans le repos réparateur de sa vie! — Il y a là de quoi rendre fou un homme ou une bête. — En conséquence donc, ce sont tes accès de jalousie — qui ont enlevé à ton mari l'usage de la raison.

LUCIANA.

— Elle ne le grondait jamais que doucement, — quand lui il se montrait brusque, violent, emporté.

A sa sœur.

— Pourquoi supportez-vous ces reproches, sans y répondre?

ADRIANA.

— Elle m'a livrée à mes propres remords. — Bonnes gens, entrez et saisissez-vous de lui.

L'ABBESSE.

— Non, personne n'entre dans ma maison.

ADRIANA.

— Eh bien, faites amener mon mari par vos domestiques.

L'ABBESSE.

— Je n'en ferai rien; il a pris cette demeure pour asile, — et elle le sauvegardera contre vos atteintes, — jusqu'à ce que je lui aie rendu la raison, — ou que du moins j'aie perdu ma peine à le tenter.

ADRIANA.

— Je veux veiller sur mon mari, être son infirmière, — soigner sa maladie, car c'est mon office, — et je ne veux pas d'autre agent que moi-même ; — ainsi laissez-moi le ramener à la maison.

L'ABBESSE.

—Prenez patience ; je ne le laisserai pas sortir — que je n'aie employé les moyens éprouvés dont je dispose, — sirops et drogues salutaires, saintes prières, — pour refaire de lui un homme sensé : — c'est une conséquence, une partie de mon vœu, un charitable devoir de mon ordre. — Ainsi partez, et laissez-le ici avec moi.

ADRIANA.

—Je ne m'en irai pas d'ici, je ne laisserai pas mon mari ici ; — il sied mal à votre caractère sacré — de séparer ainsi le mari et la femme.

L'ABBESSE.

—Tais-toi, pars, tu ne l'auras pas.

L'abbesse rentre dans le prieuré.

LUCIANA.

—Plaignez-vous au duc de cette indignité.

ADRIANA.

—Viens, partons, je veux me jeter à ses pieds, — et ne me pas relever que mes larmes et mes prières — n'aient décidé Sa Grâce à venir ici en personne — pour enlever de vive force mon mari à l'abbesse.

LE MARCHAND.

—Déjà, je crois, le cadran marque cinq heures ; — et bientôt sans doute le duc en personne — passera par ici pour se rendre à la triste vallée, — champ de mort, lieu sinistre des exécutions, — qui est derrière les fossés de cette abbaye.

ANGELO.

—Pour quel motif ?

LE MARCHAND.

—Pour voir décapiter en public un vénérable marchand syracusain — qui a eu le malheur d'aborder dans cette baie, contrairement aux lois et aux statuts de cette ville.

ANGELO.

— Regardez, les voici qui viennent; nous assisterons à sa mort.

LUCIANA.

— Jetez-vous aux pieds du duc, avant qu'il ait passé l'abbaye.

Entrent LE DUC, *avec sa suite,* ÉGÉON, *la tête nue,* LE BOURREAU *et d'autres officiers publics.*

LE DUC.

— Qu'il soit de nouveau proclamé publiquement — que si quelque ami veut payer la somme pour lui, — cet homme ne mourra pas, tant nous lui portons d'intérêt.

ADRIANA.

— Justice, très-sacré duc, justice contre l'abbesse !

LE DUC.

— C'est une vertueuse et vénérable dame : — il est impossible qu'elle t'ait fait tort.

ADRIANA.

— Que Votre Grâce daigne m'entendre. Antipholus, mon mari, — que j'ai fait seigneur de ma personne et de ma fortune, — à votre pressante recommandation, a, dans ce jour néfaste, — été pris du plus violent accès de folie ; — accompagné de son esclave, tout aussi fou que lui, — il s'est élancé comme un forcené dans la rue, — molestant les citoyens, — se ruant dans leurs maisons, enlevant — bagues, joyaux, tout ce qui plaisait à sa frénésie. — Un moment j'ai pu le faire attacher et conduire à la maison, — pendant que j'allais, moi, réparer le mal — que çà et là avait fait sa furie. — Tout à coup, je ne sais par quelle violente effraction — il a échappé à ceux qui le gardaient, ainsi que son valet, frénétique comme lui; — et tous deux, dans le délire de la colère, l'épée nue, — nous ont rencontrés, et, fondant furieusement sur nous, — nous ont donné la chasse; ayant réclamé du renfort, — nous sommes revenus pour les attacher; alors ils se sont réfugiés — dans cette abbaye; nous les avons poursuivis; — mais là l'abbesse nous a fermé la porte, — ne voulant ni nous laisser prendre mon mari, — ni nous le livrer pour que nous l'emmenions. — Ainsi, très-gracieux duc, veuille ordonner — qu'il soit tiré de là et emmené pour être soigné.

LE DUC.

— Ton mari m'a jadis rendu des services à la guerre; — et, quand tu l'as fait maître de ton lit, — je t'ai donné ma parole de prince — de lui faire tout le bien que je pourrais... — Que quelqu'un de vous frappe à la porte de l'abbaye, — et dise à la dame abbesse de venir me parler; — je veux décider cette affaire, avant de partir.

Entre un Domestique.

LE DOMESTIQUE, à Andriana.

— Oh! madame, madame, esquivez-vous, sauvez-vous! — Mon maître et son valet sont tous deux lâchés; — ils ont battu les servantes l'une après l'autre, et attaché le docteur, — dont ils ont brûlé la barbe avec des tisons embrasés, — et, chaque fois qu'elle flambait, ils jetaient sur lui — de grands seaux d'eau fangeuse pour l'éteindre. — Mon maître lui prêche la patience, pendant que — son valet le tond à la manière des idiots avec des ciseaux. — Et sûrement, si vous n'envoyez pas immédiatement du secours, — à eux deux ils vont tuer l'enchanteur.

ADRIANA.

— Paix, imbécile, ton maître et son valet sont ici; — et ce que tu nous racontes là est faux.

LE DOMESTIQUE.

— Madame, sur ma vie, je vous dis la vérité; — depuis que je l'ai vu, j'ai à peine eu le temps de respirer. — Il crie après vous, et il jure, s'il vous attrape, de vous griller le visage et de vous défigurer.

On entend des cris.

— Écoutez, écoutez, je l'entends, madame; fuyez, partez vite.

LE DUC.

— Allons, reste près de moi, ne crains rien... Protégez-la de vos hallebardes.

ADRIANA.

— Miséricorde, c'est mon mari ! Soyez témoins — qu'il circule partout invisible. — Tout à l'heure il est entré ici, devant nous, à l'abbaye, — et maintenant il est là : cela passe la raison humaine.

Entrent ANTIPHOLUS D'ÉPHÈSE et DROMION D'ÉPHÈSE.

ANTIPHOLUS D'ÉPHÈSE.

— Justice, très-gracieux duc! Oh! accorde-moi justice! — Au nom des services que je t'ai rendus jadis, — quand je t'ai couvert de mon corps à la guerre et que j'ai reçu — de profondes blessures pour sauver ta vie; au nom du sang — que j'ai alors perdu pour toi, fais-moi maintenant justice.

ÉGÉON.

— A moins que la crainte de la mort ne me fasse délirer, — c'est mon fils Antipholus et Dromion que je vois.

ANTIPHOLUS D'ÉPHÈSE.

— Justice, bien-aimé prince, justice contre cette femme — que vous m'avez donnée pour épouse, — et qui m'a outragé, déshonoré — par le plus fort et le plus violent affront! — Oui, elle dépasse l'imagination, l'injure — qu'aujourd'hui même cette impudente a déversée sur moi.

LE DUC.

— Dis-moi comment, et tu obtiendras de moi justice.

ANTIPHOLUS D'ÉPHÈSE.

— Ce jour même, noble duc, elle m'a fermé la porte de ma maison, — tandis qu'elle y banquetait avec des ruffians !

LE DUC.

— C'est une faute grave. Dis, femme, as-tu fait cela ?

ADRIANA.

— Non, mon bon seigneur. Moi-même, lui et ma sœur — nous avons dîné aujourd'hui ensemble. Par le salut de mon âme, — ce qu'il m'impute est faux.

LUCIANA.

— Puissé-je ne jamais voir le jour, ni dormir la nuit, — si elle ne dit pas à Votre Altesse la pure vérité !

ANGELO.

— O femme parjure ! Toutes deux mentent. — Sur ce point, le fou les accuse justement.

ANTIPHOLUS D'ÉPHÈSE.

— Mon suzerain, je pèse toutes mes paroles. — Je ne suis pas troublé par l'effet du vin ; — je ne suis pas un forcené, provoqué par un délire de fureur, — bien que de tels outrages eussent pu rendre fou un plus sage. — Cette femme m'a fermé ma porte aujourd'hui quand je rentrais dîner ; l'orfèvre que voilà, s'il n'était ligué avec elle, — pourrait l'attester, car il était alors avec moi. — Il m'avait quitté pour aller chercher une chaîne, — promettant de me l'apporter au Porc-Épic, où Balthazar et moi étions allés dîner ensemble. — Notre dîner fini, voyant qu'il ne venait pas, — je suis allé le chercher ; je l'ai rencontré dans la rue — en compagnie de ce monsieur. — Là cet orfèvre parjure a fait le serment — que dans la journée j'avais reçu de lui la chaîne, — et Dieu sait que je ne l'ai pas encore vue. Sous ce prétexte, — il m'a fait arrêter par un exempt. — J'ai obéi, et j'ai envoyé mon valet chez moi — me chercher un sac de ducats ;

il est revenu sans l'argent. — Alors j'ai prié poliment l'exempt — de venir avec moi jusqu'à la maison. — En chemin nous avons rencontré — ma femme, sa sœur et sa clique — d'infâmes complices ; avec eux, — ils amenaient un certain Pinch, un maroufle étique, à face de meurt-de-faim, — un vrai squelette, un charlatan, — un jongleur, un diseur de bonne aventure rapé, — un misérable besoigneux à l'œil creux, à l'air madré, — un cadavre vivant! Ce pernicieux coquin, — morbleu, a joué le magicien ; — et, me regardant dans le blanc des yeux, me tâtant le pouls, — et me dévisageant avec son ombre de visage, — il s'est écrié que j'étais possédé. Alors tous à la fois — sont tombés sur moi, m'ont garrotté, traîné, — et enfermé à la maison dans un caveau noir et humide — avec mon valet, attaché comme moi. — A la fin, ayant rongé et coupé mes liens avec mes dents, — j'ai reconquis ma liberté, et immédiatement — je suis accouru ici vers Votre Grâce que je conjure — de m'accorder une ample satisfaction — pour d'aussi graves affronts et d'aussi indignes violences.

ANGELO.

— Milord, en vérité, ce que je puis certifier comme lui, — c'est qu'il n'a pas dîné chez lui et qu'il a été enfermé dehors.

LE DUC.

— Mais a-t-il eu de toi la chaîne en question, oui ou non ?

ANGELO.

— Il l'a eue, monseigneur; et quand tout à l'heure il a couru dans cette maison, — tout le monde ici a vu la chaîne à son cou.

LE MARCHAND, à Antipholus.

— En outre, je suis prêt à en faire le serment, je vous ai entendu — de mes oreilles confesser que vous aviez reçu de lui la chaîne, — après avoir juré que non sur la place du marché ; — sur quoi, j'ai tiré l'épée contre vous, — et puis vous vous êtes réfugié dans cette abbaye-ci, — dont vous n'avez pu sortir, je crois, que par miracle.

ANTIPHOLUS D'ÉPHÈSE.

— Je ne suis jamais entré dans l'enceinte de cette abbaye — et jamais tu n'as tiré l'épée contre moi ; — je n'ai jamais vu la chaîne, j'en atteste le ciel ; — et tout ce que vous m'imputez est faux.

LE DUC.

— Que d'inextricables dépositions ! — Je crois que vous avez tous bu à la coupe de Circé. — Si vous l'aviez vu entrer là, il serait encore là ; — s'il était fou, il ne plaiderait pas avec tant de sang-froid.

A Adriana.

— Vous dites qu'il a dîné chez lui ; cet orfévre — le nie.

A Dromion.

Maraud, que dites-vous ?

DROMION D'ÉPHÈSE, montrant la courtisane.

— Monsieur, il a dîné avec celle-là au Porc-Épic.

LA COURTISANE.

— En effet ; et il m'a enlevé du doigt cet anneau.

ANTIPHOLUS D'ÉPHÈSE.

— C'est vrai, mon suzerain ; cet anneau-là, je l'ai eu d'elle.

LE DUC.

— L'as-tu vu entrer à l'abbaye, là ?

LA COURTISANE.

— Aussi sûr, mon suzerain, que je vois Votre Grâce.

LE DUC.

— Ah ! ceci est étrange... Qu'on aille chercher l'abbesse, — je crois que vous avez tous la berlue, ou que vous êtes tous complétement fous.

Sort un valet.

ÉGÉON.

— Très-puissant duc, permettez-moi de dire un mot.
— Je vois un ami qui peut-être me sauvera la vie, — en payant la somme nécessaire à ma délivrance.

LE DUC.

— Parle, explique-toi librement, Syracusain.

ÉGÉON.

— Monsieur, ne vous appelez-vous pas Antipholus? — Et n'est-ce pas là Dromion, l'homme attaché à votre service?

DROMION D'ÉPHÈSE.

— Il n'y a pas une heure, j'étais un homme attaché à son service, monsieur; — mais, je lui en rends grâces, il a coupé en deux mes liens avec ses dents; — et maintenant je suis Dromion, encore à son service, mais détaché.

ÉGÉON.

— Je suis sûr que tous deux vous vous souvenez de moi.

DROMION D'ÉPHÈSE.

— C'est de nous-mêmes, monsieur, que vous nous faites souvenir; — car naguère nous étions garrottés, comme vous l'êtes maintenant. — Seriez-vous par hasard, monsieur, un des patients de Pinch?

ÉGÉON, à Antipholus.

— Pourquoi me regardez-vous comme un étranger? Vous me reconnaissez bien?

ANTIPHOLUS D'ÉPHÈSE.

— Je ne vous ai jamais vu de ma vie jusqu'à présent.

ÉGÉON.

— Oh! il faut que le chagrin m'ait bien changé, depuis que je ne vous ai vu; — il faut que les heures de souffrance aient, avec la main destructive du temps, — tracé sur mon visage des traits bien étranges. — Mais pour-

tant, dis-moi, est-ce que tu ne reconnais pas ma voix ?
ANTIPHOLUS D'ÉPHÈSE.

— Pas davantage.
ÉGÉON.

Ni toi non plus, Dromion ?
DROMION D'ÉPHÈSE.

— Non, monsieur, ma foi, ni moi non plus.
ÉGÉON.

Je suis sûr que tu la reconnais. —
DROMION D'ÉPHÈSE.

Oui-dà monsieur. Mais-moi je suis sûr que non : et quand un homme nie une chose, vous êtes, vous particulièrement, tenu de le croire.
ÉGÉON.

— Ne pas reconnaître ma voix ! O temps rigoureux ! — as-tu donc fêlé et cassé ma pauvre voix, — en sept courtes années, au point que mon fils unique — n'en reconnaît pas le faible son, faussé par les souffrances? — Bien que l'hiver, qui épuise toute séve, ait couvert — ma face flétrie d'une bruine de neige, — et que tous les canaux de mon sang soient glacés, — pourtant le crépuscule de ma vie a encore un peu de mémoire, — ma lampe mourante a encore une vague lueur, — mes oreilles assourdies peuvent encore entendre un peu ; — et tous ces vieux témoins, je ne me trompe pas, — me disent que tu es mon fils Antipholus.
ANTIPHOLUS D'ÉPHÈSE.

— Je n'ai jamais vu mon père de ma vie.
ÉGÉON.

— Mais il n'y a pas sept ans, enfant, qu'à Syracuse — nous nous sommes quittés, tu sais bien ; mais peut-être, mon fils, — as-tu honte de me reconnaître dans mon malheur.
ANTIPHOLUS D'ÉPHÈSE.

— Le duc et tous ceux qui me connaissent dans la cité

SCÈNE XI.

— peuvent attester, comme moi, qu'il n'en est rien; — je n'ai jamais vu Syracuse de ma vie.

LE DUC.

— Je te l'affirme, Syracusain, depuis vingt ans — que je suis le patron d'Antipholus, — il n'a jamais vu Syracuse. — Je vois que l'âge et la détrese te font divaguer.

Entrent L'ABBESSE, suivie D'ANTIPHOLUS DE SYRACUSE et de DROMION DE SYRACUSE.

L'ABBESSE.

— Très-puissant duc, vous voyez un homme bien indignement maltraité.

Tous se tournent vers Antipholus de Syracuse.

ADRIANA.

— Je vois deux maris, ou mes yeux me trompent bien.

LE DUC.

— L'un de ces deux hommes est le génie de l'autre ; — et il en est de même de ces deux-ci. Lequel est l'homme naturel ? — lequel est l'esprit? Qui les distingue ?

DROMION DE SYRACUSE.

— C'est moi, monsieur, qui suis Dromion ; renvoyez cet homme.

DROMION D'ÉPHÈSE.

— C'est moi, monsieur, qui suis Dromion : permettez, je vous prie, que je reste.

ANTIPHOLUS DE SYRACUSE.

— Égéon, est-ce toi ? ou est-ce là son ombre ?

DROMION DE SYRACUSE.

— Ah ! mon vieux maître ! qui donc l'a lié ainsi ?

L'ABBESSE.

— Qui que ce soit qui l'ait lié, je vais défaire ses liens, — et gagner un mari à sa délivrance. — Parle, vieil Égéon, si tu es l'homme — qui eut jadis une épouse nommée Émilia, — laquelle te donna deux beaux enfants d'une même grossesse, — oh ! si tu es ce même Égéon, parle, — et parle à cette même Émilia.

ÉGÉON.

— Si je ne rêve pas, tu es Émilia ; — si tu es bien elle, dis-moi où est ce fils — qui flottait avec toi sur le fatal radeau.

L'ABBESSE.

— Lui et moi, ainsi que le jumeau Dromion, — nous fûmes recueillis par des gens d'Épidamnum ; — mais bientôt de rudes pêcheurs de Corinthe — leur enlevèrent de vive force Dromion et mon fils, — et me laissèrent avec ceux d'Épidamnum. — Que devinrent-ils depuis ? je ne puis le dire. — Quant à moi, vous voyez quel a été mon sort.

LE DUC.

— Voilà l'histoire de ce matin qui commence à se confirmer... — Ces deux Antipholus si pareils, — et ces deux Dromion qui ne font qu'un par la ressemblance... — Puis ce naufrage en mer dont elle parle... — Voilà bien les parents de ces enfants — que le hasard a réunis. — Antipholus, c'est de Corinthe que tu es venu ?

ANTIPHOLUS DE SYRACUSE.

— Non, monsieur, non pas ; moi je suis venu de Syracuse.

LE DUC.

— Attendez, que je vous sépare ; je ne distingue pas l'un de l'autre.

ANTIPHOLUS D'ÉPHÈSE.

— C'est moi qui suis venu de Corinthe, mon très-gracieux seigneur.

DROMION D'ÉPHÈSE.

— Avec moi.

ANTIPHOLUS D'ÉPHÈSE.

— Amené dans cette ville par ce fameux guerrier, — le duc Ménaphon, votre oncle très-illustre.

ADRIANA.

— Lequel de vous deux a dîné avec moi aujourd'hui?

ANTIPHOLUS DE SYRACUSE.

— C'est moi, gentille dame.

ADRIANA.

Et n'êtes-vous pas mon mari?

ANTIPHOLUS D'ÉPHÈSE.

— Non! A ça je dis nenni.

ANTIPHOLUS DE SYRACUSE.

— Et je dis de même, quoiqu'elle m'ait appelé son mari, — et que cette belle damoiselle, sa sœur, ici présente, — m'ait appelé son frère.

A Luciana.

Ce que je vous ai dit alors, — jespère qu'il me sera permis de le confirmer, — si ce que je vois et entends n'est pas un rêve.

ANGELO, à Antipholus de Syracuse.

— Voici la chaîne, monsieur, que vous avez eue de moi.

ANTIPHOLUS DE SYRACUSE.

— Je crois que oui, monsieur; je ne le nie pas.

ANTIPHOLUS D'ÉPHÈSE, à Angelo.

— Et vous, monsieur, c'est pour cette chaîne que vous m'avez fait arrêter.

ANGELO.

— Je crois que oui, monsieur; je ne le nie pas.

ADRIANA, à Antipholus d'Éphèse.

— Je vous ai envoyé l'argent pour votre caution, monsieur, — par Dromion; mais je crois qu'il ne vous l'a pas remis.

DROMION D'ÉPHÈSE.

— Par moi? non pas.

ANTIPHOLUS DE SYRACUSE, à Adriana.

— J'ai reçu de vous, moi, cette bourse de ducats, —

et c'est Dromion, mon valet, qui me l'a remise. — Je vois que nous avons rencontré chacun le valet de l'autre.

Montrant son frère.

— Et j'ai été pris pour lui, et lui pour moi. — Et de là sont venues toutes ces Erreurs.

ANTIPHOLUS D'ÉPHÈSE.

— Je donne ces ducats pour la rançon de mon père.

LE DUC.

— Il n'en est pas besoin : ton père a la vie sauve.

LA COURTISANE, à Antipholus d'Éphèse.

— Monsieur, il faut que vous me rendiez ce diamant.

ANTIPHOLUS D'ÉPHÈSE.

— Le voilà, prenez-le ; et grand merci pour la bonne chère.

L'ABBESSE.

— Duc renommé, veuillez prendre la peine — de venir avec nous à l'abbaye — pour y entendre le récit détaillé de toutes nos aventures. — Et vous tous qui êtes rassemblés en ce lieu — et que les erreurs multipliées d'un jour — ont lésés, veuillez nous accompagner, — et nous vous donnerons une ample satisfaction. — Pendant vingt-cinq ans j'ai été en travail — de vous, mes fils ; et ce n'est qu'à cette heure — qu'enfin je suis délivrée de mon lourd fardeau. — Vous, duc, mon mari, mes deux enfants, — et vous, calendriers exacts de leur naissance, — venez à cette fête de causerie, venez avec moi ; — après une si longue douleur, quelle délivrance !

LE DUC.

— De tout mon cœur, je serai de cette fête de causerie.

ortent le duc et sa suite, l'abbesse, Égéon, la courtisane, le marchand et Angelo.

DROMION DE SYRACUSE.

— Maître, irai-je chercher vos affaires à bord ?

SCÈNE XI.

ANTIPHOLUS D'ÉPHÈSE.

— Quelles affaires à moi as-tu donc embarquées, Dromion?

DROMION DE SYRACUSE.

— Vos effets, monsieur, qui étaient à l'hôtellerie du Centaure.

ANTIPHOLUS DE SYRACUSE.

— C'est à moi qu'il parle. Je suis ton maître, Dromion; — allons, viens avec nous; nous nous occuperons de ça tout à l'heure; — embrasse ton frère que voilà, et réjouis-toi avec lui.

Sortent Antipholus d'Éphèse, Antipholus de Syracuse, Adriana et Luciana.

DROMION DE SYRACUSE.

— Il y a chez votre maître une grosse amie — qui aujourd'hui à dîner m'a accommodé pour vous; désormais elle sera ma sœur, non ma femme.

DROMION D'ÉPHÈSE.

— Il me semble que vous êtes, non pas mon frère, mais mon miroir. — Je vois par vous que je suis un charmant garçon; voulez-vous entrer, que nous assistions à leur causerie?

DROMION DE SYRACUSE.

— Après vous, monsieur! Vous êtes mon aîné.

DROMION D'ÉPHÈSE.

— C'est une question: comment la résoudrons-nous?

DROMION DE SYRACUSE.

— Nous tirerons à la courte paille à qui sera le doyen; jusque-là, marche le premier.

DROMION D'ÉPHÈSE.

Non, voici: — nous sommes venus au monde jumeaux; — eh bien, maintenant, allons-nous-en, bras dessus bras dessous, et non l'un devant l'autre!

Ils sortent.

FIN DE LA COMÉDIE DES ERREURS.

PERSONNAGES:

ORSINO, comte-duc d'Illyrie.
SIR TOBIE BELCH, oncle d'Olivia.
SIR ANDRÉ AGUECHECK.
MALVOLIO, intendant d'Olivia.
FESTE, bouffon d'Olivia.
FABIEN, au service d'Olivia.
SÉBASTIEN, frère jumeau d'Olivia.
ANTONIO, capitaine de navire, ami de Sébastien.
VALENTIN, } au service du comte-duc.
CURIO,
UN CAPITAINE DE NAVIRE, ami de Viola.

LA COMTESSE OLIVIA.
VIOLA, sœur jumelle de Sébastien, amoureuse du comte-duc.
MARIA, suivante de la comtesse.

SEIGNEURS, PRÊTRES, MATELOTS, OFFICIERS, MUSICIENS, GENS DE SERVICE.

La scène est en Illyrie.

LE SOIR DES ROIS

ou

CE QUE VOUS VOUDREZ

SCÈNE I.

[Dans le palais ducal.]

Entrent LE DUC, CURIO, des seigneurs; un orchestre joue.

LE DUC.

— Si la musique est l'aliment de l'amour, jouez toujours, — donnez-m'en à l'excès, que ma passion — saturée en soit malade et expire. — Cette mesure encore une fois! elle avait une cadence mourante: — oh! elle a effleuré mon oreille comme le suave zéphyr — qui souffle sur un banc de violettes, — dérobant et apportant un parfum... Assez! pas davantage! — Ce n'est plus aussi suave que tout à l'heure. — O esprit d'amour! que tu es sensible et mobile! — Quoique ta capacité — soit énorme comme la mer, elle n'admet rien — de si exquis et de si rare — qui ne soit dégradé et déprécié — au bout d'une minute, tant est pleine de caprices la passion, — cette fantaisie suprême!

CURIO.

— Voulez-vous venir chasser, monseigneur?

LE DUC.

Quoi, Curio?

CURIO.

Le cerf.

LE DUC.

— Eh! c'est le plus noble élan qui m'entraîne en ce moment. — Oh! quand mes yeux virent Olivia pour la première fois, — il me semblait qu'elle purifiait l'air empesté; — dès cet instant je devins une proie, — et mes désirs, limiers féroces et cruels, — n'on pas cessé de me poursuivre.

Entre VALENTIN.

Eh bien? Quelles nouvelles d'elle?

VALENTIN.

— N'en déplaise à mon seigneur, je n'ai pu être admis, — mais je rapporte la réponse que m'a transmise sa servante : — le ciel, avant sept ans révolus, — ne verra pas son visage à découvert, — mais, comme une religieuse cloîtrée, elle ne marchera que voilée, — et chaque jour elle arrosera sa chambre — de larmes, cédant en tout cela à son affection — pour un frère mort, affection qu'elle veut garder vivace — et durable dans sa mémoire attristée.

LE DUC.

— Oh! celle qui a un cœur de cette délicatesse, — celle qui paie à un frère un telle dette d'amour, — combien elle aimera quand le splendide trait d'or — aura tué le troupeau de toutes les affections secondaires — qui vivent en elle, quand son sein, son cerveau, son cœur, — trônes souverains, — seront occupés et remplis — par un roi unique, son tendre complément! — Allons errer vers les doux lits de fleurs : — les rêves d'amour sont splendidement bercés sous un dais de ramures.

Ils sortent.

SCÈNE II.

[Au bord de la mer.]

Entrent VIOLA, *un* CAPITAINE *de navire et des marins.*

VIOLA.

— Amis, quel est ce pays?

LE CAPITAINE.

— L'Illyrie, madame.

VIOLA.

— Et qu'ai-je à faire en Illyrie? — Mon frère est dans l'Élysée... — Peut-être n'est-il pas noyé : qu'en pensez-vous, matelots?

LE CAPITAINE.

— C'est par une heureuse chance que vous avez été sauvée vous-même.

VIOLA.

— O mon pauvre frère! mais il se pourrait qu'il eût été sauvé, lui aussi, par une heureuse chance.

LE CAPITAINE.

—C'est vrai, madame ; et, pour augmenter ce rassurant espoir, — je puis vous affirmer que, quand notre vaisseau s'est ouvert, — au moment où vous-même, avec le petit nombre des sauvés, — vous vous cramponniez à notre chaloupe, j'ai vu votre frère, — plein de prévoyance dans le péril, s'attacher — (expédient que lui suggéraient le courage et l'espoir) — à un grand mât qui surnageait sur la mer ; —alors, comme Arion sur le dos du dauphin, — je l'ai vu tenir tête aux vagues, — tant que j'ai pu l'apercevoir.

VIOLA.

Pour ces paroles, voilà de l'or. — Mon propre bonheur laisse entrevoir à mon espoir, — qui s'autorise d'ailleurs de ton langage, — un bonheur égal pour lui. Connais-tu ce pays?

LE CAPITAINE.

—Oui, madame, très-bien ; car le lieu où je suis né et où j'ai été élevé—n'est pas à trois heures de marche de distance.

VIOLA.

— Qui gouverne ici?

LE CAPITAINE.

Un duc, aussi noble de cœur — que de nom.

VIOLA.

Quel est son nom ?

LE CAPITAINE.

Orsino.

VIOLA.

— Orsino ! je l'ai entendu nommer par mon père. — Il était célibataire alors.

LE CAPITAINE.

Et il l'est encore, — ou l'était tout dernièrement ; car il n'y a pas un mois — que j'ai quitté le pays ; et c'était alors — un bruit tout frais (vous savez, les petits veulent toujours jaser — des faits et gestes des grands) qu'il recherchait — l'amour de la belle Olivia.

VIOLA.

Qui est-elle ?

LE CAPITAINE.

— Une vertueuse vierge, la fille d'un comte, — mort il y a quelques années, la laissant — sous la protection d'un fils, son frère, — qui est mort tout récemment ; et c'est par amour pour ce frère — qu'elle a abjuré, dit-on, la société — et la vue des hommes.

VIOLA.

Oh ! je voudrais entrer au service de cette dame, — et que mon rang restât inconnu du monde — jusqu'au momoment où j'aurais mûri mon dessein !

LE CAPITAINE.

Cela serait malaisé à obtenir ; — car elle ne veut écouter aucune proposition, — non, pas même celle du duc.

VIOLA.

— Tu as une bonne figure, capitaine ; — et, bien que souvent la nature revête le vice — de beaux dehors, je crois que toi — tu as une âme d'accord — avec ta bonne physionomie. — Je te prie, et je t'en récompenserai généreusement, — de cacher qui je suis, et de m'aider — à prendre le déguisement qui siéra le mieux — à la forme de mon projet. Je veux entrer au service de ce duc; — tu me présenteras à lui en qualité d'eunuque; — et tes démarches seront justifiées, car je sais chanter, — et je pourrai m'adresser à lui sur des airs si variés — qu'il me croira tout à fait digne de son service. — Pour ce qui doit suivre, je m'en remets au temps; — seulement, règle ton silence sur ma prudence.

LE CAPITAINE.

— Soyez son eunuque, et je serai votre muet : — quand ma langue babillera, que mes yeux cessent de voir !

VIOLA.

— Je te remercie : conduis-moi.

Il sortent.

SCÈNE III.

[Chez Olivia.]

Entrent SIR TOBIE BELCH et MARIA.

SIR TOBIE.

Que diantre a donc ma nièce à prendre ainsi la mort de son frère ? Je suis sûr, moi, que le chagrin est l'ennemi de la vie.

MARIA.

Sur ma parole, sir Tobie, vous devriez venir de meilleure heure le soir; votre nièce, madame, critique grandement vos heures indues.

SIR TOBIE.

Eh bien, mieux vaut pour elle critiquer qu'être critiquée.

MARIA.

Oui, mais vous devriez vous tenir dans les limites modestes de la régularité.

SIR TOBIE.

Me tenir! Je ne puis avoir meilleure tenue: ces habits sont assez bons pour boire, et ces bottes aussi; si elles ne le sont pas, qu'elles se pendent à leurs propres courroies.

MARIA.

Ces rasades et ces boissons-là vous perdront. J'entendais madame en parler hier encore, ainsi que de l'imbécile chevalier que vous avez amené ici un soir pour être son galant.

SIR TOBIE.

Qui? Sir André Aguecheek?

MARIA.

Lui-même.

SIR TOBIE.

C'est un homme aussi fort que qui que ce soit en Illyrie.

MARIA.

Qu'importe!

SIR TOBIE.

Eh! il a trois mille ducats par an.

MARIA.

Oui, mais il n'aura tous ces ducats-là qu'un an; c'est un vrai fou, un prodigue.

SIR TOBIE.

Fi! comment pouvez-vous dire ça? Il joue de la basse de viole, il parle trois ou quatre langues, mot à mot, sans livre, et il a tous les dons de la nature.

MARIA.

En effet, dans leur simplicité la plus naturelle. Car, outre que c'est un sot, c'est un grand querelleur; et s'il n'avait le don de la couardise pour tempérer sa violence querelleuse, on croit parmi les sages qu'il aurait bien vite le don d'une bière.

SIR TOBIE.

Par cette main, ce sont des chenapans et des détracteurs, ceux qui parlent ainsi de lui. Qui sont-ils?

MARIA.

Ceux qui ajoutent, par-dessus le marché, qu'il se soûle tous les soirs dans votre compagnie.

SIR TOBIE.

A force de boire à la santé de ma nièce; j'entends boire à sa santé aussi longtemps qu'il y aura un passage dans mon gosier et de quoi boire en Illyrie. C'est un lâche et un capon que celui qui refusera de boire à ma nièce jusqu'à ce que la cervelle lui tourne comme une toupie de paysan. Allons, fillette, *Castiliano volto* : car voici venir sir André Ague-Face.

Entre SIR ANDRÉ AGUECHEEK.

SIR ANDRÉ.

Sir Tobie Belch! Comment va, sir Tobie Belch?

SIR TOBIE.

Suave sir André!

SIR ANDRÉ, à Maria.

Dieu vous bénisse, jolie friponne!

MARIA.

Et vous aussi, monsieur.

SIR TOBIE.

Accoste, sir André, accoste.

SIR ANDRÉ.

Qu'est-ce que c'est?

SIR TOBIE.

La chambrière de ma nièce.

SIR ANDRÉ.

Bonne dame Accoste, je désire faire plus ample connaissance avec vous.

MARIA.

Mon nom est Marie, monsieur.

SIR ANDRÉ.

Bonne dame Marie Accoste...

SIR TOBIE.

Vous vous méprenez, chevalier. Je vous dis de l'accoster, c'est-à-dire de l'affronter, de l'aborder, de la courtiser, de l'attaquer.

SIR ANDRÉ.

Sur ma parole; je ne voudrais pas l'entreprendre ainsi en compagnie. Est-ce là le sens du mot accoster?

MARIA.

Adieu, messieurs.

SIR TOBIE.

Si tu la laisses partir ainsi, sir André, puisses-tu ne jamais tirer l'épée!

SIR ANDRÉ.

Si vous partez ainsi, petite dame, puissé-je ne jamais tirer l'épée! Ma belle, croyez-vous donc avoir des imbéciles sous la main?

MARIA.

Monsieur, je ne vous tiens pas par la main.

SIR ANDRÉ.

Morbleu, vous le pouvez : voici ma main.

MARIA.

Au fait, monsieur, la pensée est libre : je vous en prie, mettez votre main dans la baratte au beurre, et laissez-la s'humecter.

SIR ANDRÉ.

Pourquoi, cher cœur? Quelle est votre métaphore?

SCÈNE III.

MARIA.

Votre main est si sèche, monsieur (23) !

SIR ANDRÉ.

Je le crois certes bien ; je ne suis pas assez âne pour ne pas savoir tenir mes mains sèches. Mais quelle est cette plaisanterie ?

MARIA.

Une plaisanterie sèche, monsieur.

SIR ANDRÉ.

En avez-vous beaucoup comme ça ?

MARIA.

Oui, monsieur ; j'en ai qui me démangent ou bout des doigts ; tiens ! maintenant que j'ai lâché votre main, je n'en ai plus.

Sort Maria.

SIR TOBIE.

Ah ! chevalier, tu as besoin d'une coupe de Canarie. Quand t'ai-je vu ainsi terrassé ?

SIR ANDRÉ.

Jamais de votre vie, je crois, à moins que vous ne m'ayez vu terrassé par le Canarie. Il me semble que parfois je n'ai pas plus d'esprit qu'un chrétien ou un homme ordinaire ; mais je suis grand mangeur de bœuf, et je crois que ça fait tort à mon esprit.

SIR TOBIE.

Sans nul doute.

SIR ANDRÉ.

Si je le croyais, j'abjurerais le bœuf... Demain je monte à cheval et je retourne chez moi, sir Tobie.

SIR TOBIE.

Why, mon cher chevalier ?

SIR ANDRÉ.

Que signifie *why* ? partez, ou ne partez pas ? Je voudrais avoir employé à l'étude des langues le temps que j'ai consacré à l'escrime, à la danse et aux combats d'ours. Oh! que ne me suis-je adonné aux arts!

SIR TOBIE.

Tu aurais aujourd'hui un toupet parfait.

SIR ANDRÉ.

Quoi! est-ce que mon toupet y aurait gagné?

SIR TOBIE.

Sans doute; car tu vois bien que tes cheveux ne frisent pas naturellement.

SIR ANDRÉ.

Mais ils me vont assez bien, n'est-ce pas?

SIR TOBIE.

Parfaitement; ils pendent comme du chanvre à une quenouille; j'espère même un jour voir une ménagère te prendre entre ses jambes pour les filer.

SIR ANDRÉ.

Ma foi, je retourne demain chez moi, sir Tobie. Votre nièce ne veut pas se laisser voir; ou, si elle y consent, il y a quatre à parier contre un que ce ne sera pas par moi. Le comte-duc lui-même, qui habite près d'ici, lui fait la cour.

SIR TOBIE.

Elle ne veut pas du comte-duc; elle n'épousera pas un homme au-dessus d'elle par le rang, l'âge ou l'esprit. Je l'ai entendue en faire le serment. Dame! on peut s'y fier, mon cher.

SIR ANDRÉ.

Je resterai un mois de plus. Je suis un gaillard de la plus singulière disposition; j'aime les mascarades et les bals énormément parfois.

SIR TOBIE.

T'entends-tu à ces frivolités, chevalier?

SIR ANDRÉ.

Aussi bien qu'un homme en Illyrie, quel qu'il soit,

pourvu qu'il ne soit pas du nombre de mes supérieurs;
pourtant je ne me compare pas à un vieillard!

SIR TOBIE.

De quelle force es-tu à la danse, chevalier?

SIR ANDRÉ.

Ma foi, je sais découper la gigue.

SIR TOBIE.

Et moi découper le gigot.

SIR ANDRÉ.

Et je me flatte d'être à la culbute simplement aussi fort que qui que ce soit en Illyrie.

SIR TOBIE.

Pourquoi tout ça reste-t-il caché? Pourquoi tenir ces talents derrière le rideau? Risquent-ils de prendre la poussière comme le portrait de mistress Mall (24)? Pourquoi ne vas-tu pas à l'église en une gaillarde, et ne reviens-tu pas en une courante? Si j'étais de toi, mon pas ordinaire serait une gigue; je ne voudrais jamais lâcher de l'eau qu'en cinq temps. Que prétends-tu? Vivons-nous dans un monde où il faille cacher les mérites? Je croirais, à voir l'excellente constitution de ta jambe, qu'elle a été formé sous l'étoile d'une gaillarde.

SIR ANDRÉ.

Oui, elle est solide, et elle a assez bon air dans un bas couleur flamme. Improviserons-nous quelque divertissement?

SIR TOBIE.

Que faire de mieux? Sommes-nous pas nés sous le signe du Taureau?

SIR ANDRÉ.

Le Taureau? Il agit sur les côtes et sur le cœur.

SIR TOBIE.

Non, messire, sur les jambes et sur les cuisses. Que je

te voie faire un entrechat! ah! plus haut! ha! ha!..... excellent!

Ils sortent.

SCÈNE IV.

[Dans le palais ducal.]

Entrent VALENTIN et VIOLA, habillée en page.

VALENTIN.

Si le duc vous continue ses faveurs, Césario, vous êtes appelé à un haut avancement; il ne vous connaît que depuis trois jours, et déjà vous n'êtes plus un étranger pour lui.

VIOLA.

Vous craignez donc son caprice ou ma négligence, que vous mettez en question la continuation de sa bienveillance. Est-ce qu'il est inconstant, monsieur, dans ses affections?

VALENTIN.

Non, croyez-moi.

Entrent LE DUC, CURIO et des gens de la suite.

VIOLA, à Valentin.

— Merci... Voici venir le comte.

LE DUC.

Qui a vu Césario? holà!

VIOLA.

Le voici, monseigneur, à vos ordres.

LE DUC, aux gens de sa suite.

— Éloignez-vous un moment.

A Viola.

Césario, — tu sais tout; je t'ai ouvert — le livre à fermoir de mes pensées secrètes. — Ainsi, bon jouvenceau, dirige tes pas vers elle; — ne te laisse pas renvoyer, reste à sa porte, — et dis à ses gens que tes pieds seront enracinés là — jusqu'à ce que tu aies obtenu audience.

VIOLA.

Sûrement, mon noble seigneur, — si elle s'est abandonnée à sa douleur—autant qu'on le dit, elle ne m'admettra jamais.

LE DUC.

— Fais du bruit, franchis toutes les bornes de la civilité, — plutôt que de revenir sans résultat.

VIOLA.

— Supposons que je puisse lui parler, monseigneur, que lui dirai-je ?

LE DUC.

—Oh ! alors révèle-lui ma passion ; — étonne-la du récit de mon profond attachement. — Tu représenteras mes souffrances à merveille ; — elle les entendra mieux de la bouche de ta jeunesse — que de celle d'un nonce de plus grave aspect.

VIOLA.

— Je ne le crois pas, monseigneur.

LE DUC.

Crois-le, cher enfant ; — car ce serait mentir à ton heureux âge — que de t'appeler un homme ; les lèvres de Diane — ne sont pas plus douces ni plus vermeilles ; ta petite voix — est comme l'organe d'une jeune fille, flûtée et sonore, — et tu jouerais parfaitement un rôle de femme. — Je sais que ton étoile t'a prédestiné — pour cette affaire... Que quatre ou cinq d'entre vous l'accompagnent; — tous, si vous voulez; car, pour moi, je ne suis jamais mieux — que quand je suis seul. Réussis dans ce message; — et tu vivras aussi indépendant que ton maître; — tu pourras appeler tienne sa fortune.

VIOLA.

Je ferai de mon mieux — ma cour à votre dame...

A part.

Lutte pénible! — Faire ma cour ailleurs, et vouloir être sa femme!

Ils sortent.

SCÈNE V.

[Chez Olivia.]

Entrent MARIA et FESTE.

MARIA.

Allons, dis-moi où tu as été, ou je n'ouvrirai pas mes lèvres de la largeur d'un crin pour t'excuser. Madame va te faire pendre pour t'être absenté.

FESTE.

Qu'elle me fasse pendre! Celui qui est bien pendu en ce monde n'a plus à craindre les couleurs.

MARIA.

Explique-toi.

FESTE.

Ne voyant plus les couleurs, il ne doit pas les craindre.

MARIA.

Lestement répondu! Je puis te dire où ton mot est à sa place et où il ne faut pas craindre les couleurs.

FESTE.

Où ça, bonne dame Marie?

MARIA.

A la guerre; les couleurs ennemies; vous pouvez hardiment vous moquer de celles-là.

FESTE.

Bien! que Dieu accorde de l'esprit à ceux qui en ont;

SCÈNE V. 291

et quant aux imbéciles, qu'ils usent de leurs talents.

MARIA.

Vous n'en serez pas moins pendu pour vous être absenté si longtemps, ou vous serez chassé ; et pour vous, ça n'équivaut-il pas à être pendu ?

FESTE.

Une bonne pendaison empêche souvent un mauvais mariage ; et quant à être chassé, l'été y pourvoira.

MARIA.

Vous êtes donc bien résolu ?

FESTE.

Non ; mais je suis résolu sur deux points.

MARIA.

Deux pointes d'épingles ! si l'une se rompt, l'autre tiendra ; ou, si toutes deux se rompent, à bas les culottes.

FESTE.

Bon, ma foi, très-bon !.., Allons, va ton chemin ; du jour où sir Tobie cessera de boire, tu seras le plus spirituel morceau de la chair d'Ève qu'il y ait en Illyrie.

MARIA.

Paix, chenapan ! En voilà assez. Voici madame qui vient : faites prudemment vos excuses, je vous le conseille.

(Elle sort.)

Entrent OLIVIA et MALVOLIO.

FESTE.

Esprit, si c'est ton bon plaisir, mets-moi en folle verve. Les beaux esprits qui croient te posséder, ne sont souvent que des sots ; et moi, qui suis sûr de ne pas te posséder, je puis passer pour spirituel. Car que dit Quinapalus ? Mieux vaut un fou d'esprit qu'un sot bel esprit... Dieu te bénisse, ma dame !

OLIVIA.

Qu'on l'emmène! Plus de fol ici!

FESTE.

Vous entendez, marauds? Emmenez madame : plus de folle ici!

OLIVIA.

Allons. vous êtes un bien maigre fou ; je ne veux plus de vous; en outre, vous devenez malhonnête.

FESTE.

Deux défauts, madone, que la bonne chère et les bons conseils amenderont; car nourrissez bien le fou, et le fou ne sera plus maigre ; dites à l'homme malhonnête de s'amender; s'il s'amende, il n'est plus malhonnête ; s'il ne s'amende pas, que le ravaudeur le ramende ! Tout ce qui est amendé, n'est en réalité que rapiécé. La vertu qui dévoie est rapiécée de vice; le vice qui s'amende est rapiécé de vertu. Si ce simple syllogisme peut passer, tant mieux; sinon, quel remède? Comme il n'y a de vrai cocuage que le malheur, de même la beauté est une fleur... Madame dit qu'elle ne veut plus de folle ici ; conséquemment, je le répète, qu'on emmène madame.

OLIVIA.

Monsieur, c'est vous que j'ai dit d'emmener.

FESTE.

Méprise au premier chef!... Madame, *cucullus non facit monachum*, ce qui revient à dire que je n'ai pas de marotte dans ma cervelle. Bonne madone, permettez-moi de vous prouver que vous êtes folle.

OLIVIA.

Pourriez-vous le prouver?

FESTE.

Lestement, bonne madone.

OLIVIA.

Faites votre preuve.

FESTE.

Je dois pour ça vous interroger comme au catéchisme, madone. Ma bonne petite souris de vertu, répondez-moi.

OLIVIA.

Soit, monsieur, à défaut d'autre passe-temps, j'affronterai votre preuve.

FESTE.

Bonne madone, pourquoi es-tu désolée ?

OLIVIA.

Bon fou, à cause de la mort de mon frère.

FESTE.

Son âme est en enfer, je pense, madone.

OLIVIA.

Je sais que son âme est au ciel, fou.

FESTE.

Vous êtes donc bien folle, madone, de vous désoler de ce que l'âme de votre frère est au ciel... Qu'on l'emmène ; plus de folle ici, messieurs !

OLIVIA.

Que pensez-vous de ce fou, Malvolio? Est-ce qu'il ne s'amende pas?

MALVOLIO.

Si fait, et il s'amendera de la sorte jusqu'à ce que les affres de la mort le secouent. L'infirmité, qui ruine le sage, améliore toujours le fou.

FESTE.

Que Dieu vous envoie, monsieur, une prompte infirmité pour perfectionner votre folie ! Sir Tobie est prêt à jurer que je ne suis pas un renard ; mais il ne parierait pas deux sous que vous n'êtes pas un sot.

OLIVIA.

Que dites-vous à ça, Malvolio?

MALVOLIO.

Je m'étonne que Votre Excellence se plaise dans la société d'un si chétif coquin ; je l'ai vu écraser l'autre jour par un méchant fou qui n'a pas plus de cervelle qu'un caillou. Voyez donc, il est déjà tout décontenancé ; dès que vous ne riez plus et que vous ne lui fournissez plus matière, il est bâillonné. Sur ma parole, je considère les gens sensés qui s'extasient si fort devant des fous de cette espèce comme ne valant pas mieux que la marotte même de ces fous.

OLIVIA.

Oh ! vous avez la maladie de l'amour-propre, Malvolio, et vous avez le goût d'un appétit dérangé. Quand on est généreux, sans remords et de franche nature, on prend pour des flèches à moineau ce que vous tenez pour des boulets de canon. Il n'y a rien de malveillant dans un bouffon émérite, qui ne fait que plaisanter, comme il n'y a rien de plaisant dans un sage prétendu discret qui ne fait que censurer.

FESTE.

Que Mercure te donne le talent de mentir pour avoir dit tant de bien des fous !

Rentre MARIA.

MARIA.

Madame, il y a à la porte un jeune gentilhomme qui désire fort vous parler.

OLIVIA.

Est-ce de la part du comte Orsino ?

MARIA.

Je ne sais pas, madame ; c'est un beau jeune homme, et bien accompagné.

OLIVIA.

Quel est celui de mes gens qui le retient là-bas ?

SCÈNE V.

MARIA.
Sir Tobie, madame, votre parent.

OLIVIA.
Éloignez-le, je vous prie ; il parle comme un fou ; fi de lui !

Maria sort.

Vous, Malvolio, allez ; si c'est un message du comte, je suis malade, ou sortie, tout ce que vous voudrez, pour m'en débarrasser.

Malvolio sort.

Eh bien, monsieur, vous voyez comme vos bouffonneries vieillissent, et comme elles déplaisent aux gens.

FESTE.
Tu as parlé pour nous, madone, comme si tu avais un fils aîné fou. Que Jupiter lui bourre le crâne de cervelle, car voici venir un de tes parents qui a une bien faible pie-mère.

Entre SIR TOBIE BELCH.

OLIVIA.
Sur mon honneur, à moitié ivre..... Qui donc est à la porte, mon oncle ?

SIR TOBIE.
Un gentilhomme.

OLIVIA.
Un gentilhomme ! Quel gentilhomme ?

SIR TOBIE.
C'est un gentilhomme ici,... Peste soit de ces harengs marinés !

A Feste.
Eh bien, sot ?

FESTE.
Bon sir Tobie...

OLIVIA.
Mon oncle, mon oncle, comment de si bonne heure avez-vous tant d'indolence ?

SIR TOBIE.

Insolence ! Je brave l'insolence !... Il y a quelqu'un à la porte.

OLIVIA.

Oui, en effet; qui est-ce?

SIR TOBIE.

Qu'il soit le diable, s'il veut, je ne m'en soucie guère; croyez-m'en sur parole. Oui, ça m'est bien égal.

Il sort.

OLIVIA.

A quoi ressemble un homme ivre, fou ?

FESTE.

A un noyé, à un imbécile et à un fou ; une rasade de trop en fait un imbécile ; une seconde le rend fou ; une troisième le noie.

OLIVIA.

Va donc chercher le coroner, qu'il tienne enquête sur mon oncle ; car il en est au troisième degré de l'ivresse, il est noyé ; va, veille sur lui.

FESTE.

Il n'est encore que fou, madone ; et le bouffon va veiller sur le fou.

Il sort.

Rentre MALVOLIO.

MALVOLIO.

Madame, le jeune drôle de là-bas jure qu'il vous parlera. Je lui ai dit que vous étiez malade; il prétend qu'il le savait, et partant il vient pour vous parler; je lui ai dit que vous dormiez ; il prétend en avoir eu prescience également, et partant il vient pour vous parler. Que faut-il lui dire, madame ? Il est fortifié contre tous les refus.

OLIVIA.

Dites-lui qu'il ne me parlera pas.

MALVOLIO.

C'est ce qui lui a été dit; et il répond que, dût-il s'installer à votre porte comme le poteau d'un sheriff, s'y faire support de banquette, il vous parlera.

OLIVIA.

Quelle espèce d'homme est-ce ?

MALVOLIO.

Mais de l'espèce humaine.

OLIVIA.

Quelle manière d'homme?

MALVOLIO.

Il est de fort mauvaise manière ; il prétend vous parler, que vous le vouliez ou non.

OLIVIA.

Quel genre de personne ? Quel âge?

MALVOLIO.

Il n'est pas assez âgé pour un homme, ni assez jeune pour un garçon ; ce qu'est la cosse avant de renfermer le pois, ce qu'est la pomme quand elle est presque formée ; il est juste à la morte-eau, entre l'enfance et la virilité. Il a fort bonne mine, et il parle fort inpertinemment : on croirait qu'il est à peine sevré du lait de sa mère.

OLIVIA.

Qu'il entre ; appelez ma suivante.

MALVOLIO.

Suivante, madame vous appelle.

Rentre MARIA.

OLIVIA.

— Donne-moi mon voile ; allons, jette-le sur mon visage ; — nous allons entendre encore une fois l'ambassade d'Orsino.

Entre VIOLA.

VIOLA.

L'honorable maîtresse de la maison, quelle est-elle ?

OLIVIA.

Parlez-moi, je répondrai pour elle. Que voulez-vous?

VIOLA.

Très-radieuse, parfaite et incomparable beauté, dites-moi, je vous prie, si je suis devant la maîtresse de la maison, car je ne l'ai jamais vue. Je répugnerais à perdre ma harangue; car, outre qu'elle est admirablement bien tournée, je me suis donné beaucoup de peine pour l'apprendre par cœur. Aimables beautés, ne me faites pas essuyer de dédain, car je suis sensible au moindre mauvais procédé.

OLIVIA.

De quelle part venez-vous, monsieur?

VIOLA.

Je ne saurais guère dire que ce que j'ai étudié, et cette question est en dehors de mon rôle. Aimable dame, déclarez-moi en toute modestie si vous êtes la maîtresse de la maison, afin que je puisse procéder à ma harangue.

OLIVIA.

Êtes-vous comédien?

VIOLA.

Non, je le dis du fond du cœur; et pourtant, par les griffes mêmes de la malice, je jure que je ne suis pas ce que je représente. Êtes-vous la maîtresse de la maison?

OLIVIA.

Si je ne commets pas d'usurpation sur moi-même, je la suis.

VIOLA.

Si vous l'êtes, vous en commettez une; car ce que vous possédez pour le donner, vous ne le possédez pas pour le garder. Mais ceci est en dehors de ma mission. Je vais dire ma harangue à votre louange, et vous ouvrir le cœur de mon message.

OLIVIA.

Arrivez à l'important : je vous dispense de l'éloge.

VIOLA.

Hélas ! j'ai pris tant de peine à l'étudier, et il est si poétique.

OLIVIA.

Il n'en a que plus de chance d'être fictif : je vous en prie, gardez-le pour vous. J'ai appris que vous avez été fort impertinent à ma porte, et j'ai autorisé votre admission plutôt par curiosité de vous voir que par envie de vous entendre. Si vous n'êtes qu'un fou, retirez-vous ; si vous avez votre raison, soyez bref : je ne suis pas dans une lune à figurer en un dialogue aussi décousu.

MARIA.

Voulez-vous mettre à la voile, monsieur ? Voilà votre chemin.

VIOLA.

Non, bon mousse ; je compte rester en panne ici un peu plus longtemps.

Montrant Maria à Olivia.

Modérez un peu votre géant, chère dame.

OLIVIA.

Dites-moi ce que vous voulez.

VIOLA.

Je suis un messager...

OLIVIA.

Sûrement vous devez avoir quelque effroyable chose à révéler, pour que votre début soit si craintif. Expliquez votre message.

VIOLA.

Il n'est fait que pour votre oreille. Je n'apporte ni déclaration de guerre, ni réclamation d'hommage ; je tiens l'olivier à ma main : mes paroles sont toutes de paix.

OLIVIA.

Pourtant votre préambule a été rude. Qui êtes-vous ? Que désirez-vous ?

VIOLA.

La rudesse que j'ai montrée était un jeu de scène appris par moi. Ce que je suis, comme ce que je désire, est chose aussi secrète qu'une virginité ; verbe sacré pour votre oreille, profane pour toute autre.

OLIVIA, à Maria.

Laisse-nous seuls ; nous voulons entendre ce verbe sacré.

Sort Maria.

Maintenant, monsieur, quel est votre texte ?

VIOLA.

Très-charmante dame...

OLIVIA.

Doctrine consolante et sur laquelle il y a beaucoup à dire. Où est votre texte ?

VIOLA.

Dans le cœur d'Orsino.

OLIVIA.

Dans son cœur ? Dans quel chapitre de son cœur ?

VIOLA.

Pour répondre méthodiquement, dans le premier chapitre de son âme.

OLIVIA.

Oh ! je l'ai lu ; c'est de l'hérésie pure. Est-ce que vous n'avez rien de plus à dire ?

VIOLA.

Bonne madame, que je voie votre visage.

OLIVIA.

Avez-vous mission de votre maître pour négocier avec mon visage ? Vous voilà maintenant loin de votre texte ;

mais nous allons tirer le rideau, et vous montrer le tableau.

Se dévoilant.

Regardez, monsieur.

Se revoilant.

Voilà ce que j'étais tout à l'heure.

Se dévoilant.

N'est-ce pas bien fait?

VIOLA.

Excellemment, si c'est Dieu qui à tout fait.

OLIVIA.

C'est dans le grain, monsieur; ça résistera au vent et à la pluie.

VIOLA.

— C'est de la beauté admirablement fondue; ce rouge et ce blanc — ont été mis là par la main exquise et savante de la nature elle-même. — Madame, vous êtes la plus cruelle des vivantes, — si vous emportez toutes ces grâces au tombeau, — sans en laisser copie au monde. —

OLIVIA.

Oh! monsieur, je n'aurai pas le cœur si dur; je ferai divers legs de ma beauté; elle sera inventoriée, et chaque particularité, chaque détail, sera étiqueté dans mon testament : par exemple, *item*, deux lèvres passablement rouges; *item*, deux yeux gris avec leurs paupières; *item*, un cou, un menton, et ainsi de suite. Avez-vous été envoyée ici pour m'estimer?

VIOLA.

— Je vois ce que vous êtes; vous êtes trop fière; — mais, quand vous seriez le diable, vous êtes jolie. — Mon seigneur et maître vous aime. Oh! un tel amour — devrait être récompensé, quand vous seriez couronnée — la beauté sans pareille!

OLIVIA.

Comment m'aime-t-il?

####### VIOLA.

— Avec adoration, avec des larmes fécondes, — avec des sanglots qui fulminent l'amour, avec des soupirs de feu.

####### OLIVIA.

— Votre maître connaît ma pensée; je ne puis l'aimer. — Pourtant je le suppose vertueux, je le sais noble, — de grande maison, d'une jeunesse fraîche et sans tache, — bien famé, généreux, instruit, vaillant, — et, par la tournure et les dehors, — une gracieuse personne; néanmoins je ne puis l'aimer; — il y a longtemps qu'il devrait se le tenir pour dit.

####### VIOLA.

— Si je vous aimais avec la flamme de mon maître, — avec de telles souffrances, une vie si meurtrière, — je ne trouverais pas de sens à votre refus, — je ne le comprendrais pas.

####### OLIVIA.

Eh! que feriez-vous?

####### VIOLA.

— Je me bâtirais à votre porte une hutte de saule, — et je redemanderais mon âme à votre maison; — j'écrirais de loyales cantilènes sur mon amour dédaigné, — et je les chanterais bien haut dans l'ombre de la nuit; — je crierais votre nom aux échos des collines, — et je forcerais la commère babillarde des airs — à vociférer : *Olivia!* Oh! vous n'auriez pas de repos — entre ces deux éléments, l'air et la terre, — que vous n'eussiez eu pitié de moi.

####### OLIVIA.

— Vous pourriez beaucoup. Quelle est votre naissance?

####### VIOLA.

— Supérieure à ma fortune, et pourtant ma fortune est suffisante; — je suis gentilhomme.

####### OLIVIA.

Retournez près de votre maître; — je ne puis l'aimer;

qu'il cesse d'envoyer...— à moins que par hasard vous ne reveniez — pour me dire comment il prend la chose. Adieu ; —je vous remercie : dépensez ceci pour moi.

Elle lui offre une bourse.

VIOLA.

—Je ne suis pas un messager à gage, madame; gardez votre bourse; — c'est à mon maître, non à moi, qu'il faut une récompense.— Puisse l'amour faire un cœur de roche à celui que vous aimerez, — et puisse votre ferveur, comme celle de mon maître, — n'être payée que de mépris!... Adieu, belle cruauté.

Elle sort.

OLIVIA.

Quelle est votre naissance? — Supérieure à ma fortune, et pourtant ma fortune est suffisante; — je suis gentilhomme. Je jurerais que tu l'es. — Ton langage, ton visage, ta tournure, ta démarche, ton esprit, — te donnent un quintuple blason... Pas si vite! Doucement! doucement!... — Que le maître n'est-il le valet!... Eh quoi! — Peut-on si vite attraper le fléau! — Il me semble que je sens les perfections de ce jeune homme, — par une invisible et subtile effraction, — s'insinuer dans mes yeux. Eh bien, soit... — Holà, Malvolio!

Entre MALVOLIO.

MALVOLIO.

Me voici, madame, à votre service.

OLIVIA.

— Cours après ce mutin messager, — l'envoyé du comte; il a laissé cette bague ici — malgré moi; dis-lui que je n'en veux pas. — Recommande-lui de ne pas donner d'illusion à son maître, — de ne pas le bercer d'espérances; je ne suis point pour lui; — si ce jeune homme veut repasser par ici demain, — je lui expliquerai mes raisons. Hâte-toi, Malvolio.

MALVOLIO.

J'obéis, madame.

Il sort.

OLIVIA.

— Je ne sais plus ce que je fais ; et je crains de m'apercevoir — que mes yeux ont trop fasciné mon imagination. — Destinée, montre ta force ; nous ne nous possédons pas nous-mêmes ; — ce qui est décrété doit être ; eh bien, soit.

Elle sort.

SCÈNE VI.

[Une habitation au bord de la mer.]

Entrent ANTONIO et SÉBASTIEN.

ANTONIO.

Vous ne voulez pas rester plus longtemps ? Et vous ne voulez pas que j'aille avec vous ?

SÉBASTIEN.

Non, je vous en prie ; mon étoile jette sur moi une lueur sombre. La malignité de ma destinée pourrait peut-être attaquer la vôtre. Je vous conjure donc de me laisser seul porter mes malheurs : ce serait mal récompenser votre amitié que de les faire peser sur vous en partie.

ANTONIO.

Laissez-moi du moins savoir où vous vous rendez.

SÉBASTIEN.

Non, ma foi ; mon itinéraire est la pure extravagance. Mais je remarque en vous ce tact exquis de la délicatesse : vous ne voulez pas m'arracher ce que je veux garder pour moi ; et je n'en suis que plus impérieusement entraîné à m'ouvrir à vous. Sachez donc, Antonio, que je m'appelle Sébastien, bien que je prenne le nom de Roderigo. Mon père était ce Sébastien de Messaline dont vous avez, je suis sûr, entendu parler : il laissa après lui deux enfants, moi et une sœur, nés tous deux à la même heure. Plût au ciel que nous eussions fini ensemble nne vie commencée ensemble! Mais vous, monsieur, vous en avez décidé autrement; car une heure environ avant que vous m'eussiez soustrait au gouffre de la mer, ma sœur était noyée.

ANTONIO.

Hélas! quel jour!

SÉBASTIEN.

Bien qu'elle passât pour me ressembler beaucoup, elle était généralement réputée belle personne; et, bien que je ne puisse trop m'avancer sur la foi de ces merveilleux on-dit, je puis pourtant proclamer hardiment une chose : c'est qu'elle avait une âme que l'envie même était forcée de trouver belle. Hélas! elle a beau être déjà noyée dans l'eau amère, il faut encore que je noie son souvenir dans une eau plus amère encore!

ANTONIO.

Pardonnez-moi, monsieur, ma chétive hospitalité.

SÉBASTIEN.

O bon Antonio, pardonnez-moi l'embarras que je vous ai donné.

ANTONIO.

Si vous ne voulez pas me blesser à mort dans mon affection, laissez-moi être votre serviteur.

SÉBASTIEN.

Si vous ne voulez pas défaire ce que vous avez fait, c'est-à-dire perdre celui que vous avez sauvé, n'insistez pas. Adieu, une fois pour toutes; mon cœur est plein de sensibilité, et je touche encore de si près à ma mère par la tendresse, qu'à la moindre occasion mes yeux sont prêts à me trahir. Je vais à la cour du comte Orsino : adieu.

ANTONIO.

— Que la faveur de tous les dieux aille avec toi.

Sort Sébastien.

— J'ai de nombreux ennemis à la cour d'Orsino ; — sans quoi je t'y rejoindrais bien vite... — Mais advienne que voudra ; je t'adore tellement — que le danger me semblera un jeu, et j'irai.

Il sort.

SCÈNE VII.

[Une rue.]

Entre VIOLA; MALVOLIO la suit.

MALVOLIO.

N'étiez-vous pas, il n'y a qu'un moment, avec la comtesse Olivia ?

VIOLA.

Il n'y a qu'un moment, monsieur ; en marchant d'un pas modéré, je n'ai eu que le temps de venir jusqu'ici.

MALVOLIO.

Elle vous renvoie cet anneau, monsieur ; vous auriez pu m'épargner ma peine, en l'emportant vous-même. Elle vous fait dire en outre de donner à votre maître l'assurance désespérée qu'elle ne veut pas de lui ; et, qui plus est, de ne plus vous permettre de revenir pour cette affaire, à moins que ce ne soit pour lui dire comment votre maître aura pris ce refus. Maintenant reprenez ceci.

VIOLA.

Elle a accepté l'anneau de moi ; je n'en veux pas.

MALVOLIO.

Allons, monsieur, vous le lui avez impertinemment jeté, et sa volonté est qu'il vous soit rendu ; s'il vaut la peine qu'on se baisse pour l'avoir, le voilà par terre sous vos yeux ; sinon qu'il appartienne à qui le trouvera.

Il sort en jetant la bague aux pieds de Viola.

VIOLA, la ramassant.

— Je ne lui ai pas laissé de bague : que prétend cette dame ? — Ma tournure l'aurait-elle charmée ? Le sort veuille que non ! — Elle m'a beaucoup considérée, à tel point vraiment — que ses yeux semblaient égarer sa langue ; — car elle parlait d'une façon incohérente et distraite. — Elle m'aime assurément ; c'est une ruse de sa passion — qui me fait inviter par ce grossier messager. — Elle ne veut pas de la bague de monseigneur ! Mais il ne lui en a pas envoyé. — Je suis le personnage !... Si cela est (et cela est), — pauvre femme, elle ferait mieux de s'éprendre d'une vision. — Déguisement, tu es, je le vois, une profanation — qu'exploite l'adroit ennemi du genre humain. — Combien il est facile à de beaux trompeurs — de faire impression sur le cœur de cire des femmes ! — Hélas ! la faute en est à notre fragilité, non à nous. — Car telles nous sommes faites, telles nous sommes. — Comment ceci s'arrangera-t-il ! Mon maître l'aime tendrement ; — et moi, pauvre monstre, je suis profondément aussi éprise de lui. — Qu'adviendra-t-il de tout ça ? Comme homme, — je dois désespérer d'obtenir l'amour de mon maître. — Comme femme ? hélas ! que d'inutiles soupirs j'arrache à la pauvre Olivia ! — O temps, c'est toi qui dois débrouiller ceci et non moi. — Ce nœud est pour moi trop difficile à dénouer.

Elle sort.

SCÈNE VIII.

[Chez Olivia.]

Entrent SIR TOBIE BELCH et SIR ANDRÉ AGUECHEECK.

SIR TOBIE.

Approche, sir André ; ne pas être au lit après minuit,

c'est être debout de bonne heure ; et *diluculo surgere*, tu sais...

SIR ANDRÉ.

Non, ma foi, je ne sais pas; mais ce que je sais, c'est qu'être debout tard, c'est être debout tard.

SIR TOBIE.

Fausse conclusion, qui me répugne autant qu'un flacon vide. Être debout après minuit, et alors aller se coucher, c'est se coucher matin ; en sorte qu'aller se coucher après minuit, c'est aller se coucher de bonne heure. Est-ce que notre existence n'est pas un composé des quatre éléments?

SIR ANDRÉ.

Ma foi, on le dit, mais je crois plutôt que c'est un composé du boire et du manger !

SIR TOBIE.

Tu es un savant; donc mangeons et buvons... Marianne, holà ! une cruche de vin !

Entre Feste.

SIR ANDRÉ.

Voici, ma foi, le fou qui vient.

FESTE.

Eh bien, mes cœurs ? n'avez-vous jamais vu l'image de notre trio (25) ?

SIR TOBIE.

Ane, sois le bienvenu. Maintenant, une ariette !

SIR ANDRÉ.

Sur ma parole, le fou a un excellent gosier. Je donnerais quarante shillings pour avoir la jambe et la douce voix qu'a le fou. En vérité, tu as été hier soir d'une bouffonnerie délicieuse, quand tu nous as parlé de Pigrogromitus, des Vapiens passant l'equinoxiale de Queubus; c'était fort bon, ma foi. Je t'ai envoyé six pence pour ta catin; les as-tu eus?

SCÈNE VIII.

FESTE.

J'ai empoché ta gratification, car le nez de Malvolio n'est pas un manche de fouet; ma dame a la main blanche, et les myrmidons ne sont pas des cabarets.

SIR ANDRÉ.

Excellent! voilà encore la meilleure bouffonnerie, après tout. Maintenant, une chanson!

SIR TOBIE.

Allons! voilà six pence pour vous; chantez-nous une chanson.

SIR ANDRÉ.

Tiens, voilà un teston de moi, par-dessus le marché! Quand un chevalier donne un...

FESTE.

Voulez-vous une chanson d'amour, ou une chanson morale?

SIR TOBIE.

Une chanson d'amour, une chanson d'amour!

SIR ANDRÉ.

Oui, oui; je ne me soucie guère de la morale.

FESTE, chantant.

O ma maîtresse, où courez-vous?
Oh! arrêtez et écoutez; il arrive, votre amant fidèle,
Qui sait chanter haut et bas.
Ne trottez pas plus loin, douce mignonne;
Tout voyage s'arrête au rendez-vous d'amour.
Le fils du sage sait ça.

SIR ANDRÉ.

Excellent, ma foi!

SIR TOBIE.

Bien, bien.

FESTE.

Qu'est-ce que l'amour? Il n'est pas à venir;
La joie présente a le rire présent.

Ce qui est au futur est toujours incertain.
On ne gagne rien aux délais.
Viens donc me baiser, cent fois charmante ;
La jeunesse est une étoffe qui ne peut durer.

SIR ANDRÉ.

Voix melliflue, foi de chevalier.

SIR TOBIE.

Haleine parfumée !

SIR ANDRÉ.

Suave et parfumée, en vérité.

SIR TOBIE.

A l'entendre du nez, c'est une harmonie de parfums. Mais si nous buvions à faire danser le ciel? ou bien si nous réveillions la chouette par un trio capable de ravir trois âmes de tisserand? Que vous en semble.

SIR ANDRÉ.

Si vous m'aimez, faisons-le. Je suis un limier pour attraper les airs.

FESTE.

Par Notre-Dame, messire, il y a des chiens qui attrapent bien.

SIR ANDRÉ.

Certainement ; chantons l'air : *Coquin, garde le silence.*

FESTE.

Garde le silence, coquin, chevalier? Je serai donc forcé de t'appeler coquin, chevalier?

SIR ANDRÉ.

Ce n'est pas la première fois que j'ai forcé quelqu'un à m'appeler coquin. Commence, fou ; ça commence ainsi : *Garde le silence.*

FESTE.

Je ne commencerai jamais, si je garde le silence.

SIR ANDRÉ.

Bon, ma foi ! Allons, commence.

Ils chantent un trio.

SCÈNE VIII.

Entre MARIA.

MARIA.

Quel charivari faites-vous là! Si madame n'a pas appelé son intendant, Malvolio, pour lui dire de vous mettre à la porte, ne vous fiez plus à moi.

SIR TOBIE.

Madame est une chinoise, nous sommes des hommes d'état; Malvolio est un aigrefin, et nous sommes trois joyeux compagnons (26). Ne suis-je pas un parent? Ne suis-je pas du sang de madame? Tarare, ma chère!

Il chante.

Il était un homme à Babylone, dame, dame (27).

FESTE.

Malepeste! le chevalier et dans un admirable entrain.

SIR ANDRÉ.

Oui, il va assez bien quand il est disposé; et moi aussi. Il y met plus de grâce; moi, plus de simplicité.

SIR TOBIE, chantant.

Oh! le douzième jour de décembre.

MARIA.

Pour l'amour de Dieu, silence!

Entre MALVOLIO.

MALVOLIO.

Êtes-vous fous, mes maîtres? ou bien qu'êtes-vous donc? N'avez-vous ni raison, ni savoir-vivre, ni civilité, pour brailler comme des chaudronniers à cette heure de nuit? Tenez-vous la maison de madame pour un cabaret, que vous hurlez ici vos airs de ravaudeurs sans ménagement ni remords de voix? Ne respectez-vous ni lieu ni personne? Avez-vous perdu toute mesure?

SIR TOBIE.

Nous avons observé la mesure, monsieur, dans notre trio. Au diable!

MALVOLIO.

Sir Tobie, je dois être franc avec vous. Madame m'a chargé de vous dire que, bien qu'elle vous recueille comme son parent, elle n'est nullement alliée à vos désordres. Si vous pouvez vous séparer de vos déportements, vous serez le bienvenu à la maison ; sinon, pour peu qu'il vous plaise de prendre congé d'elle, elle est toute disposée à vous faire ses adieux.

SIR TOBIE, chantant.

Adieu, cher cœur, puisqu'il faut que je parte (28).

MARIA.

Voyons, bon sir Tobie.

FESTE, chantant.

Ses yeux annoncent que ses jours sont presques finis.

MALVOLIO.

Est-il possible !

SIR TOBIE, chantant.

Mais je ne mourrai jamais.

FESTE.

Sir Tobie, en cela vous mentez.

MALVOLIO.

Voilà qui vous fait grand honneur !

SIR TOBIE, chantant.

Lui dirai-je de s'en aller ?

FESTE, chantant.

Et quand vous le feriez?

SIR TOBIE. chantant.

Lui dirai-je de s'en aller, sans merci ?

FESTE, chantant.

Oh ! non, non, non, vous n'oseriez.

SIR TOBIE, à Malvolio.

Ah ! nous détonnons, l'ami? Vous mentez... Es-tu rien

de plus qu'un intendant? Crois-tu, parce que tu es vertueux, qu'il n'y aura plus ale ni galette (29) ?

FESTE.

Si fait, par sainte Anne ; et le gingembre aussi nous brûlera la bouche.

SIR TOBIE, à Feste.

Tu es dans le vrai.

A Malvolio.

Allez, monsieur, allez fourbir votre chaîne avec de la mie de pain... Une cruche de vin, Maria !

MALVOLIO.

Mademoiselle Marie, si vous faites le moindre cas de la faveur de madame, vous ne prêterez pas les mains à cette incivile conduite ; elle sera informée de tout cela, je le jure.

Il sort.

MARIA.

Allez secouer vos oreilles.

SIR ANDRÉ.

Un acte aussi louable que de boire quand on a faim, ce serait de lui donner un rendez-vous sur le terrain, puis de lui manquer de parole et de le mystifier.

SIR TOBIE.

Fais ça, chevalier; je te rédigerai un cartel, ou bien je lui signifierai de vive voix ton indignation.

MARIA.

Mon cher sir Tobie, prenez patience pour cette nuit; depuis la visite que le jeune page du comte a faite aujourd'hui à madame, elle est fort agitée. Quant à monsieur Malvolio, abandonnez-le moi; si je ne fais pas de lui une dupe proverbiale, si je ne l'expose pas à la risée générale, croyez que je n'ai pas assez d'intelligence pour m'étendre tout de mon long dans mon lit. Je m'en charge.

SIR TOBIE.

Instruis-nous, instruis-nous; parle-nous de lui.

MARIA.

Eh bien, monsieur, cet homme est par moments une espèce de puritain.

SIR ANDRÉ.

Oh! si je croyais ça, je le battrais comme un chien.

SIR TOBIE.

Quoi! s'il était puritain! quelle exquise raison as-tu pour ça, chevalier?

SIR ANDRÉ.

Je n'ai pas pour cela de raison exquise, mais j'ai des raisons suffisantes.

MARIA.

C'est un diable de puritain, ou à coup sûr ce n'est rien moins qu'un homme accommodant; un âne plein d'affectation qui, sans étude, sait la société par cœur, et débite ses maximes par grandes gerbes; tout féru de lui-même, et se croyant tellement bourré de perfections qu'il est fermement convaincu qu'on ne peut le voir sans l'aimer; c'est dans ce travers même que ma vengeance va trouver un notable sujet de s'exercer.

SIR TOBIE.

Que vas-tu faire?

MARIA.

Je vais laisser tomber sur son chemin une mystérieuse lettre d'amour, dans laquelle il se croira très-clairement désigné par des allusions à la couleur de sa barbe, à la forme de sa jambe, à sa tournure, à l'expression de ses yeux, de son front, de sa physionomie. Mon écriture ressemble fort à celle de madame, votre nièce; sur un sujet oublié nous pourrions à peine les distinguer.

SIR TOBIE.

Excellent! je flaire la farce.

SCÈNE VIII.

SIR ANDRÉ.
J'ai aussi le nez dessus.

SIR TOBIE.
Il croira, à la teneur de la lettre que tu auras laissée tomber, qu'elle vient de ma nièce; et qu'elle est amoureuse de lui.

MARIA.
Mon projet est effectivement un cheval de bataille de cette couleur.

SIR ANDRÉ.
Et ton cheval de bataille ferait de lui un âne.

MARIA.
Un âne, sans aucun doute.

SIR ANDRÉ.
Oh! ce sera admirable.

MARIA.
Plaisir royal, je vous le garantis. Je suis sûre que ma médecine opérera sur lui. Je vous posterai, en tiers avec le fou, à l'endroit où il devra trouver la lettre ; vous prendrez note de ses commentaires. Pour ce soir, couchez-vous, et songez à l'événement. Adieu.

SIR TOBIE.
Bonsoir, Penthésilée.

Sort Maria.

SIR ANDRÉ.
Sur ma foi, c'est une bonne fille.

SIR TOBIE.
C'est une bigle de race, et qui m'adore. Que t'en semble ?

SIR ANDRÉ.
J'ai été aussi adoré dans le temps.

SIR TOBIE.
Allons nous coucher, chevalier. Tu feras bien d'envoyer chercher encore de l'argent.

SIR ANDRÉ.

Si je ne puis obtenir votre nièce, je suis dans un rude embarras.

SIR TOBIE.

Envoie chercher de l'argent, chevalier; si tu ne finis pas par avoir ma nièce, appelle-moi rosse.

SIR ANDRÉ.

Si je m'y refuse, ne vous fiez plus à moi; traitez-moi comme vous voudrez.

SIR TOBIE.

Allons, viens; je vais faire chauffer du vin; il est trop tard pour aller au lit maintenant. Viens, chevalier; viens, chevalier.

Ils sortent.

SCÈNE IX.

[Dans le palais ducal.]

Entrent LE DUC, VIOLA, CURIO et d'autres.

LE DUC.

— Qu'on me donne de la musique!... Ah! bonjour, amis. — Allons, bon Césario, rien qu'un morceau de chant, — ce chant vieux et antique que nous avons entendu la nuit dernière : — il m'a semblé qu'il soulageait ma passion beaucoup — plus que tous ces airs légers et tous ces fredons rebattus — à la mesure brusque et saillante. — Allons, rien qu'un couplet.

CURIO.

N'en déplaise à Votre Seigneurie, celui qui pourrait le chanter n'est pas ici.

LE DUC.

Qui était-ce donc?

CURIO.

Feste, le bouffon, milord; un fou qu'aimait fort le père

de madame Olivia; il est quelque part dans le palais.
LE DUC.
— Allez le chercher, et qu'on joue l'air en attendant

Sort Curio. — Musique.

A Viola.

— Approche, page; si jamais tu aimes, — dans tes douces angoisses, souviens-toi de moi : — car tous les vrais amoureux sont tels que je suis, — mobiles et capricieux en tout, — hormis dans l'idée fixe de la créature — aimée. Que te semble de cet air?

VIOLA.

— Il trouve un écho dans les profondeurs mêmes — où trône l'amour.

LE DUC.

Tu en parles magistralement; — je jurerais, sur ma vie, que, jeune comme tu l'es, ton regard — s'est déjà fixé avec complaisance sur quelque gracieux être; — n'est-ce pas, page?

VIOLA.

Un peu, n'en déplaise à Votre Grâce.

LE DUC.

— Quel genre de femme est-ce?

VIOLA.

De votre complexion.

LE DUC.

— Elle n'est pas digne de toi, alors. Quel âge, en vérité?

VIOLA.

— A peu près votre âge, mon seigneur.

LE DUC.

— C'est trop vieux, par le ciel. Que la femme prenne toujours — un peu plus âgé qu'elle; elle n'en sera que mieux assortie, — et que mieux en équilibre dans le cœur de son mari. — Car, page, nous avons beau nous vanter, — nos affections sont plus mobiles, plus instables, — plus vives, plus vacillantes, plus tôt égarées et usées — que celles des femmes.

VIOLA.

Je le crois, monseigneur.

LE DUC.

— Ainsi, que ta bien-aimée soit plus jeune que toi-même, — ou ton affection ne saurait garder le pli. — Car les femmes sont comme les roses ; leur fleur de beauté — est à peine épanouie qu'elle s'étiole.

VIOLA.

— Elles sont ainsi en effet. Hélas ! pourquoi faut-il qu'elles soient ainsi, — condamnées à dépérir alors même qu'elles atteignent la perfection ?

Rentre CURIO avec FESTE.

LE DUC, à Feste.

— Allons, l'ami, la chanson que nous avons eue hier soir ! — Remarque-la bien, Césario ; elle est vieille et simple ; — les tricoteuses et les fileuses, travaillant au soleil, — les libres filles qui tissent avec la navette, — ont coutume de la chanter ; c'est une naïve et franche chanson, — qui joue avec l'innocence de l'amour, — comme au bon vieux temps.

FESTE.

— Êtes-vous prêt, monsieur ?

LE DUC.

Oui, chante, je te prie.

FESTE, chantant.

Arrive, arrive, ô mort,
Et que je sois couché sous un triste cyprès !
Envole-toi, envole-toi, haleine,
Je suis tué par une belle fille cruelle ;
Mon linceul est blanc, tout décoré d'if,
Oh ! préparez-le.

SCÈNE IX.

Dans la scène de la mort nul si vraiment
    Ne joua son rôle.
Que pas une fleur, pas une fleur embaumée
Ne soit semée sur mon noir cercueil.
Que pas un ami, pas un ami ne salue
Mon pauvre corps, là où seront jetés mes os.
Pour m'épargner mille et mille sanglots,
    Oh! mettez-moi quelque part
Où un triste amant ne puisse trouver ma tombe
    Pour y pleurer!

LE DUC, jetant une bourse à Feste.

Voilà pour ta peine.

FESTE.

Aucune peine, monsieur; je prends plaisir à chanter, monsieur.

LE DUC.

Eh bien, je te paie ton plaisir.

FESTE.

Au fait, monsieur, le plaisir doit se payer tôt ou tard.

LE DUC.

Sur ce, laisse-moi te laisser.

FESTE.

Sur ce, que le dieu de la mélancolie te protége, et que le tailleur te fasse ton pourpoint de taffetas changeant, car ton âme est une véritable opale... Je voudrais voir les hommes d'une pareille constance s'embarquer sur la mer, ayant affaire partout, et n'ayant de but nulle part; ce serait là le vrai moyen de faire un bon voyage... pour rien!... Adieu.

Il sort.

LE DUC.

— Retirez-vous, vous autres.

Sortent Curio et la suite.

A Viola.

Encore une fois, Césario, — retourne auprès de cette

cruelle souveraine ; — dis-lui que mon amour, plus noble que l'univers, — ne fait aucun cas d'une quantité de terrains fangeux ; — ces biens dont l'a comblée la fortune, dis-lui que je les traite aussi légèrement que la fortune elle-même ; — mais ce qui attire mon âme, c'est cette merveille, — cette perle reine dont l'a parée la nature.

VIOLA.

— Mais, monsieur, si elle ne peut vous aimer ?

LE DUC.

— Je ne puis accepter cette réponse-là.

VIOLA.

D'honneur, il le faut bien. — Supposons qu'une dame, comme cela peut être, — éprouve pour l'amour de vous des peines de cœur aussi grandes — que celle que vous cause Olivia ; vous ne pouvez l'aimer, — vous le lui dites ; eh bien, ne faut-il pas qu'elle accepte cette réponse ?

LE DUC.

— Le sein d'une femme — ne saurait supporter les élans de la passion violente — que l'amour m'a mise au cœur ; nul cœur de femme — n'est assez grand pour contenir tant d'émotions ; nul n'est assez vaste. — Hélas ! leur amour peut bien s'appeler un appétit ; — ce qui est ému en elles, ce n'est pas le foie, c'est le palais, — sujet à la satiété, à la répulsion, au dégoût. — Mon cœur, au contraire, est affamé comme la mer, — et peut digérer autant qu'elle. Ne fais pas de comparaison — entre l'amour que peut me porter une femme — et celui que j'ai pour Olivia.

VIOLA.

Oui, mais je sais...

LE DUC.

Que sais-tu !

VIOLA.

— Trop bien quel amour les femmes peuvent avoir pour les hommes; — en vérité, elles ont le cœur aussi généreux que nous. — Mon père avait une fille qui aimait un homme, — comme moi, par aventure, si j'étais femme, — je pourrais aimer Votre Seigneurie.

LE DUC.

Et quelle est son histoire?

VIOLA.

— Un long effacement, monseigneur. Jamais elle n'avoua son amour; — elle en laissa le secret, comme le ver dans le bourgeon, — ronger les roses de ses joues; elle languit dans sa pensée; — jaunie, verdie par la mélancolie, — elle s'inclina, comme la Résignation sur une tombe — souriant à la Douleur. N'était-ce pas là de l'amour? — Nous autres hommes, nous pouvons parler davantage, jurer davantage; mais, en vérité, — nos démonstrations outrepassent nos sentiments; car, en définitive, nous sommes — fort prodigues de protestations, mais peu prodigues d'amour.

LE DUC.

— Mais ta sœur est-elle morte de son amour, mon enfant?

VIOLA.

— Je suis toute la famille de mon père, à la fois toutes ses filles — et tous ses fils... Et pourtant je ne sais... — Monsieur, irai-je chez cette dame?

LE DUC.

Oui, voilà ce dont il s'agit. — Vite chez elle! Donne-lui ce bijou; dis-lui — que mon amour ne peut ni céder la place ni supporter un refus.

Ils sortent.

SCÈNE X.

[Une allée dans le parc d'Olivia.]

Entrent sir Tobie Belch, sir André Aguecheek et Fabien.

SIR TOBIE.

Arrive, arrive, signor Fabien.

FABIEN.

Certes, j'arrive ; si je perds un scrupule de cette farce, que je sois bouilli à mort par la mélancolie.

SIR TOBIE.

Serais-tu pas bien aise de voir ce cuistre, ce coquin, ce fripon subir quelque mortification notoire ?

FABIEN.

J'en serai ravi, ma foi. Vous savez qu'il m'a fait perdre la faveur de madame, à l'occasion d'un combat d'ours ici.

SIR TOBIE.

Pour l'exaspérer, nous allons avoir un nouvel ours, et nous allons le berner jusqu'au noir, jusqu'au bleu... N'est-ce pas, sir André ?

SIR ANDRÉ.

Si nous ne le faisons pas, tant pis pour nous.

Entre Maria.

SIR TOBIE.

Voici venir la petite coquine... Comment va, mon ortie des Indes ?

MARIA.

Mettez-vous tous trois dans le fourré de buis. Malvolio descend cette allée ; voilà une demi-heure qu'il est là-bas au soleil, apprenant des poses à son ombre. Observez-le pour l'amour de la drôlerie ; car je suis sûre que cette

SCÈNE X. 323

lettre va faire de lui un idiot contemplatif! Au nom de la farce, rangez-vous.

Les hommes se cachent. Elle jette la lettre.

Toi, reste-là; car voici venir la truite que nous allons attraper en la chatouillant.

Sort Maria

Entre MALVOLIO.

MALVOLIO.

Il ne faut qu'une chance; tout est chance. Elle a de la sympathie pour moi, Maria me l'a dit une fois; et je l'ai entendue elle-même avouer que, si elle aimait, ce serait quelqu'un de ma nature. D'ailleurs, elle me traite avec des égards plus marqués qu'aucun autre de ses gens. Que dois-je en penser?

SIR TOBIE, à part.

Voilà un maroufle outrecuidant!

FABIEN, à part.

Oh! paix! la contemplation fait de lui un fier dindon: comme il se pavane en étalant ses plumes!

SIR ANDRÉ, à part.

Jour de Dieu! comme je vous rosserais le maroufle!

SIR TOBIE, à part.

Paix donc!

MALVOLIO.

Etre comte Malvolio!

SIR TOBIE, à part.

Ah! maroufle!

SIR ANDRÉ, à part.

Canardons-le! canardons-le!

SIR TOBIE, à part.

Paix! paix!

MALVOLIO.

Il y a un exemple de ça: la dame de Strachi a épousé l'huissier de sa garde-robe!

SIR TOBIE, à part.

Fi de lui, par Jézabel!

FABIEN, à part.

Ah! paix! le voilà enfoncé dans sa rêverie; voyez comme l'imagination le gonfle.

MALVOLIO.

L'ayant épousée depuis trois mois, assis sous mon dais...

SIR TOBIE, à part.

Oh! une arbalète pour le frapper dans l'œil!

MALVOLIO.

Appelant mes officiers autour de moi, dans ma simarre de velours à ramages, venant de quitter le lit de repos où j'ai laissé Olivia endormie...

SIR TOBIE, à part.

Feu et soufre!

FABIEN, à part.

Oh! paix! paix!

MALVOLIO.

Alors je prends un air de hauteur; et, après avoir gravement promené sur eux un regard qui veut dire que je connais ma position, et que je désire qu'ils connaissent la leur, je demande mon parent Tobie.

SIR TOBIE, à part.

Fers et liens!

FABIEN, à part.

Paix donc, paix! paix! Attention, attention!

MALVOLIO.

Sept de mes gens, d'un élan obéissant, vont le chercher; en attendant, je fronce le sourcil, et par aventure je remonte ma montre, ou je joue avec quelque riche joyau. Tobie s'approche, me fait une révérence...

SIR TOBIE, à part.

Ce drôle vivra-t-il?

SCÈNE X.

FABIEN, à part.

Quand on essaierait de la torture pour nous arracher le silence, paix encore une fois!

MALVOLIO.

Je lui tends la main comme ceci, tempérant mon sourire familier par un sévère regard d'autorité...

SIR TOBIE, à part.

Et alors Tobie ne te flanque pas un horion sur les lèvres!

MALVOLIO.

Disant : *Cousin Tobie, ma fortune, en m'octroyant votre nièce, m'a conféré cette prérogative de parole...*

SIR TOBIE, à part.

Écoutons, écoutons.

MALVOLIO.

Il faut vous corriger de votre ivrognerie.

SIR TOBIE, à part.

La peste du galeux!

FABIEN, à part.

Ah! patience, ou nous rompons les fibres de notre complot.

MALVOLIO.

En outre, vous gaspillez le trésor de votre temps avec un imbécile de chevalier.

SIR ANDRÉ, à part.

C'est moi, je vous le garantis.

MALVOLIO.

Un sir André...

SIR ANDRÉ, à part.

Je savais bien que c'était moi; car bien des gens m'appellent imbécile.

MALVOLIO.

Qu'avons-nous là?

Il ramasse la lettre.

FABIEN, à part.

Voilà la buse près du piége.

SIR TOBIE, à part.

Ah! paix! et que le génie de la farce lui insinue l'idée de lire tout haut!

MALVOLIO.

Sur ma vie, c'est l'écriture de madame; je reconnais ses *r*, ses *u* et ses *o* ; et c'est ainsi qu'elle fait ses grands *P*. En dépit de toute question, c'est son écriture.

SIR ANDRÉ, à part.

Ses airs, ses us, et ses os; comment ça?

MALVOLIO, lisant l'adresse.

A l'inconnu bien-aimé, cette lettre et mes meilleurs souhaits! Juste ses phrases!... Avec votre permission, cire!... Doucement... Le cachet, sa Lucrèce, avec lequel elle a coutume de sceller!... C'est madame! A qui cela peut-il être adressé?

Il décachète.

FABIEN, à part.

Le voilà pris par les entrailles.

MALVOLIO, lisant.

> Dieu sait qui j'aime.
> Mais qui?
> Lèvres, ne remuez pas.
> Nul homme ne le doit savoir.

Nul homme ne le doit savoir... Voyons la suite! Le rhythme change... *Nul homme ne le doit savoir.* Si c'était toi, Malvolio!

SIR TOBIE, à part.

Va te faire pendre, faquin.

MALVOLIO, lisant.

> Je puis commander où j'adore;
> Mais le silence, comme le couteau de Lucrèce,
> Me perce le cœur sans répandre mon sang.
> M. O. A. I. règne sur ma vie.

SCÈNE X. 327

FABIEN, à part.

Une énigme grandiose !

SIR TOBIE, à part.

Admirable fille, je vous le dis.

MALVOLIO.

M. O. A. I. règne sur ma vie... Mais d'abord, voyons, voyons, voyons.

FABIEN, à part.

Quel plat de poison elle lui a servi là !

SIR TOBIE, à part.

Et avec quel élan l'émouchet fond sur la chose !

MALVOLIO.

Je puis commander où j'adore. Eh ! elle peut me commander, je la sers, elle est ma maîtresse ! Mais c'est évident pour la plus ordinaire intelligence. Il n'y a pas là à hésiter. Mais la fin... Que signifie cette combinaison alphabétique ? Si je pouvais en faire quelque chose qui s'appliquât à moi... Doucement ! *M. O. A. I.*

SIR TOBIE, à part.

Ho ! hi ! arrange ça... Le voilà loin de la piste.

FABIEN, à part.

Le chien n'en japera pas moins en la cherchant, quoiqu'elle sente fort comme un renard.

MALVOLIO.

M. Malvolio ! *M*, mais c'est le commencement de mon nom !

FABIEN, à part.

N'avais-je pas dit qu'il s'en tirerait ? Le limier est excellent aux défauts.

MALVOLIO.

Oui, mais il n'y a pas d'accord dans la suite ; la chose ne se confirme pas. C'est *A* qui devrait suivre, et il y a un *O*.

FABIEN, à part.

J'espère bien que ça ne finira pas par un : Ho !

SIR TOBIE, à part.

Oui, ou je le bâtonnerai pour lui faire crier : Oh !

MALVOLIO.

Et en arrière arrive un *I*.

FABIEN, à part.

Si c'était un *E* et que tu l'eusses par derrière, tu flairerais plus de déconvenues à tes trousses que de bonnes fortunes devant toi.

MALVOLIO.

M. *O. A. I.* Ça ne s'accorde plus aussi bien qu'auparavant ; et pourtant, on n'aurait qu'à forcer un peu pour que ça eût trait à moi ; car chacune de ces lettres est dans mon nom. Doucement ; voici de la prose à la suite.

Lisant :

Si ceci te tombe dans la main, réfléchis. Par mon étoile, je suis au-dessus de toi, mais ne t'effraie pas des grandeurs. Il en est qui naissent grands, d'autres qui conquièrent les grandeurs, et d'autres à qui elles s'imposent. Les destins te tendent la main ; que ton audace et ton génie l'étreignent. Et, pour te préparer à ce que tu peux être, dépouille ton humble peau, et apparais un nouvel homme. Sois rébarbatif avec un parent, bourru avec les domestiques ; que ta langue bourdonne des raisons d'État. Prends les allures de la singularité. C'est l'avis que te donne celle qui soupire pour toi. Rappelle-toi qui a vanté tes bas jaunes et souhaité te voir toujours avec des jarretières croisées (30) ; *rappelle-toi, je le répète. Va. Tu es désormais un personnage, si tu le veux ; sinon, reste à jamais simple intendant, le compagnon des domestiques, indigne de toucher le bout du doigt de la Fortune. Adieu. Celle qui voudrait te servir au lieu d'être servie par toi.*

La Fortunée Malheureuse.

Le plein jour en rase campagne n'est pas plus éclatant ; cela est évident. Je serai altier, je lirai les auteurs politiques, je romprai en visière à sir Tobie ; je me décrasserai de toute accointance roturière ; je serai tiré à quatre épingles, l'homme accompli. Je ne m'abuse pas, je ne me laisse pas berner par l'imagination ; car toutes les raisons me portent à croire que madame m'aime. Elle a vanté mes bas jaunes tout récemment, elle m'a loué d'avoir des jarretières croisées ; et en ceci elle se révèle à mon amour, et, par une sorte d'injonction, m'invite à porter cet accoutrement de son goût. Je remercie mon étoile, je suis heureux ; je vais être étrange, hautain, porter des bas jaunes et me jarreter en croix, tout cela en un clin d'œil ! Que Jéhovah et mon étoile soient loués ! Voici encore un post-scriptum.

Il lit.

Il est impossible que tu ne reconnaisses pas qui je suis. Si tu réponds à mon amour, fais-le paraître à ton sourire; ton sourire te va si bien ! Ainsi, en ma présence, souris toujours, mon doux bien-aimé, je t'en prie.

Ciel, je te remercie. Je sourirai, je ferai tout ce que tu voudras.

Il sort.

FABIEN.

Je ne donnerais pas ma part de cette farce pour une pension de mille livres sur la cassette du sophi.

SIR TOBIE.

Moi, j'épouserais cette fille rien que pour ce tour-là.

SIR ANDRÉ.

Et moi aussi.

SIR TOBIE.

Et je ne lui demanderais pas d'autre dot qu'une autre bouffonnerie pareille.

SIR ANDRÉ.

Moi non plus.

Entre MARIA.

FABIEN.

Voici venir ma noble faiseuse de dupes.

SIR TOBIE, à Maria.

Veux-tu mettre ton pied sur ma nuque ?

SIR ANDRÉ.

Ou sur la mienne ?

SIR TOBIE.

Faut-il que je joue ma liberté au trictrac et que je devienne ton esclave ?

SIR ANDRÉ.

Et moi aussi ?

SIR TOBIE.

Eh ! tu l'as plongé dans un tel rêve que, quand la vision en sera dissipée, il deviendra fou.

MARIA.

Mais dites-moi la vérité ; ça fait-il son effet sur lui ?

SIR TOBIE.

Comme l'eau-de-vie sur une sage-femme.

MARIA.

Eh bien, si vous voulez voir les fruits de la farce, remarquez bien sa première apparition devant madame ; il se présentera devant elle en bas jaunes, et c'est une couleur qu'elle abhorre, et avec des jarretières croisées, une mode qu'elle déteste ! Et il lui fera des sourires qui, dans la mélancolie où elle se trouve, conviendront si peu à sa disposition d'esprit, qu'elle ne pourra y répondre que par une insigne rebuffade. Si vous voulez voir ça, suivez-moi.

SIR TOBIE.

Jusqu'aux portes du Tartare, admirable démon d'esprit.

SIR ANDRÉ.

J'en suis aussi.

Ils sortent.

SCÈNE XI.

[Le jardin d'Olivia.]

Entrent VIOLA et FESTE, tenant un tambourin.

VIOLA.

Dieu te garde, l'ami, ainsi que ta musique. Vis-tu en touchant du tambourin?

FESTE.

Non, monsieur, je vis comme quelqu'un qui touche à l'Église.

VIOLA.

Es-tu donc homme d'Église?

FESTE.

Nullement, monsieur; je touche à l'église, car je demeure chez moi, et ma maison est tout près de l'église.

VIOLA.

Ainsi tu peux dire que le roi touche à un mendiant, si un mendiant demeure près de lui; ou que l'église touche à ton tambourin, si ton tambourin est contre l'église.

FESTE.

Vous l'avez dit, monsieur... Ce que c'est que ce siècle! Une phrase n'est qu'un gant de chevreau pour un bel esprit; comme on l'a vite retournée sens dessus dessous!

VIOLA.

Oui, c'est certain; ceux qui jouent trop subtilement sur les mots peuvent facilement les corrompre.

FESTE.

Alors je voudrais que ma sœur n'eût pas eu de nom, monsieur.

VIOLA.

Pourquoi, l'ami?

FESTE.

Parce que son nom est un mot, monsieur, et qu'en

jouant avec ce mot, on pourrait bien corrompre ma sœur. Mais effectivement les paroles sont de vraies coquines, depuis que les obligations les ont déshonorées.

VIOLA.

Ta raison, l'ami ?

FESTE.

Ma foi, monsieur, je ne puis pas vous donner de raison sans paroles ; et les paroles sont devenues tellement fausses que je répugne à les employer pour raisonner.

VIOLA.

Je garantis que tu es un joyeux compagnon qui ne se soucie de rien.

FESTE.

Non pas, monsieur, il est des choses dont je me soucie ; mais en mon âme et conscience, monsieur, je ne me soucie pas de vous ; si c'est là ne se soucier de rien, je veux que vous soyez invisible.

VIOLA.

N'es-tu pas le fou de madame Olivia ?

FESTE.

Non, vraiment, monsieur. Madame Olivia ne sacrifie pas à la folie ; elle n'entretiendra de fou que quand elle sera mariée ; et les fous sont aux maris ce que les sardines sont aux harengs : les maris sont les plus gros. En vérité, je ne suis pas son fou ; je ne suis que son corrupteur de mots.

VIOLA.

Je t'ai vu tout récemment chez le comte Orsino.

FESTE.

La folie, monsieur, fait le tour du globe, comme le soleil ; elle brille partout. Je serais fâché pourtant, monsieur, que votre maître fût en folle compagnie aussi souvent que ma maîtresse ; je crois avoir vu chez lui votre sagesse.

####### VIOLA.

Ah! si tu m'entreprends, je romps avec toi. Tiens, voilà pour tes dépenses.

> Elle lui donne une pièce d'argent.

####### FESTE.

Que Jupiter, dans sa prochaine expédition de poils, t'envoie une barbe.

####### VIOLA.

Sur ma parole, je te l'avouerai, je soupire pour une barbe, quoique je ne désire pas qu'elle me pousse au menton. Ta maîtresse est-elle chez elle ?

####### FESTE, regardant la pièce d'argent.

Est-ce qu'une couple de ces espèces ne multiplierait pas, monsieur.

####### VIOLA.

Oui, pour peu qu'on les serrât bien ensemble et qu'on les fît fructifier.

####### FESTE.

Je serais homme à jouer le rôle du seigneur Pandarus de Phrygie, monsieur, pour amener une Cressida à ce Troylus.

####### VIOLA.

Je vous comprends; c'est habilement mendier !

####### FESTE.

Ce n'est pas, j'espère, une bien grande affaire, monsieur, que de mendier une mendiante : Cressida n'était qu'une mendiante ! Ma maîtresse est chez elle, monsieur ; je vais lui expliquer d'où vous venez ; quant à ce que vous êtes et ce que vous voulez, cela n'est pas dans ma sphère ; je pourrais dire dans mon élément, mais le mot est usé.

> Il sort.

####### VIOLA, seule.

— Ce drôle est assez sage pour jouer le fou ; — et,

pour le bien jouer, il a besoin d'une sorte d'esprit : — il doit observer l'humeur de ceux qu'il plaisante, — la qualité des personnes et le moment, — en se jetant, comme le faucon hagard, sur la moindre plume — qui passe devant ses yeux. C'est un métier — certes aussi ardu que l'état du sage ; — car la folie, dont il ne fait montre que sagement, est ingénieuse ; — tandis que les sages, une fois tombés dans la folie, perdent toute raison.

Entrent sir Tobie Belch *et* sir André Aguecheek.

SIR TOBIE, à Viola.

Salut, gentilhomme !

VIOLA.

Salut, monsieur.

SIR TOBIE, à Viola.

Dieu vous garde, monsieur.

VIOLA.

Et vous aussi; votre serviteur.

SIR ANDRÉ.

J'espère que vous l'êtes, monsieur, comme je suis le vôtre.

SIR TOBIE.

Voulez-vous vous hasarder dans la maison ? Ma nièce désire que vous entriez, si vous avez affaire à elle.

VIOLA.

Votre nièce est ma destination, monsieur, je veux dire qu'elle est le but de mon voyage.

SIR TOBIE.

Tâtez vos jambes, monsieur, mettez-les en mouvement.

VIOLA.

Je suis mieux sur mes jambes, monsieur, que ne l'est votre phrase quand vous me dites de tâter mes jambes.

SIR TOBIE.

Je veux dire que vous marchiez, monsieur, et que vous entriez.

VIOLA.

Je vais vous répondre par mon allure et par mon entrée. Mais on nous prévient.

Entrent Olivia et Maria.

A Olivia.

Dame accomplie et incomparable, que le ciel fasse pleuvoir sur vous ses aromes.

SIR ANDRÉ.

Ce jouvenceau est un courtisan émérite ! *Pleuvoir des aromes!* fort bien.

VIOLA.

Mon message n'a de voix, madame, que pour votre oreille la plus propice et la plus condescendante.

SIR ANDRÉ.

Aromes, propice, condescendante! je prendrai note de ces trois mots.

OLIVIA.

Qu'on ferme la porte du jardin, et qu'on me laisse donner audience.

Sortent sir Tobie, sir André et Maria.

Donnez-moi votre main, monsieur.

VIOLA.

— Mes hommages, madame, et mon humble dévouement.

OLIVIA.

— Quel est votre nom ?

VIOLA.

Césario est le nom de votre serviteur, belle princesse.

OLIVIA.

— Mon serviteur, monsieur ! Il n'y a jamais eu de franche joie dans le monde, — depuis qu'une basse adulation s'est appelée compliment. — Vous êtes le serviteur du comte Orsino, jeune homme.

VIOLA.

— Et il est le vôtre, et le sien doit être le vôtre. — Le serviteur de votre serviteur est votre serviteur, madame.

OLIVIA.

— Quant à lui, je ne songe pas à lui ; quant à ses pensées, — je voudrais qu'elles fussent nulles plutôt que pleines de moi.

VIOLA.

— Madame, je viens pour stimuler vos généreuses pensées — en sa faveur.

OLIVIA.

Oh ! pardon, je vous prie ! — je vous ai dit de ne plus me parler de lui ; — mais, si vous vouliez soutenir une autre cause, — j'aimerais mieux entendre ce plaidoyer-là de votre bouche — que la musique des sphères.

VIOLA.

Chère dame...

OLIVIA.

— Permettez, je vous prie ; j'ai, — après la dernière apparition enchanteresse que vous fîtes ici, — envoyé une bague à votre poursuite ; j'ai ainsi abusé — un de mes serviteurs, moi-même et, j'en ai peur, vous aussi. — Je dois m'être exposée à vos sévères commentaires, — en vous forçant, par un artifice honteux, à prendre — ce que vous saviez ne pas être à vous. Qu'avez-vous pu penser ? — N'avez-vous pas attaché mon honneur au poteau, — et ameuté contre lui toutes les idées démuselées — que peut concevoir un cœur inexorable ? Pour un esprit de votre pénétration, — j'en ai assez laissé voir ; c'est un crêpe et non une poitrine de — chair qui couvre mon pauvre cœur... Sur ce, je vous écoute.

VIOLA.
— Je vous plains.
OLIVIA.
C'est déjà un pas vers l'amour.
VIOLA.
— Nullement ; car il est de vulgaire expérience — que bien souvent nous plaignons nos ennemis.
OLIVIA.
— Eh bien donc, je crois qu'il est temps de reprendre mon sourire. — O humanité ! comme l'être le plus chétif est prompt à l'orgueil ! — S'il faut servir de proie, combien il vaut mieux — être la victime du lion que du loup !

L'horloge sonne.

— L'horloge me reproche le temps que je perds. — N'ayez pas peur, bon jouvenceau, je ne veux pas de vous ; — et pourtant, quand esprit et jeunesse seront mûrs, — votre femme aura chance de récolter un mari sortable. — Voilà votre chemin, tout droit au couchant.

VIOLA.
Je vais donc vers le couchant. — Que la grâce et la bonne humeur fassent cortége à Votre Excellence ! — Vous ne me chargez de rien pour mon maître, madame ?

OLIVIA.
Arrête. — Je t'en prie, dis-moi ce que tu penses de moi.

VIOLA.
— Que vous pensez ne pas être ce que vous êtes.

OLIVIA.
— Si je pense ça, je le pense aussi de vous.

VIOLA.
— Alors vous pensez juste, je ne suis pas ce que je suis.

OLIVIA.

— Que n'êtes-vous ce que je voudrais vous voir être !

VIOLA.

— Gagnerai-je au change, madame? — En ce cas, j'y consentirais volontiers ; car maintenant je suis votre risée.

OLIVIA.

— Oh! qu'il paraît beau, le dédain,—sur sa lèvre méprisante et irritée ! — Le remords du meurtrier ne se trahit pas plus vite—que l'amour qui veut se cacher : la nuit de l'amour est un plein midi ! — Césario! par les roses du printemps, — par la virginité, par l'honneur, par la vérité, par tout ce qui existe, — je t'aime tant qu'en dépit de ton orgueil, — ni l'esprit ni la raison ne peuvent dissimuler ma passion. — Ne va pas tirer prétexte — de mes avances pour me repousser; — mais raisonne bien plutôt en vertu de cette raison supérieure : — l'amour imploré est doux ; l'amour qui s'offre, plus doux encore.

VIOLA.

— Je le jure par l'innocence et par ma jeunesse, — j'ai un cœur, une âme, une foi, — mais aucune femme ne les possède ; et jamais nulle — autre que moi ne les possédera. — Et sur ce, adieu, bonne madame; je ne viendrai plus — pleurer à vos pieds les larmes de mon maître.

OLIVIA.

— N'importe, reviens me voir ; car peut-être pourras-tu — rendre son amour agréable à mon amour cœur qui maintenant l'abhorre.

Elles sortent.

SCÈNE XII.

[Chez Olivia.]

Entrent sir Tobie Belch, sir André Aguecheek et Fabien.

SIR ANDRÉ.
Non, ma foi, je ne resterai pas un moment de plus.

SIR TOBIE.
Ta raison, cher venimeux, dis ta raison.

FABIEN.
Il faut absolument que vous donniez votre raison, sir André.

SIR ANDRÉ.
Morbleu, j'ai vu ma nièce accorder au serviteur du comte plus de faveurs qu'elle ne m'en a jamais octroyé; je l'ai vu dans le jardin.

SIR TOBIE.
Et te voyait-elle pendant tout ce temps-là, mon vieux garçon? dis-moi ça.

SIR ANDRÉ.
Aussi nettement que je vous vois en ce moment.

FABIEN.
C'est une grande preuve d'amour qu'elle vous a donnée là.

SIR ANDRÉ.
Jour de Dieu! allez-vous faire de moi un âne?

FABIEN.
Monsieur, j'établirai la légitimité de mon affirmation par le verdict du jugement et de la raison.

SIR TOBIE.
Qui composaient le jury suprême, avant même que Noé fût marin.

FABIEN.
Elle n'a témoigné de faveur pour ce jeune homme en

votre présence que pour vous exaspérer, pour réveiller votre valeur dormeuse, pour vous mettre du feu au cœur et du soufre dans le foie. Vous auriez dû l'accoster alors; et, par quelques excellentes railleries, encore toutes neuves de la forge, vous auriez frappé de mutisme ce jouvenceau. C'est ce qu'elle attendait de vous, et son attente a été trompée; vous avez laissé le temps effacer la double dorure de cette occasion, et maintenant vous voguez au nord de son estime; et vous y resterez suspendu comme un glaçon à la barbe d'un Hollandais, à moins que vous ne rachetiez votre faute par quelque louable action de valeur ou de haute politique.

SIR ANDRÉ.

Si je fais quelque chose, ce sera un acte de valeur. Car je hais la politique : j'aimerais autant être Browniste qu'homme politique (31).

SIR TOBIE.

Eh bien donc, bâtis ta fortune sur la base de la valeur. Provoque-moi en duel le page du comte; blesse-le en onze endroits; ma nièce en prendra note; et, sois-en sûr, il n'y a pas d'agent d'amour au monde qui fasse valoir un homme aux yeux d'une femme comme une réputation de courage.

FABIEN.

Il n'y a que ce moyen, sir André.

SIR ANDRÉ.

L'un de vous deux veut-il lui porter mon cartel?

SIR TOBIE.

Va, écris-le d'une main martiale; sois cassant et bref. Peu importe que ce soit spirituel, pourvu que ce soit éloquent et plein d'originalité; lave-lui la tête avec toute la licence de l'encre; si tu le tutoies deux ou trois fois, ça ne fera pas mal; et donne-lui autant de démentis qu'en pourra tenir ta feuille de papier, la feuille fût-elle aussi vaste que le lit de Ware en Angleterre (32). Va, à l'œuvre! Qu'il y ait du fiel suffisamment dans ton encre; quand tu écrirais avec une plume d'oie, n'importe. A l'œuvre!

SIR ANDRÉ.

Où vous retrouverai-je?

SIR TOBIE.

Nous te retrouverons à ton *Cubiculo*. Va.

Sir André sort.

FABIEN.

Voilà un mannequin qui vous est cher, sir Tobie.

SIR TOBIE.

C'est moi qui lui ai été cher, mon garçon; deux mille livres ou environ.

FABIEN.

Nous aurons de lui une lettre rare; mais vous ne la remettrez pas.

SIR TOBIE.

Si fait, sur ma foi; et par tous les moyens je pousserai le jeune homme à répondre. Je crois que ni bœufs ni câbles ne parviendraient à les joindre. Pour André, on n'a qu'à l'ouvrir; si vous lui trouvez au foie autant de sang qu'il en faut pour empêtrer la patte d'une mouche, je consens à manger le reste du cadavre.

FABIEN.

Et son jeune adversaire ne porte pas sur son visage de grands symptômes de férocité.

Entre MARIA.

SIR TOBIE.

Tiens! voici venir le plus petit roitelet de la couvée.

MARIA.

Si vous aimez la gaîté, et si vous voulez rire à avoir des points de côté, suivez-moi; ce gobe-mouches de Malvolio est devenu païen, un vrai renégat; car il n'est pas de chrétien, voulant être sauvé par une croyance orthodoxe, qui puisse jamais croire à d'aussi grossières extravagances. Il est en bas jaunes !

SIR TOBIE.

Et en jarretières croisées ?

MARIA.

Abominablement : comme un pédant qui tient école à l'église !... Je l'ai traqué, comme si j'étais son meurtrier ; il obéit de point en point à la lettre que j'ai laissée tomber pour l'attraper. Son sourire lui creuse sur la face plus de lignes qu'il n'y en a dans la nouvelle mappemonde augmentée des Indes (33) ; vous n'avez rien vu de pareil ; je puis à peine m'empêcher de lui flanquer des choses à la tête. Je suis sûre que madame le frappera ; si elle le fait, il sourira et le prendra pour une faveur grande.

SIR TOBIE.

Allons, mène-nous, mène-nous où il est.

Ils sortent.

SCÈNE XIII.

[Une rue.]

Entrent ANTONIO et SÉBASTIEN

SÉBASTIEN.

— Je n'aurais pas voulu vous causer volontairement un embarras ; — mais, puisque vous vous faites de vos peines un plaisir, — je ne vous gronderai plus.

ANTONIO.

— Il m'a été impossible de rester derrière vous ; mon désir, — plus aigu que l'acier affilé, m'a éperonné en avant : — ce n'était pas seulement l'envie de vous voir, quoiqu'elle fût assez forte — pour m'entraîner à un plus long voyage, — c'était surtout l'inquiétude de ce qui pouvait vous arriver en route, — dans ce pays qui vous est inconnu et qui, pour un étranger — sans guide et sans ami, est souvent — âpre et inhospitalier. Un empressement affecteux, — surexcité par ces motifs de crainte, — m'a lancé à votre poursuite.

SÉBASTIEN.

Mon bon Antonio, — je ne puis vous répondre que par des remercîments, — et des remercîments, et toujours des remercîments : trop souvent de grands services — se paient avec cette monnaie qui n'a pas cours ; — mais, si mes ressources étaient aussi solides que l'est ma conscience, — vous seriez mieux récompensé. Que ferons-nous ? — Irons-nous voir les reliques de cette ville ?

ANTONIO.

— Demain, monsieur; mieux vaut aviser d'abord à votre logement.

SÉBASTIEN.

— Je ne suis pas fatigué, et la nuit est encore loin : — je vous en prie, satisfaisons nos yeux — par la vue des monuments et des choses remarquables — qui illustrent cette ville.

ANTONIO.

Veuillez alors m'excuser. — Je ne puis, sans danger, me promener dans ces rues. — Une fois, dans un combat naval contre les galères du comte, — j'ai rendu quelques services, et tellement signalés — que, si j'étais pris ici, on m'en saurait peu de gré.

SÉBASTIEN.

— Vous avez probablement tué un grand nombre de ses gens.

ANTONIO.

— L'offense n'est pas aussi sanglante ; — bien que les

circonstances et la querelle — fussent de nature à provoquer entre nous un sanglant débat. — Depuis lors tout eût pu être réparé en restituant — ce que nous avions pris ; c'est ce qu'ont fait, dans l'intérêt de leur trafic, — la plupart des citoyens de notre ville ; seul je m'y suis refusé ; — et c'est pourquoi, si j'étais attrapé ici, — je le paierais cher.

SÉBASTIEN.

Ne vous montrez donc pas trop en public.

ANTONIO.

— Ce ne serait pas bon pour moi. Tenez, monsieur, voici ma bourse ; — c'est dans les faubourgs du sud, à l'Éléphant, — que nous serons le mieux logés ; je recommanderai notre repas, — pendant que vous tuerez le temps et que vous rassasierez votre curiosité — en visitant la ville ; vous me retrouverez là-bas.

SÉBASTIEN.

A moi votre bourse ! Pourquoi ?

ANTONIO.

— Peut-être vos regards tomberont-ils sur quelque babiole — que vous aurez envie d'acheter ; et vous n'avez pas — de fonds, je crois, pour de futiles emplettes.

SÉBASTIEN.

— Je vais être votre porte-bourse, et je vous quitte pour — une heure.

ANTONIO.

A l'*Éléphant !*

SÉBASTIEN.

Je me souviens.

Ils se séparent.

SCÈNE XIV.

[Le jardin d'Olivia.]

Entrent OLIVIA et MARIA.

OLIVIA, rêveuse.

— J'ai envoyé après lui : il dit qu'il viendra. — Comment le fêterai-je? Que lui donnerai-je? — Car la jeunesse s'achète plus souvent qu'elle ne se donne ou ne se prête. — Je parle trop haut. — Ou est Malvolio?... Il est grave et amer, — et c'est le serviteur qui convient à ma position... — Où est Malvolio?

MARIA.

Il arrive, madame, mais dans un bien étrange état. Il est sûrement possédé, madame.

OLIVIA.

Çà, qu'y a-t-il? Est-ce qu'il divague?

MARIA.

Non, madame, il ne fait que sourire; Votre Excellence ferait bien d'avoir quelque garde près d'elle, s'il vient; car assurément l'homme a le cerveau fêlé.

OLIVIA.

Va le chercher... Je suis aussi insensée que lui, — s'il y a parité entre folie triste et folie gaie.

Entre MALVOLIO.

Eh bien, Malvolio?

MALVOLIO, avec un sourire fantastique.

Chère dame, ho! ho!

OLIVIA.

Tu souris? Je t'ai envoyé chercher pour une affaire grave.

MALVOLIO.

Grave, madame? Je puis être fort grave... Ça cause

quelque obstruction dans le sang, ces jarretières croisées. Mais qu'importe! si elles plaisent au regard d'une personne, je puis dire juste comme le sonnet :

> Plaire à une, c'est plaire à toutes.

OLIVIA.

Ah çà, comment vas-tu, l'ami? Qu'as-tu donc?

MALVOLIO, souriant.

Il n'y a pas de noir dans mon âme, quoiqu'il y ait du jaune à mes jambes... C'est arrivé à son adresse, et les commandements seront exécutés. Je crois que nous avons reconnu la belle main romaine.

OLIVIA.

Veux-tu aller au lit, Malvolio?

MALVOLIO, souriant.

Au lit? Oui, cher amour; et je veux venir à toi!

OLIVIA.

Que Dieu t'assiste! Pourquoi souris-tu ainsi, et envoies-tu de la main tant de baisers?

MARIA.

Comment allez-vous, Malvolio?

MALVOLIO, dédaigneusement.

Vous répondre! oui, comme les rossignols répondent aux corneilles.

MARIA.

Pourquoi paraissez-vous devant madame avec cette ridicule impertinence?

MALVOLIO.

Ne t'effraie pas des grandeurs. C'était bien écrit.

OLIVIA.

Que veux-tu dire par là, Malvolio?

MALVOLIO.

Il en est qui naissent grands...

OLIVIA.

Hein?

SCÈNE XIV.

MALVOLIO.
Et d'autres qui conquièrent les grandeurs...

OLIVIA.
Que dis-tu?

MALVOLIO.
D'autres à qui elles s'imposent.

OLIVIA.
Que le ciel te rétablisse!

MALVOLIO.
Rappelle-toi qui a vanté tes bas jaunes...

OLIVIA.
Tes bas jaunes!

MALVOLIO.
Et souhaité te voir avec des jarretières croisées.

OLIVIA.
Des jarretières croisées!

MALVOLIO.
Va, tu es désormais un personnage, si tu le veux.

OLIVIA.
Je suis un personnage!

MALVOLIO.
Sinon, reste à jamais domestique.

OLIVIA.
Eh! mais c'est une vrai folie de la Saint-Jean (34)!

Entre un VALET.

LE VALET.
Madame, le jeune gentilhomme de chez le comte Orsino est revenu; j'ai eu grand' peine à le ramener; il attend le bon plaisir de Votre Excellence.

OLIVIA.
Je vais à lui.

Le valet sort.

Ma bonne Maria, qu'on ait les yeux sur ce compagnon!

Où est mon oncle Tobie? Que quelques-uns de mes gens aient de lui un soin spécial; je ne voudrais pas, pour la moitié de mon douaire, qu'il lui arivât malheur.

Sortent Olivia et Maria.

MALVOLIO.

Oh! oh! qu'on m'approche à présent! pas un moindre personnage que sir Tobie pour prendre soin de moi! Ceci concorde parfaitement avec la lettre; elle l'envoie exprès pour que je le traite avec insolence, car elle m'y invite dans la lettre. *Dépouille ton humble peau*, dit-elle, *sois rébarbatif avec un parent, bourru avec les domestiques; que ta langue bourdonne des raisons d'État, prends les allures de la singularité.* Et conséquemment elle m'indique la tenue à prendre : le visage grave, le port imposant, la parole lente, à l'instar d'un personnage de marque, et le reste à l'avenant. Je l'ai engluée! Mais c'est l'œuvre de Jéhovah, et que Jéhovah reçoive mes actions de grâce! Et puis, quand elle s'est retirée tout à l'heure : *Qu'on ait les yeux sur ce compagnon! Compagnon!* non pas Malvolio, ni le titre de ma fonction, mais *compagnon!* Eh! mais tout s'accorde à merveille : pas un grain de scrupule, pas un scrupule de scrupule, pas un obstacle, pas une circonstance contraire ou équivoque; que peut-on dire? Rien de possible ne peut plus s'interposer entre moi et la pleine perspective de mes espérances. Allons, c'est Jéhovah qui a fait tout cela, et non moi, et c'est à lui qu'il faut rendre grâces.

Rentre MARIA avec SIR TOBIE BELCH et FABIEN.

SIR TOBIE.

Où est-il, au nom de tous les saints! Quand tous les diables de l'enfer seraient ratatinés en lui, et quand il serait possédé de Légion même, je lui parlerai.

SCÈNE XIV.

FABIEN.

Le voici, le voici ! Comment ça va-t-il, monsieur ? Comment ça va-t-il, l'ami ?

MALVOLIO.

Retirez-vous : je vous congédie ; laissez-moi jouir de ma solitude ; retirez-vous.

MARIA.

La ! comme le démon parle en lui d'une voix caverneuse ! Vous l'avais-je pas dit ? Sir Tobie, madame, vous prie d'avoir soin de lui.

MALVOLIO.

Ah ! ah ! a-t-elle dit cela ?

SIR TOBIE.

Allons, allons, paix, paix ; nous devons agir doucement avec lui ; laissez-moi faire... Comment êtes-vous, Malvolio ? Comment ça va-t-il ? Allons, l'ami, honnissez le diable. Considérez qu'il est l'ennemi de l'humanité !

MALVOLIO.

Savez-vous ce que vous dites ?

MARIA.

Voyez-vous, quand vous parlez mal du diable, comme il le prend à cœur ! Dieu veuille qu'il ne soit pas ensorcelé !

FABIEN.

Il faut porter son onde à la sage-femme.

MARIA.

Certes, et ça sera fait demain matin, si je vis. Madame ne voudrait pas le perdre pour plus que je ne puis dire.

MALVOLIO.

Qu'est-ce à dire, donzelle ?

MARIA.

Ah ! seigneur !

SIR TOBIE.

Je t'en prie, tais-toi ; ce n'est pas là le moyen. Ne

voyez-vous pas que vous l'irritez ? Laissez-moi seul avec lui.

FABIEN.

Pas d'autre voie que la douceur; doucement, doucement. Le diable est brusque et ne veut pas être traité brusquement.

SIR TOBIE.

Eh bien, comment va, mon beau coq? Comment es-tu, mon poulet ?

MALVOLIO.

Monsieur ?

SIR TOBIE.

Oui, bibi, viens avec moi. Çà, mon cher, il ne sied pas à ta gravité de jouer à la fossette avec Satan : à la potence le noir charbonnier !

MARIA.

Faites-lui dire ses prères; bon sire Tobie, faites-le prier.

MALVOLIO.

Mes prières, pécore ?

MARIA.

Non, je vous le déclare, il ne veut plus entendre parler de chose pie.

MALVOLIO.

Allez tous vous faire pendre ! Vous êtes des créatures de rien; je ne suis pas de votre élément; vous en saurez davantage plus tard.

Il sort.

SIR TOBIE.

Est-il possible !

FABIEN.

Si ceci était joué sur un théâtre aujourd'hui, je le condamnerais comme une impossible fiction.

SIR TOBIE.

Notre malice l'a empoisonné dans l'âme, mon cher.

SCÈNE XIV.

MARIA.

Mais maintenant suivons-le, de peur que la malice ne s'évente et ne se gâte.

FABIEN.

Mais nous le rendrons fou tout de bon.

MARIA.

La maison n'en sera que plus tranquille.

SIR TOBIE.

Venez, nous allons le mettre dans une chambre noire, et l'attacher. Ma nièce est déjà persuadée qu'il est fou; nous pourrons ainsi prolonger la plaisanterie, pour notre récréation et pour sa pénitence, jusqu'à ce que notre amusement même, hors d'haleine, nous engage à avoir pitié de lui; alors nous produirons toute la malice à la barre, et nous te proclamerons le suprême médecin des fous. Mais voyez, mais voyez.

Entre SIR ANDRÉ AGUECHEEK.

FABIEN.

Surcroît de divertissement pour un premier mai!

SIR ANDRÉ.

Voici le cartel, lisez-le; je vous garantis qu'il y a dedans du vinaigre et du poivre.

FABIEN.

Est-ce donc si piquant?

SIR ANDRÉ.

Oui, certes, j'en réponds; lisez seulement.

SIR TOBIE.

Donnez.

Il lit.

Jeune homme, qui que tu sois, tu n'es qu'un ladre et qu'un drôle.

FABIEN.

Bon, vaillant!

SIR TOBIE, lisant.

Ne sois pas surpris, et ne te demande pas avec étonnement pourquoi je t'appelle ainsi ; car je ne te montrerai pas de raison.

FABIEN.

Bonne observation qui vous met à l'abri des coups de la loi.

SIR TOBIE.

Tu viens chez madame Olivia, et sous mes yeux elle te traite avec faveur ; mais tu en as menti par la gorge, ce n'est pas pour cela que je te provoque.

FABIEN.

Très-bref, et parfaitement di... vagué.

SIR TOBIE.

Je te rencontrerai à ton retour ; et alors, si la chance est de me tuer...

FABIEN.

Bon.

SIR TOBIE.

Tu me tueras comme un chenapan et un coquin.

FABIEN.

Vous continuez à vous garer du code.

SIR TOBIE.

Au revoir, et que Dieu admette à sa merci l'une de vos âmes ! Il se peut que ce soit la mienne : mais j'ai meilleur espoir, et ainsi prends garde à toi. Ton ami, selon que tu en useras avec lui, et ton ennemi juré.

ANDRÉ AGUECHEEK.

Si cette lettre ne parvient pas à le remuer, c'est que ses jambes ne le peuvent pas ; je la lui remettrai.

MARIA.

Vous avez pour ça une bien bonne occasion ; car il est maintenant en conversation avec madame, et il va partir tout à l'heure.

SCÈNE XIV.

SIR TOBIE.

Va, sir André, embusque-toi sur son passage, comme un recors, au coin du jardin ; aussitôt que tu l'apercevras, dégaine ; et, tout en dégainant, jure horriblement ; car il arrive souvent qu'un effroyable juron, hurlé d'une voix de stentor, donne une plus haute idée d'un courage que ne le ferait la meilleure preuve. En avant.

SIR ANDRÉ.

Ah ! pour les jurons, rapportez-vous-en à moi.

Il sort.

SIR TOBIE.

Eh bien, non, je ne remettrai pas cette lettre ; car l'attitude de ce jeune gentilhomme montre qu'il a de la capacité et de l'éducation ; son emploi d'intermédiaire entre son seigneur et ma nièce ne prouve pas moins : conséquemment cette lettre, si parfaitement inepte, ne lui causerait pas la moindre terreur ; il reconnaîtrait qu'elle vient d'un oison. Mais, mon cher, je transmettrai le cartel de vive voix ; je ferai à Aguecheek une notable réputation de valeur, et j'inculquerai à ce gentilhomme (que la jeunesse, j'en suis sûr, doit rendre facilement crédule) la plus formidable idée de sa rage, de son adresse, de sa furie et de son impétuosité. Grâce à moi, ils auront l'un de l'autre une telle peur qu'ils se tueront mutuellement du regard comme des basilics.

Entrent Olivia et Viola.

FABIEN.

Le voici qui vient avec votre nièce ; laissons-leur le champ libre, jusqu'à ce qu'il se retire, et aussitôt entreprenez-le.

SIR TOBIE.

Je vais pendant ce temps méditer quelque horrible rédaction pour le cartel.

Sortent sir Tobie, Fabien et Maria.

OLIVIA.

— J'en ai trop dit à un cœur de pierre, — et j'ai trop imprudemment exposé mon honneur. — Il y a en moi quelque chose qui me reproche ma faute; — mais c'est une faute si puissamment opiniâtre — qu'elle brave les reproches.

VIOLA.

— Tous les caractères de votre passion, — l'affection de mon maître les a.

OLIVIA.

— Tenez, portez ce joyau en souvenir de moi; c'est mon portrait; — ne le refusez pas, il n'a pas de voix pour vous importuner. — Et, je vous en conjure, revenez demain. — Sollicitez de moi ce que vous voudrez, je ne vous refuserai rien — de ce que l'honneur peut sans danger accorder à une sollicitation.

VIOLA.

— Je ne sollicite que ceci, votre amour sincère pour mon maître.

OLIVIA.

— Comment puis-je lui donner, en honneur, ce — que je vous ai donné?

VIOLA.

Je vous absoudrai.

OLIVIA.

— Eh bien, reviens demain. Adieu. — Un démon comme toi serait capable d'emporter mon âme en enfer.

Elle sort.

Rentrent SIR TOBIE BELCH *et* FABIEN.

SIR TOBIE, à Viola.

Gentilhomme, Dieu te garde!

VIOLA.

Et vous aussi, monsieur!

SIR TOBIE.

Mets-toi sur la défensive; de quelle nature sont tes torts envers lui, je ne sais; mais ton adversaire, plein de ressentiment, sanguinaire comme le chasseur, t'attend au bout du jardin. Dégaine ton estoc, prépare-toi lestement, car ton assaillant est vif, adroit et acharné.

VIOLA.

Vous faites erreur, monsieur; je suis sûr que personne n'a de querelle avec moi; ma mémoire, parfaitement nette, ne me rappelle aucune offense commise envers qui que ce soit.

SIR TOBIE.

Vous reconnaîtrez le contraire, je vous assure; conséquemment, si vous attachez quelque prix à votre vie, tenez-vous sur vos gardes; car votre rival a en lui toutes les ressources que la jeunesse, la force, l'adresse et la colère peuvent fournir à un homme.

VIOLA.

Mais, monsieur, qui est-il, je vous prie?

SIR TOBIE.

C'est un chevalier, armé d'une rapière intacte, une réputation de salon; mais dans une querelle privée c'est un diable : il a déjà séparé trois âmes de leurs corps; et son exaspération en ce moment est si implacable que les affres de la mort et du sépulcre peuvent seules lui faire satisfaction : Advienne que pourra, voilà sa devise : Vaincre ou mourir.

VIOLA.

Je vais rentrer dans la maison, et demander à madame quelque escorte. Je ne suis pas batailleur. J'ai ouï parler d'une espèce d'hommes qui cherchent querelle aux autres uniquement pour tâter leur valeur : c'est probablement un homme qui a ce travers.

SIR TOBIE.

Non, monsieur ; son indignation dérive d'une injure très-formelle ; ainsi marchez, et faites-lui satisfaction. Vous ne retournerez pas à la maison, sans du moins tenter avec moi l'épreuve que vous pourriez tout aussi sûrement affronter avec lui. Ainsi, marchez, ou mettez à nu votre épée ; car il faut, de toute manière, que vous vous battiez, ou que vous renonciez à porter une lame au côté.

VIOLA.

Ceci est aussi incivil qu'étrange. Je vous en prie, rendez-moi le courtois service de demander au chevalier quelle est mon offense envers lui ; ce ne peut être de ma part qu'un acte d'inadvertance, nullement de ma volonté.

SIR TOBIE.

Je le veux bien, Signor Fabien, restez près de ce gentilhomme jusqu'à mon retour.

Sort sir Tobie.

VIOLA.

Dites-moi, monsieur, avez-vous connaissance de cette affaire ?

FABIEN.

Je sais que le chevalier est furieux à mort contre vous; mais rien de plus.

VIOLA.

Quelle espèce d'homme est-ce, je vous prie?

FABIEN.

A le juger par sa mine, vous ne devineriez pas en lui le prodigieux personnage que vous reconnaîtrez sans doute à l'épreuve de sa valeur. C'est vraiment, monsieur, le plus adroit, le plus sanglant, le plus fatal adversaire que vous puissiez trouver dans toute l'Illyrie. Voulez-vous venir à sa rencontre? Je ferai votre paix avec lui, si je peux.

VIOLA.

Je vous en serai fort obligé; je suis de ceux qui emboîteraient le pas avec messire le prêtre plus volontiers qu'avec messire le chevalier. Je ne tiens nullement à donner une si haute idée de ma fougue.

Ils sortent.

SCÈNE XV.

[Une avenue au bout du jardin d'Olivia.]

Entrent SIR TOBIE et SIR ANDRÉ.

SIR TOBIE.

Eh! mon cher, c'est un vrai diable! je n'ai jamais vu virago de cette espèce. J'ai fait une passe avec lui, rapière au fourreau; et il m'a porté une botte d'une si mortelle vitesse qu'il est impossible de l'éviter ; et, à la riposte, il vous réplique aussi infailliblement que vos pieds touchent le terrain sur lequel ils marchent. On dit qu'il a été le maître d'armes du sophi.

SIR ANDRÉ.

Diantre! je ne veux pas avoir affaire à lui.

SIR TOBIE.

Oui, mais maintenant il ne veut plus s'apaiser. Fabien a grand'peine à le retenir là-bas.

SIR ANDRÉ.

Malepeste! Si j'avais pu croire qu'il fût si vaillant et si habile à l'escrime, je l'aurais vu aller au diable avant de le provoquer. Qu'il laisse tomber l'affaire, et je lui donnerai mon cheval, le gris Capulet.

SIR TOBIE.

Je ferai la proposition. Restez là, faites bonne contenance; ceci finira sans qu'il y ait perdition d'âme.

A part.

Morbleu, je saurai mener ton cheval aussi aisément que toi.

Entrent FABIEN et VIOLA.

Bas à Fabien.

J'ai son cheval pour arranger la querelle ; je lui ai persuadé que le jouvenceau est un diable.

FABIEN, bas à Tobie.

Celui-ci a de lui une idée aussi effroyable ; il est haletant et pâle, comme s'il avait un ours à ses talons.

SIR TOBIE, bas à Viola.

Il n'y a pas de remède, monsieur ; il veut se battre avec vous pour l'honneur de son serment ; en effet, il a réfléchi plus mûrement à la querelle, et il trouve à présent que ce n'est plus la peine d'en parler ; dégainez donc pour l'acquit de sa parole ; il proteste qu'il ne vous fera pas de mal.

VIOLA, à part.

Que Dieu me protége ! Pour un rien je leur dirais de combien il s'en faut que je sois un homme.

FABIEN, à Viola.

Rompez, si vous le voyez furieux.

SIR TOBIE, bas à sir André.

Allons, sir André, il n'y a pas de remède ; ce gentilhomme veut, pour son honneur, faire une botte avec vous ; il ne peut s'en dispenser, en vertu des lois du duel ; mais il m'a promis, sur sa foi de gentilhomme et de soldat, de ne pas vous faire de mal. Allons ! en garde !

SIR ANDRÉ.

Dieu veuille qu'il tienne son engagement !

Il dégaine.

Entre ANTONIO.

VIOLA.

Je vous assure que c'est contre ma volonté !

Elle dégaine.

SCÈNE XV.

ANTONIO, à sir André.

— Rengainez votre épée. Si ce jeune gentilhomme — vous a offensé, je prends la faute sur moi. — Si c'est vous qui l'offensez, c'est moi qui vous défie.

Il dégaine.

SIR TOBIE.

— Vous, monsieur ! Et qui êtes-vous ?

ANTONIO.

— Quelqu'un, monsieur, qui par amour pour lui ferait plus d'actions d'audace — qu'il ne s'est vanté d'en faire, vous présent. —

Il montre Viola.

SIR TOBIE.

Oui-dà, si vous vous chargez des querelles d'autrui, je suis votre homme.

Il dégaine.

Entrent deux OFFICIERS DE JUSTICE.

FABIEN.

Ah ! bon sire Tobie, arrêtez ; voici les officiers de justice.

SIR TOBIE, à Antonio.

Je serai à vous tout à l'heure.

VIOLA, à sir André.

Je vous en prie, monsieur, rengainez votre épée, s'il vous plaît.

SIR ANDRÉ.

Morbleu, je le veux bien, monsieur. Et, quant à ce que je vous ai promis, je tiendrai parole : il vous portera aisément, et il a la bouche fine.

PREMIER OFFICIER, montrant Antonio.

Voici l'homme ! Fais ton devoir.

DEUXIÈME OFFICIER.

— Antonio, je t'arrête à la requête — du comte Orsino.

ANTONIO.

Vous vous méprenez, monsieur.

PREMIER OFFICIER.

— Non, monsieur, nullement; je reconnais bien votre visage, — bien qu'en ce moment vous n'ayez pas de bonnet de marin sur la tête. — Emmenez-le ; il sait que je le connais bien.

ANTONIO.

— Je dois obéir.
    A Viola.

Ceci m'arrive en vous cherchant, — mais il n'y a pas de remède ; j'aurai des comptes à rendre. — Qu'allez-vous faire? Maintenant la nécessité — me force à vous redemander ma bourse. Je suis bien plus — affligé de mon impuissance à vous être utile désormais — que de ce qui m'advient à moi-même. Vous restez interdit, — mais ayez courage.

DEUXIÈME OFFICIER.

Allons, monsieur, en marche !

ANTONIO.

— Je dois réclamer de vous une partie de cet argent.

VIOLA.

Quel argent, monsieur? — En considération de la gracieuse sympathie que vous venez de me témoigner, — et aussi par égard pour vos ennuis présents, — je veux bien, sur mes maigres et humbles ressources, — vous prêter quelque chose ; mon avoir n'est pas considérable; — je veux bien le partager avec vous : — tenez, voici la moitié de ma réserve.

ANTONIO.

Allez-vous me renier à présent? — Est-il possible que mon dévouement pour vous — soit ainsi méconnu? Ne tentez pas ma misère, — de peur qu'elle ne me fasse perdre la tête, — et que je ne vous reproche les services — que je vous ai rendus.

VIOLA.

Quels services? je ne sais ; — je ne connais même ni

votre voix ni vos traits. — Je hais l'ingratitude dans un homme plus — que le mensonge, la vanité, le bavardage, l'ivrognerie, — ou tout autre vice dont le ferment corrupteur — est dans notre sang débile.

ANTONIO.

O ciel !

DEUXIÈME OFFICIER.

Allons, monsieur, je vous en prie, partons.

ANTONIO.

— Laissez-moi dire un mot. Ce jeune homme que vous voyez là, — je l'ai arraché, déjà à demi englouti, aux mâchoires de la mort ; — je l'ai secouru, et avec quelle affectueuse ferveur ! — A son image, qui me semblait respirer — les plus vénérables vertus, j'ai rendu un culte.

PREMIER OFFICIER.

— Qu'est-ce que ça nous fait? le temps passe ; en route !

ANTONIO.

— Oh ! mais quelle vile idole devient ce dieu ! — Sébastien, tu as déshonoré une noble physionomie. — Dans la nature il n'y a de laideur que celle de l'âme. — Nul ne peut être appelé difforme que l'improbe. — La vertu est la beauté. Quant au vice beau, — ce n'est qu'un coffre vide, surchargé d'ornements par le démon !

PREMIER OFFICIER.

— L'homme devient fou ; emmenez-le... — Allons, allons, monsieur.

ANTONIO.

Conduisez-moi.

Les officiers sortent avec Antonio.

VIOLA, à part.

— Ses paroles jaillissent avec une telle émotion qu'on dirait — qu'il est convaincu ; moi, je ne le suis pas encore. — Ne me trompe pas, imagination, oh ! ne me trompe pas, — et puissé-je, frère chéri, avoir été prise pour vous !

SIR TOBIE.

Viens çà, chevalier ; venez çà, Fabien ; nous allons chuchoter entre nous deux ou trois sages sentences.

VIOLA, à part.

— Il a nommé Sébastien... Je vois toujours mon frère — vivant dans mon miroir ; trait pour trait, — tel était le visage de mon frère ; il allait — toujours dans ce costume ; mêmes couleurs, mêmes ornements ; — car je l'imite en tout... Oh ! si cela est, — les tempêtes sont miséricordieuses, et la vague amère est douce et bonne !

Elle sort.

SIR TOBIE.

Un garçon déshonnête et vil, et plus couard qu'un lièvre ! Sa déshonnêteté se manifeste en abandonnant son ami, là, dans le besoin, et en le reniant ; et quant à sa couardise, interrogez Fabien.

FABIEN.

Un couard, dévotement couard, religieux dans la couardise.

SIR ANDRÉ.

Palsembleu, je vais lui courir sus et le battre.

SIR TOBIE.

Oui, houspille-le solidement, mais ne tire pas l'épée...

SIR ANDRÉ.

Si je ne le fais pas...

Il sort.

FABIEN.

Allons voir l'événement.

SIR TOBIE.

Je parierais n'importe quelle somme qu'il n'arrivera rien encore.

Ils sortent.

SCÈNE XVI.
[Une place devant la maison d'Olivia.]

Entrent Sébastien et Feste.

FESTE.

Voulez-vous me faire accroire qu'on ne m'a pas envoyé vous chercher?

SÉBASTIEN.

Allons, allons, tu es un fou. Débarrasse-moi de toi.

FESTE.

Bien soutenu, ma foi! Non, je ne vous connais pas, et je ne vous suis pas envoyé par madame pour vous dire de venir lui parler! Votre nom n'est pas monsieur Césario, et ceci non plus n'est pas mon nez! Rien de ce qui est n'est.

SÉBASTIEN.

Je t'en prie, va éventer ailleurs ta folie. Tu ne me connais pas.

FESTE.

Eventer ma folie! Il a entendu dire ce mot-là à quelque grand personnage, et maintenant il l'applique à un fou. Eventer ma folie! J'ai bien peur que ce grand badaud, le monde, ne soit qu'un gobe-mouches... Voyons, je t'en prie, dessangle ton étrangeté, et dis-moi ce que je dois éventer à madame : lui éventerai-je que tu viens?

SÉBASTIEN.

— Je t'en prie, béotien stupide, laisse-moi : — voici de l'argent pour toi... Si vous restez plus longtemps, — je paierai en monnaie moins agréable.

FESTE.

Ma foi, tu as une main libérale. Ces sages, qui donnent de l'argent aux fous, s'assurent une bonne réputation pour un bail de quatorze ans.

Entrent SIR ANDRÉ, SIR TOBIE *et* FABIEN.

SIR ANDRÉ, à Sébastien.

Enfin, monsieur, je vous ai retrouvé ! Voilà pour vous.

Il frappe Sébastien.

SÉBASTIEN.

Eh bien, voilà pour toi, et encore, et encore ! Est-ce que tous les gens sont fous ici ?

Il bat sir André.

SIR TOBIE.

Arrêtez, monsieur, ou je jette votre dague par-dessus la maison.

FESTE.

Je vais vite dire ça à madame : je ne voudrais pas être dans l'une de vos cottes pour quatre sous.

Feste sort.

SIR TOBIE, *retenant Sébastien.*

Allons, monsieur, arrêtez.

SIR ANDRÉ.

Non, lâchez-le ; je m'y prendrai avec lui d'une autre façon ; je lui intenterai une action pour voies de fait, s'il existe des lois en Illyrie. Quoique je l'aie frappé le premier, peu importe.

SÉBASTIEN, à sir Tobie.

Ote ta main.

SIR TOBIE.

Allons, monsieur, je ne vous lâcherai pas. Allons, mon jeune soldat, rengaînez cette lame ; vous êtes bien trempé, allons.

SÉBASTIEN.

— Je me débarrasserai de toi.

Il se dégage et met l'épée à la main.

Que prétends-tu maintenant ? — Si tu oses me provoquer encore, tire ton épée.

SCÈNE XVI.

SIR TOBIE.

— Quoi! quoi! Allons, il faut que je vous tire une once ou deux de ce sang insolent.

Il dégaine.

Entre OLIVIA.

OLIVIA.

— Arrête, Tobie ; sur ta vie, je te l'ordonne, arrête.

SIR TOBIE.

Madame !

OLIVIA.

— Vous serez donc toujours le même, méchant incorrigible, — fait pour les montagnes et les antres barbares — où l'urbanité ne fut jamais prêchée ! Hors de ma vue ! — Ne soyez pas offensé, cher Césario... — Rustre, va-t'en...

Sortent sir Tobie, sir André et Fabien.

A Sébastien.

Je t'en prie, doux ami, — que ta noble raison, et non ta passion, te guide — en présence de cet incivil et inique attentat — contre ton repos. Rentre avec moi ; — et quand tu sauras combien de folles équipées — a commises cet infâme, tu — souriras de celle-ci. Viens, il le faut ; — ne me refuse pas. Maudit soit-il, — d'avoir fait frémir en toi mon pauvre cœur !

SÉBASTIEN.

— Quel sens a tout ceci ? De quel côté va le courant ? — Ou je suis fou ou ceci est un rêve. — Soit ! que l'illusion continue de plonger mes sens dans son Léthé ! — Si c'est pour rêver ainsi, puissé-je dormir toujours !

OLIVIA.

— Allons, viens, je te prie. Laisse-toi guider par moi.

SÉBASTIEN.

— Madame, je veux bien.

OLIVIA.

Oh ! dis-le, et ainsi soit-il !

Ils sortent.

SCÈNE XVII.

[Dans la maison d'Olivia.]

Entrent MARIA et FESTE

MARIA.

Ah çà, je t'en prie, mets cette soutane et cette barbe; fais-lui accroire que tu es sir Topas, le curé; hâte-toi, je vais chercher sir Tobie pendant ce temps-là.

Sort Maria.

FESTE, endossant la soutane.

Soit, je vais mettre ça, et me dissimuler là-dedans; plût à Dieu que je fusse le premier qui eût dissimulé sous une pareille robe! Je ne suis pas assez gras pour bien remplir la fonction, ni assez maigre pour être réputé bon savant; mais autant vaut être honnête homme et bon ménager qu'homme habile et grand clerc. Voici les confédérés qui entrent.

Entrent SIR TOBIE BELCH et MARIA.

SIR TOBIE.

Que Jupin te bénisse, monsieur le curé!

FESTE.

Bonos dies, sir Tobie; car, comme le disait fort spirituellement à une nièce du roi Gorboduc le vieil ermite de Prague, qui n'avait jamais vu ni plume ni encre : *Ce qui est, est*. Ainsi, moi, étant monsieur le curé, je suis monsieur le curé. Car qu'est-ce que cela, sinon cela? Qu'est-ce qu'être, sinon être?

SIR TOBIE, montrant une pièce où est enfermé Malvolio.

A lui, sir Topas!

FESTE, haussant la voix.

Holà, dis-je! paix dans cette prison!

SIR TOBIE.
Le drôle contrefait à merveille; habile drôle!
MALVOLIO, dans une chambre voisine.
Qui appelle là?
FESTE.
Sir Topas, le curé, qui vient visiter Malvolio le lunatique.
MALVOLIO.
Sir Topas, sir Topas, bon sir Topas, allez trouver madame!
FESTE.
Dehors, démon hyperbolique! Comme tu tourmentes cet homme! Tu ne parles donc que de dames?
SIR TOBIE.
Bien dit, monsieur le curé.
MALVOLIO.
Sir Topas, jamais homme ne fut à ce point outragé. Bon sir Topas, ne croyez pas que je sois fou; ils m'ont enfermé ici dans d'affreuses ténèbres.
FESTE.
Fi! déshonnête Satan! je t'apelle dans les termes les plus modestes; car je suis de ces bonnes gens qui traitent le diable même avec courtoisie. Tu dis que cette salle est ténébreuse?
MALVOLIO.
Comme l'enfer, sir Topas!
FESTE.
Bah! elle a des fenêtres cintrées transparentes comme des barricades; et les croisées du côté du sud-nord sont lustrées comme l'ébène; et pourtant tu te plains de l'obscurité!
MALVOLIO.
Je ne suis pas fou, sir Topas; je vous dis que cette salle est ténébreuse.

FESTE.

Fol homme, tu erres ; je dis, moi, qu'il n'y a d'autres ténèbres que l'ignorance, dans laquelle tu es plus empêtré que les Égyptiens dans leur brouillard.

MALVOLIO.

Je dis que cette salle est aussi ténébreuse que l'ignorance, l'ignorance fût-elle aussi ténébreuse que l'enfer ; et je dis qu'il n'y a jamais eu d'homme aussi indignement traité ; je ne suis pas plus fou que vous ne l'êtes ; faites-en l'épreuve dans un interrogatoire régulier.

FESTE.

Quelle est l'opinion de Pythagore concernant le volatile sauvage ?

MALVOLIO.

Que l'âme de notre grand'mère pourrait bien être logée dans un oiseau.

FESTE.

Que penses-tu de son opinion ?

MALVOLIO.

J'ai une noble idée de l'âme, et je n'approuve nullement son opinion.

FESTE.

Adieu. Reste toujours dans les ténèbres ; je ne te reconnaîtrai du bon sens que quand tu soutiendras l'opinion de Pythagore, et quand tu craindras de tuer une bécasse de peur de déposséder l'âme de ta mère-grand. Adieu !

MALVOLIO.

Sir Topas ! Sir Topas !

SIR TOBIE.

Mon exquis sir Topas !

FESTE.

Dame, je nage dans toutes les eaux !

SCÈNE XVII.   369

MARIA.

Tu aurais pu faire tout ça sans barbe ni soutane : il ne te voit pas.

SIR TOBIE.

Parle-lui de ta voix naturelle, et tu viendras me dire comment tu le trouves. Je voudrais que nous fussions congrûment dépêtrés de cette farce. S'il peut être mis en liberté sans inconvénient, je désire qu'il le soit ; car je suis maintenant tellement mal avec ma nièce que je ne puis sans imprudence pousser cette plaisanterie à l'extrême. Viens tout à l'heure dans ma chambre.

Sir Tobie et Maria sortent.

FESTE, chantant.

Hé ! Robin, joyeux Robin,
Dis-moi comment va ta dame.

MALVOLIO, appelant.

Fou !

FESTE.

Madame est insensible, pardi !

MALVOLIO.

Fou !

FESTE.

Hélas ! pourquoi est-elle ainsi ?

MALVOLIO.

Fou ! m'entends-tu ?

FESTE.

Elle en aime une autre...

Qui appelle ? hein !

MALVOLIO.

Bon fou, si jamais tu voulus m'obliger, procure-moi une chandelle, une plume, de l'encre et du papier ; foi de gentilhomme, je vivrai pour te prouver ma reconnaissance.

FESTE.

Maître Malvolio !

MALVOLIO.

Oui, bon fou.

FESTE.

Hélas ! monsieur, comment se fait-il que vous ayez perdu vos cinq esprits ?

MALVOLIO.

Fou, il n'y a jamais eu d'homme si notoirement outragé ; je suis dans mon bon sens, fou aussi bien que toi.

FESTE.

Aussi bien seulement ? Alors vous êtes en démence tout de bon, si vous n'êtes pas plus dans votre bon sens qu'un fou.

MALVOLIO.

Ils se sont emparés de moi, m'enferment dans les ténèbres, m'envoient des ministres, des ânes, et font tout ce qu'ils peuvent pour me faire perdre l'esprit.

FESTE.

Faites attention à ce que vous dites ; le ministre est là.

Changeant de voix.

Malvolio, Malvolio, que les cieux restaurent tes esprits ! tâche de dormir et laisse là ton vain charabias.

MALVOLIO.

Sir Topas !

FESTE, *variant ses intonations.*

N'échangez plus de paroles avec lui, mon bon ami... Qui, moi, monsieur ? je ne lui parle pas, monsieur. Qu'Dieu v's soit en aide, bon sir Topas !... Ma foi, amen !... D'accord, monsieur, d'accord.

MALVOLIO, *appelant.*

Fou, fou, fou ! entends-tu ?

FESTE.

De grâce, monsieur, patience ! Que voulez-vous, monsieur ? on me gronde quand je vous parle.

MALVOLIO.

Bon fou, procure-moi de la lumière et du papier ; je t'affirme que j'ai mon bon sens autant qu'homme en Illyrie.

FESTE.

Hélas !... que ne l'avez-vous, monsieur !

MALVOLIO.

Je te jure que je l'ai. Bon fou, de l'encre, du papier, et de la lumière ; et puis transmets à madame ce que j'aurai écrit ; et jamais tu n'auras plus gagné à porter une lettre.

FESTE.

Je vais faire ça pour vous. Mais dites-moi franchement, est-il vrai que vous n'êtes pas fou, ou faites-vous le malin ?

MALVOLIO.

Crois-moi, je ne suis pas fou ; je te dis la vérité.

FESTE.

Allons, je ne croirai plus un homme fou, que je n'aie vu sa cervelle. Je vais vous chercher de la lumière, du papier et de l'encre.

MALVOLIO.

Fou, je te récompenserai de la plus insigne manière ; je t'en prie, pars.

FESTE, chantant.

Je pars, monsieur,
Et tout à l'heure, monsieur,
Je reviens à vous,
Pour pourvoir à vos besoins,
En un clin d'œil,
Comme l'antique bouffon,

Qui, avec un sabre de bois,
Dans sa rage et dans sa furie,
Comme un fol enfant,
Criait au diable : Ah ! ah !
Rogne tes ongles, papa,
Adieu, bon cacochyme !

Il sort.

SCÈNE XVIII.

[Le jardin d'Olivia.]

Entre SÉBASTIEN.

SÉBASTIEN.

— Voici bien le grand air ; voilà bien le glorieux soleil. — Cette perle qu'elle m'a donnée, je la sens, je la vois ; — et qu'elle que soit l'extase qui m'enivre ainsi, — ce n'est pas de la folie... Où est donc Antonio ? — Je n'ai pas pu le trouver à l'Éléphant ; — pourtant il y a été, et j'ai reçu là avis — qu'il était allé parcourir la ville pour me chercher. — Ses utiles conseils en ce moment auraient été de l'or pour moi ; — car mon intelligence, aidée de mes sens, a beau se rendre compte — qu'il y a ici quelque erreur, et non de la folie ; — pourtant cet accident, ce déluge de bonnes fortunes, — est tellement inouï, tellement inexplicable — que je serais tenté de n'en pas croire mes yeux — et de quereller ma raison qui se refuse — à admettre que je sois fou — ou que cette dame soit folle ; mais, si elle l'était, — elle ne pourrait pas gouverner sa maison, commander à ses gens, — prendre en main les affaires et les renvoyer dûment expédiées — avec ce calme, cette mesure, cette fermeté — que je remarque dans toute sa conduite ; il y a là-dessous — quelque énigme... Mais voici la dame.

Entrent OLIVIA et UN PRÊTRE.

OLIVIA.

— Ne blâmez pas cette précipitation. Si vos intentions sont bonnes, — venez maintenant avec moi et avec ce saint homme — à la chapelle voisine ; là, en sa présence, — et sous ce toit consacré, — engagez-moi votre foi en pleine assurance, — de sorte que mon âme trop jalouse et trop inquiète — puisse vivre en paix. Il gardera le secret de notre union, — jusqu'à ce que vous vous décidiez à la rendre publique ; — et alors nous en ferons une célébration — digne de ma naissance. Qu'en dites-vous ?

SÉBASTIEN.

— Je suivrai ce bonhomme, et j'irai avec vous ; — et, vous ayant juré fidélité, je serai à jamais fidèle.

OLIVIA.

— Montrez-nous donc le chemin, bon père ; et que le ciel resplendissant — marque de tout son éclat l'acte que je vais accomplir.

Ils sortent.

SCÈNE XIX.

[Une place devant la maison d'Olivia.]

Entrent FESTE et FABIEN.

FABIEN.
Maintenant, si tu m'aimes, laisse-moi voir cette lettre.

FESTE.
Bon monsieur Fabien, accordez-moi autre chose.

FABIEN.
Tout.

FESTE.
Ne me demandez pas à voir cette lettre.

FABIEN.
C'est comme si, après t'avoir donné mon chien, je te le redemandais en récompense.

Entrent LE DUC, VIOLA et les gens de la suite.

LE DUC.
Appartenez-vous à madame Olivia, mes amis ?

FESTE.
Oui, monsieur ; nous sommes de ses objets de luxe.

LE DUC.

Je te reconnais bien. Comment te trouves-tu, mon garçon ?

FESTE.

Ma foi, monsieur, je me trouve mieux de mes ennemis, mais moins bien de mes amis.

LE DUC.

Juste le contraire ! tu veux dire mieux de tes amis.

FESTE.

Non, monsieur, moins bien.

LE DUC.

Comment est-ce possible ?

FESTE.

Dame, monsieur, mes amis me vantent et font de moi un âne ; mes ennemis au contraire me disent franchement que je suis un âne ; si bien que par mes ennemis, monsieur, j'arrive à me mieux connaître moi-même, et que par amis je suis abusé. Si donc, en fait de raisonnement comme en fait de baisers, quatre négations valent deux affirmations, j'ai raison de dire que je me trouve moins bien de mes amis et mieux de mes ennemis.

LE DUC.

Ah ! voilà qui est excellent.

FESTE.

Ma foi non, monsieur, bien qu'il vous plaise d'être de mes amis.

LE DUC.

Tu ne t'en trouveras pas plus mal : voici de l'or.

FESTE.

Si ce n'était vous engager à la duplicité, monsieur, je vous prierais de faire récidive.

LE DUC.

Ah ! tu me donnes là un mauvais conseil.

SCÈNE XIX.

FESTE.

Pour cette fois, monsieur, mettez Votre Grâce dans votre poche, et que la chair et le sang obéissent !

LE DUC.

Soit ! je consens à commettre le péché de duplicité ; voici encore de l'or.

FESTE.

Primo, secundo, tertio ! voilà le beau jeu ! Un vieux proverbe dit que le troisième coup répare tout. Le *triplex*, monsieur, c'est une mesure fort dansante ; les carillons de Saint-Benoît vous le rappelleraient au besoin, monsieur. *Une, deux, trois !*

LE DUC.

Pour le coup, vous ne m'escamoterez plus d'argent ; si vous voulez faire savoir à votre maîtresse que j'attends ici pour lui parler, et si vous la ramenez avec vous, peut-être ma munificence s'éveillera-t-elle encore.

FESTE.

Eh bien, monsieur, bercez votre munificence jusqu'à ce que je revienne. Je pars, monsieur ; mais je ne voudrais pas que vous pussiez supposer que mon désir de posséder est péché de convoitise ; pourtant, comme vous dites, que votre munificence fasse un petit somme, je vais la réveiller tout à l'heure.

Il sort.

Entrent Antonio et des officiers de justice.

VIOLA.

— Seigneur, voilà l'homme qui est venu à ma rescousse.

LE DUC.

— Je me rappelle bien sa figure ; — pourtant, la dernière fois que je l'ai vue, elle était charbonnée, — comme la face noire de Vulcain, par la fumée de la guerre ; — il était le capitaine d'un chétif navire — dont le faible tirant d'eau et les proportions faisaient pitié ; — et il a donné un si terrible abordage — au plus noble bâtiment de notre flotte — que l'envie même et la voix de la défaite — criaient: Honneur et gloire à lui !... De quoi s'agit-il?

PREMIER OFFICIER.

— Orsino, voici cet Antonio — qui enleva de Candie le Phénix et sa cargaison; — voici celui qui attaqua le Tigre à cet abordage — où votre jeune neveu Titus perdit la jambe ; — ici, dans les rues, où l'égarait une impudence désespérée, — au milieu d'une querelle particulière, nous l'avons arrêté.

VIOLA.

— Il m'a rendu service, seigneur, il a tiré l'épée pour ma défense ; — mais, à la fin, il m'a adressé d'étranges paroles, — je ne sais plus quelles folies !

LE DUC.

— Insigne pirate ! Écumeur d'eau salée ! — Quelle folle hardiesse t'a donc livré à la merci de ceux — qu'à des conditions si sanglantes et si rigoureuses — tu as faits tes ennemis?

ANTONIO.

Orsino, noble seigneur, — permettez que je repousse les noms que vous me donnez ; — jamais Antonio ne fut ni un écumeur ni un pirate, — quoiqu'il soit, pour des motifs suffisants, j'en conviens, — l'ennemi d'Orsino. Un sortilége m'a attiré ici : — ce garçon, ingrat entre tous, que voilà, à votre côté, — je l'ai arraché à la bouche enragée et écumante — de la rude mer. Il n'était plus qu'une épave désespérée ; — je lui donnai la vie, et, avec la vie, — mon affection, sans réserve, sans restriction, — mon dévouement absolu. Pour lui, — par pure amitié, je me suis exposé — aux dangers de cette ville ennemie ; — j'ai tiré l'épée pour le défendre quand il était attaqué ; — j'ai été arrêté, et c'est alors qu'inspiré par une lâche dissimulation, — ne voulant pas partager mes périls, — il m'a renié en face, — et qu'il est devenu, en un clin d'œil, comme un étranger — qui m'eût perdu de vue depuis vingt ans ; il m'a refusé ma propre bourse, — que j'avais mise à sa disposition — une demi-heure à peine auparavant.

VIOLA.

Comment cela se pourrait-il?

LE DUC.

— Quand est-il arrivé dans cette ville ?

ANTONIO.

— Aujourd'hui, milord; et depuis trois mois, — sans intérim, sans interruption même d'une minute, — nuit et jour nous avons vécu ensemble.

Entrent OLIVIA et sa suite.

LE DUC.

— Voici venir la comtesse ; maintenant, le ciel marche sur la terre !... — Quant à toi, l'ami, l'ami, tes paroles sont pure folie : — il y a trois mois que ce jeune homme est à mon service. — Mais nous reparlerons de ça tout à l'heure. Qu'on le tienne à l'écart.

OLIVIA.

— Que désire mon seigneur qu'il ne puisse obtenir ? — Et quel service Olivia peut-elle lui rendre ?

A Viola.

— Césario, vous ne tenez pas votre promesse.

VIOLA.

— Madame !

LE DUC.

Gracieuse Olivia...

OLIVIA.

— Que dites-vous, Césario?... Monseigneur...

VIOLA.

— Monseigneur veut parler, mon devoir m'impose silence.

OLIVIA.

— Si c'est encore la même chanson, monseigneur, — elle est aussi fastidieuse et aussi désagréable à mon oreille — qu'un hurlement après une musique.

LE DUC.

Toujours aussi cruelle?

OLIVIA.

— Toujours aussi constante, milord.

LE DUC.

— Dans quoi? dans la perversité! Femme implacable, — à vos autels ingrats et néfastes — mon âme n'a-t-elle pas murmuré les offres les plus ferventes — que jamais ait imaginées la dévotion? Que puis-je faire?

OLIVIA.

— Ce que voudra monseigneur, pourvu que ce soit digne de lui.

LE DUC.

— Pourquoi, si j'en avais le cœur, ne ferais-je pas — comme le bandit d'Égypte au moment de mourir, — et ne tuerais-je pas ce que j'aime (35)? Jalousie sauvage, — mais qui parfois a de la noblesse! Écoutez ceci : — puisque vous jetez ma foi au rebut, et que je crois connaître l'instrument — qui me retire ma place légitime dans votre faveur, — vivez, vivez toujours, despote au cœur de marbre ; — mais ce mignon que vous aimez, je le sais, — et que moi-même, j'en jure par le ciel, je chéris tendrement, — je vais l'arracher à ce regard cruel — où il trône pour l'humiliation de son maître. — Viens, page, viens avec moi; mes pensées sont mûres pour l'immolation ; — je vais sacrifier l'agneau que j'aime, — pour dépiter cette colombe au cœur de corbeau!

Il va pour sortir.

VIOLA, *le suivant.*

— Et moi, avec joie, avec bonheur, avec empressement,

SCÈNE XIX.

— je subirais mille morts pour vous rendre le repos.

OLIVIA.

—Où va Césario?

VIOLA.

Avec celui que j'aime, — plus que mes yeux, plus que ma vie, — plus, bien plus que je n'aimerai jamais aucune femme. — Si je mens, vous, témoins d'en haut, — punissez ma vie de cet outrage à mon amour!

OLIVIA.

—Malédiction sur moi! Comme je suis trahie!

VIOLA.

—Qui vous trahit? qui vous offense?

OLIVIA.

— T'es-tu donc oublié toi-même? Y a-t-il si long-temps?... — Qu'on fasse venir le saint pasteur.

Un valet sort.

LE DUC, à Viola.

Viens!

OLIVIA.

—Où cela, monseigneur?... Césario, mon mari, arrête!

LE DUC.

—Votre mari!

OLIVIA.

Oui, mon mari. Peut-il nier cela?

LE DUC, à Viola

—Son mari, drôle?

VIOLA.

Non, monseigneur. Moi! non.

OLIVIA.

— Hélas! c'est la bassesse de ta peur — qui te fait étouffer ta dignité. — Ne crains rien, Césario; porte haut ta fortune; — sois ce que tu sais être, et alors tu seras — aussi grand que celui que tu crains.

Rentrent LE PRÊTRE *et le valet.*

Oh! tu es le bienvenu, mon père!...— Mon père, je te somme, au nom de ton ministère sacré, — de révéler ici ce que tu sais; nous avions l'intention — de garder ce secret, mais la force des choses — le décèle avant qu'il soit mûr; dis-donc — ce qui s'est passé tout à l'heure entre ce jeune homme et moi.

LE PRÊTRE.

— Un contrat inviolable d'éternel amour, — confirmé par la mutuelle étreinte de vos mains, — attesté par le saint contact de vos lèvres, — fortifié par l'échange de vos anneaux; — et toutes les cérémonies de cet engagement — ont été scellées de mon témoignage dans l'exercice de mon ministère. — Ma montre me dit que depuis lors je n'ai fait vers ma tombe — que deux heures de chemin.

LE DUC, à Viola.

— Ah! petit hypocrite! que seras-tu donc, — quand le temps aura fait grisonner tes cheveux? — Prends-y garde, une perfidie à ce point précoce — pourrait bien te précipiter dans tes propres embûches! — Adieu; prends-la; mais dirige tes pas — là où, toi et moi, nous ne puissions plus nous rencontrer.

VIOLA.

— Monseigneur, je proteste...

OLIVIA.

Oh! ne jure pas; — garde un peu d'honneur, si excessive que soit ta crainte.

Entre SIR ANDRÉ AGUECHEEK, *la tête écorchée.*

SIR ANDRÉ.

Pour l'amour de Dieu, un chirurgien! envoyez-en un immédiatement à sir Tobie.

OLIVIA.

Qu'y a-t-il?

SCÈNE XIX.

SIR ANDRÉ.

Il m'a fendu la tête, et il a également mis en sang le toupet de sir Tobie. Pour l'amour de Dieu, du secours! Je voudrais pour quarante livres être chez moi.

OLIVIA.

Qui a fait cela, sir André?

SIR ANDRÉ.

Un gentilhomme du comte, un certain Césario. Nous l'avions pris pour un couard, et c'est le diable incarné.

LE DUC.

Mon gentilhomme Césario?

SIR ANDRÉ.

Vive Dieu! le voilà.

A Viola.

Vous m'avez rompu la tête pour rien; ce que j'ai fait, j'ai été poussé à le faire par sir Tobie.

VIOLA.

— Pourquoi me parlez-vous ainsi? Je ne vous ai jamais fait de mal. — Vous avez, sans cause, tiré l'épée contre moi; — mais je vous ai parlé doucement, et je ne vous ai pas fait de mal.

SIR ANDRÉ.

Si un toupet en sang fait mal, vous m'avez fait du mal; je vois que pour vous un toupet en sang n'est rien.

Entre SIR TOBIE, ivre, conduit par FESTE.

Voici sir Tobie qui arrive clopin-clopant; vous allez en apprendre d'autres; mais, s'il n'avait pas tant bu, il vous aurait chatouillé d'une autre manière.

LE DUC, à sir Tobie.

Eh bien, gentilhomme, qu'avez-vous donc?

SIR TOBIE.

Ce n'est rien : il m'a blessé, voilà tout.

A Feste.

Sot, as-tu vu Dick le chirurgien, sot?

FESTE.

Oh! il est ivre, sir Tobie, depuis une heure; ses prunelles étaient déjà allumées à huit heures du matin.

SIR TOBIE.

Alors! c'est un coquin. Après un menuet et une pavane, ce que je hais le plus, c'est un coquin ivre.

OLIVIA.

Qu'on l'emmène. Qui est-ce qui les as mis dans ce déplorable état?

SIR ANDRÉ.

Je vais vous assister, sir Tobie; nous allons être pansés ensemble.

SIR TOBIE.

M'assister! Tête d'âne, bonnet de fou; faquin, faquin étique, buse!

OLIVIA.

— Qu'on le mette au lit, et qu'on prenne soin de sa blessure!

Sortent Feste, sir Tobie et sir André.

Entre SEBASTIEN.

SÉBASTIEN, à Olivia.

— Je suis fâché, madame, d'avoir blessé votre parent, — mais, eût-il été le frère de mon sang, — je n'aurais pas pu moins faire par prudence et pour ma sûreté. — Vous me regardez d'un air étrange, et — je vois par là que je vous ai offensée. — Pardonnez-moi, charmante, au nom même des vœux — que nous nous sommes adressés l'un à l'autre, il y a si peu de temps.

LE DUC, *regardant Sébastien et Viola.*

— Même visage, même voix, même habillement, et deux personnes! — Réfraction naturelle qui est et n'est pas!

SÉBASTIEN.

— Antonio, ô mon cher Antonio, — comme les

heures m'ont torturé et tenaillé, — depuis que je t'ai perdu !

ANTONIO.

Êtes-vous Sébastien ?

SÉBASTIEN.

En doutez-vous, Antonio ?

ANTONIO.

— Comment avez-vous pu vous partager ainsi ? — Une pomme, coupée en deux, n'a pas de moitiés plus jumelles — que ces deux créatures. Lequel est Sébastien ?

OLIVIA.

Rien de plus prodigieux !

SÉBASTIEN, regardant Viola.

— Est-ce moi qui suis là ?... Je n'ai jamais eu de frère, — et je n'ai pas dans mon essence le don divin — d'ubiquité. J'avais une sœur — que les vagues et les flots aveugles ont dévorée...

A Viola.

— De grâce, quel parent ai-je en vous ? — quel compatriote ? quel est votre nom, quelle est votre famille ?

VIOLA.

— Je suis de Messaline. Sébastien était mon père ; — un Sébastien aussi était mon frère : — c'est ainsi vêtu qu'il est descendu dans sa tombe houleuse. — Si les esprits peuvent assumer une forme et un costume, — vous êtes apparu pour nous effrayer.

SÉBASTIEN.

Je suis un esprit, en effet, — mais revêtu des proportions grossières — que je tiens de la matrice : — Si vous étiez une femme ; tout s'accorde si bien du reste, — que je laisserais couler mes larmes sur vos joues, — en m'écriant : Sois trois fois la bienvenue, naufragée Viola !

VIOLA.

— Mon père avait un signe sur le front.

SÉBASTIEN.

Et le mien également.

VIOLA.

— Et il mourut le jour même où Viola, depuis sa naissance — comptait treize années.

SÉBASTIEN.

— Oh! ce souvenir est vivant dans mon âme! — Il acheva, en effet, son action mortelle — le jour où ma sœur atteignit treize ans.

VIOLA.

— Si le seul obstacle à notre bonheur mutuel — est cet habillement masculin usurpé par moi, — ne m'embrassez pas, que toutes les circonstances — de lieu, de temps, de fortune, n'aient concouru à prouver que — je suis Viola. Afin de vous le démontrer, — je vais vous mener dans cette ville voir un capitaine — chez qui sont déposés mes vêtements de fille : c'est par son généreux secours — que j'ai été sauvée pour servir ce noble comte. — Depuis lors, toutes les occupations de ma vie — ont été partagées entre cette dame et ce seigneur.

SÉBASTIEN, à Olivia.

— Il résulte de là, madame, que vous vous êtes méprise; — mais la nature en cela a suivi sa pente. — Vous vouliez vous unir à une vierge : — et, sur ma vie, vous n'aurez pas été déçue dans ce désir, — car vous avez épousé à la fois homme et vierge.

LE DUC.

— Ne restez pas confondue : il est de sang vraiment noble. — Si tout cela est vrai, comme la réflexion le fait croire, — j'aurai ma part dans ce très-heureux naufrage.

A Viola.

— Page, tu m'as dit mille fois — que tu n'aimerais jamais une femme à l'égal de moi.

VIOLA.

— Et tout ce que j'ai dit, je veux le jurer mille fois; — et tous ces serments, mon âme les gardera aussi fidèlement — que ce globe radieux garde la flamme — qui distingue le jour de la nuit.

LE DUC.

Donne-moi ta main, — et que je te voie sous tes vêtements de femme.

VIOLA.

Le capitaine qui m'a amenée sur ce rivage, — a mes habits de fille; il est maintenant en prison — pour je ne sais quelle affaire, à la requête de Malvolio, — un gentilhomme de la suite de madame.

OLIVIA.

— Malvolio le fera élargir... Qu'on aille chercher Malvolio! — Mais, hélas! je me rappelle à présent, — on dit qu'il est tout à fait dérangé, le pauvre homme.

Entre FESTE, tenant une lettre à la main, et accompagné de FABIEN.

—L'exaltation de mon propre délire — avait absolument banni le sien de ma mémoire.

A Feste.

Comment est-il, maraud?

FESTE.

En vérité, madame, il tient Belzébuth à distance, aussi bien que peut le faire un homme dans son cas. Il vous a écrit une lettre; j'aurais dû vous la remettre ce matin; mais, comme les épîtres d'un fou ne sont pas des Évangiles, peu importe quand elles sont remises.

OLIVIA.

Ouvre-la, et lis-la.

FESTE.

Attendez-vous donc à être pleinement édifiée, du moment que le bouffon sert d'interprète au fou.

Il lit avec des gestes et une voix d'extravagant.

Par le ciel, madame...

OLIVIA.

Ah çà, es-tu fou?

FESTE.

Non, madame, mais je lis des folies; si Votre Excellence veut que je le fasse comme il faut, elle doit permettre que j'y mette le ton.

OLIVIA.

Je t'en prie, lis raisonnablement.

FESTE.

C'est ce que je fais, madone; pour le lire raisonnablement, il faut que je lise ainsi. Ainsi attention, ma princesse, et prêtez l'oreille.

OLIVIA, à Fabien.

Lisez-la, vous, maraud.

FABIEN, lisant.

Par le ciel, madame, vous me faites injure, et le monde le saura; quoique vous m'ayez mis dans les ténèbres et que vous ayez donné à votre ivrogne d'oncle tout pouvoir sur moi, je n'en jouis pas moins de mon bon sens, tout aussi bien que Votre Excellence. J'ai la lettre de vous qui m'a prescrit la tenue que j'ai prise; et, grâce à cette lettre, je ne doute pas de me justifier grandement ou de vous confondre grandement. Pensez de moi ce que vous voudrez. Je mets la déférence un peu de côté, et je parle sous l'inspiration de mon injure.

Le furieusement maltraité,

MALVOLIO.

OLIVIA.

A-t-il écrit cela?

SCÈNE XIX.

FESTE.

Oui, madame.

LE DUC.

Cela ne sent guère la démence.

OLIVIA.

Faites-le délivrer, Fabien, et amenez-le.

Sort Fabien.

— Monseigneur, veuillez, toute réflexion faite, — m'agréer pour sœur comme vous m'eussiez agréé pour femme. — Le même jour couronnera, s'il vous plaît, cette double alliance, — ici, dans ma maison et à mes frais.

LE DUC.

— Madame, j'accepte votre offre avec le plus grand empressement.

A Viola.

— Votre maître vous donne congé ; mais, en retour des services que vous lui avez rendus, — services si opposés à la nature de votre sexe, — si fort au-dessous de votre délicate et tendre éducation, — puisque vous m'avez appelé si longtemps votre maître, — voici ma main ! Vous serez désormais — la maîtresse de votre maître.

OLIVIA.

Et ma sœur... Vous êtes bien elle ?

Fabien rentre avec Malvolio.

LE DUC.

Est-ce là le fou ?

OLIVIA.

Oui, monseigneur, lui-même. — Comment va, Malvolio ?

MALVOLIO.

Madame, vous m'avez fait injure, — une injure notoire.

OLIVIA.

Moi, Malvolio ? Non.

MALVOLIO.

— Vous-même, madame. Jetez les yeux sur cette lettre, je vous prie. — Vous ne pouvez pas nier que ce ne soit là votre écriture ; — ayez une autre écriture, un autre style, si vous pouvez ! — Ou encore dites que ce n'est pas votre cachet, votre tour. — Vous ne pouvez contester rien de tout ça. Eh bien, convenez-en donc ; — et expliquez-moi, dans toute la mesure de l'honneur, — pourquoi vous m'avez donné des marques de faveur aussi éclatantes, — en me disant de venir à vous le sourire aux lèvres, les jarretières en croix, — de mettre des bas jaunes et de regarder de haut — sir Tobie et les gens subalternes. — Puis, quand j'ai obéi dans un déférent espoir, — pourquoi avez-vous permis que je fusse emprisonné, — enfermé dans une chambre noire, visité par un prêtre, — et que je devinsse le plastron le plus ridicule — que jamais mystification ait joué? Expliquez-moi pourquoi.

OLIVIA.

— Hélas! Malvolio, cette écriture n'est pas la mienne, — bien que, je le confesse, elle lui ressemble beaucoup ; — mais sans nul doute c'est la main de Maria. — Et, je me rappelle maintenant, c'est elle — qui tout d'abord m'a dit que tu étais fou ; et alors tu es arrivé tout souriant, — et avec toutes les allures qui t'étaient prescrites — dans la lettre. Je t'en prie, calme-toi ; — c'est un tour des plus malicieux qu'on t'a joué là ; — mais, quand nous en connaîtrons les motifs et les auteurs, — je veux que tu sois juge et partie — dans ta propre cause.

FABIEN.

Bonne dame, veuillez m'écouter ; — et ne permettez pas qu'aucune querelle, aucune dispute ultérieure — trouble cette heure propice — dont je suis émerveillé. Dans cet espoir, — j'avouerai tres-franchement que c'est moi-même et Tobie — qui avons imaginé ce complot contre Malvolio — en expiation de certains procédés fâcheux et discourtois — que nous avions à lui reprocher. Maria a écrit — la lettre, sur les instances pressantes de sir Tobie — qui, pour l'en récompenser, l'a épousée. — Quelque malicieuse qu'ait été la farce qui a suivi, — on reconnaîtra qu'elle doit exciter le rire plutôt que la rancune, — si l'on pèse impartialement les torts — qu'il y a eu des deux côtés.

OLIVIA, à Malvolio.

— Hélas! pauvre dupé! comme ils t'ont bafoué!

FESTE, se tournant vers Malvolio.

Dame, *il en est qui naissent grands, il en est d'autres qui acquièrent les grandeurs, et d'autres à qui elles s'imposent.* Je jouais, monsieur, dans cet intermède, un certain sir Topas, monsieur ; mais c'est égal. *Par le ciel, fou, je ne suis pas en démence.* Mais aussi vous souvenez-vous ? *Madame, pourquoi vous amusez-vous d'un si chétif coquin ? Dès que vous ne souriez plus, il est bâillonné.* Et c'est ainsi que le tour de roue du temps amène les représailles.

MALVOLIO.

— Je me vengerai de toute votre clique.

Il sort.

OLIVIA.

— Il a été bien notoirement mystifié.

LE DUC.

— Courez après lui, et engagez-le à faire la paix. — Il ne nous a encore rien dit du capitaine. — Quand cette affaire sera éclaircie et que le radieux moment sera venu, — une solennelle union sera faite — de nos chères âmes... D'ici là, charmante sœur, — nous ne nous en irons pas d'ici... Césario, venez ; — car vous resterez Césario, tant que vous serez un homme ; — mais, dès que vous apparaîtrez sous d'autres vêtements, — vous serez la bien-aimée d'Orsino et la reine de ses caprices.

Ils sortent.

FESTE, chantant.

Quand j'étais tout petit garçon,
Par le vent, la pluie, hé ! ho !
Une folie n'était qu'enfantillage,
Car il pleut de la pluie tous les jours.

Mais quand je vins à l'état d'homme,
Par le vent et la pluie, hé ! ho !
Contre filou et voleur chacun fermait sa porte,
Car il pleut de la pluie tous les jours.

Mais quand je vins, hélas ! à prendre femme,
Par le vent et la pluie, hé ! ho !
Jamais dissipation ne put me réussir,
Car il pleut de la pluie tous les jours.

Mais quand je venais à mon lit,
Par le vent et la pluie, hé ! ho !
Avec des buveurs toujours je m'étais soûlé,
Car il pleut de la pluie tous les jours.

Ja dès longtemps le monde a commencé,
Par le vent et la pluie, hé ! ho !
Mais peu importe ; notre pièce est finie,
Et nous tâcherons de vous plaire tous les jours.

Il sort.

FIN DE CE QUE VOUS VOUDREZ.

NOTES

SUR

LES JOYEUSES ÉPOUSES DE WINDSOR,
LA COMÉDIE DES ERREURS ET CE QUE VOUS VOUDREZ.

---

(1) Voici comment était présentée cette première scène dans la comédie embryonnaire, publiée en 1602 :

Entrent LE JUGE SHALLOW, SIR HUGH, EVANS, MAITRE PAGE et SLENDER.

SHALLOW.

— Ne m'en parlez plus ; j'en ferai une affaire de chambre étoilée. — Le conseil saura tout.

PAGE.

— Voyons, mon bon Shallow, laissez-vous persuader par moi.

SLENDER.

— Non, assurément, mon oncle n'étouffera pas la chose ainsi.

SIR HUGH.

— Voulez-vous pas entendre les raisons, maître Slender ? — Vous devriez entendre les raisons.

SHALLOW.

— Quoiqu'il soit chevalier, qu'il ne s'imagine pas l'emporter ainsi. — Maître Page, je ne veux pas être offensé. Pour vous, — monsieur, je vous aime, et pour mon neveu, — il vient voir votre fille.

PAGE.

— Et voici ma main ; et, s'il plaît à ma fille — autant qu'à moi, nous aurons vite une noce. — En attendant, laissez-moi vous prier de séjourner — ici un peu. Et, sur ma vie, je tâcherai — de vous réconcilier.

SIR HUGH.

— Je vous en prie, maître Shallow, faisons-le. L'affaire est soumise à des arpitrages. — Le premier est maître Page, c'est-à-dire maître Page ; le second est moi-même, c'est-à-dire moi-même ; — et le troisième et dernier est mon hôte de la Jarretière.

Entrent SIR JOHN FALSTAFF, PISTOLET, BARDOLPHE *et* NYM.

Voici sir John lui-même, voyez.

FALSTAFF.

Eh bien, maître Shallow, vous voulez donc vous plaindre de moi au conseil, à ce que j'apprends ?

SHALLOW.

Sir John, sir John, vous avez blessé mon garde, tué mes chiens, volé mon daim.

FALSTAFF.

Mais non baisé la fille de votre garde.

SHALLOW.

Eh bien, vous répondrez de tout ça.

FALSTAFF.

Je vais répondre immédiatement. J'ai fait ça. Voilà ma réponse

SHALLOW.

C'est bon, le conseil connaîtra l'affaire.

FALSTAFF.

Le conseil que je vous donne, c'est de ne pas la faire connaître : on rira de vous.

SIR HUGH.

De ponnes paroles, sir John, de ponnes paroles.

FALSTAFF.

Bonnes paroles, bonnes fariboles !... Slender, je vous ai écorché la tête ; quelle humeur avez-vous contre moi ?

SLENDER.

J'ai la tête pleine d'humeur contre vous et vos filoux de compagnons, Pistolet et Nym. Ils m'ont entraîné à la taverne, m'ont fait boire et ont ensuite vidé mes poches.

FALSTAFF.

Que dites-vous à cela, Pistolet ? Avez-vous vidé les poches de maître Slender, Pistolet ?

SLENDER.

Oui, par ce mouchoir ! Deux beaux grands shillings, plus sept groats en pièces de six pennys !

FALSTAFF.

Que dites-vous à ça, Pistolet ?

PISTOLET.

Sir John, mon maître, je réclame le combat avec cette latte de bois... Je te jette le démenti à la gorge, à la gorge, à la gorge.

SLENDER, montrant Nym.

Par le jour! alors c'était lui.

NYM.

Monsieur, je ne suis pas d'humeur à beaucoup parler. Mais si vous faites couler votre sale humeur sur moi, je vous dirai : Attrape! Et voilà l'humeur de la chose.

FALSTAFF.

Vous voyez que les faits sont niés, messieurs; vous l'entendez.

Entrent MISTRESS GUÉ, MISTRESS PAGE *et sa fille* ANNE.

PAGE.

En voilà assez; je crois qu'il est presque l'heure de dîner, car ma femme vient à notre rencontre.

FALSTAFF, à mistress Gué.

Vous vous appelez madame Gué, si je ne me trompe.

Il l'embrasse.

MISTRESS GUÉ.

Vous ne vous trompez que sur le mot madame. Mon mari s'appelle Gué, monsieur.

FALSTAFF.

Je désire faire avec vous plus ample connaissance, ainsi qu'avec vous, bonne maîtresse Page.

MISTRESS PAGE.

De tout mon cœur, sir John. Allons, mari, venez-vous? Le dîner nous attend.

PAGE.

De tout mon cœur. Marchons, messieurs.

Tous sortent, excepté Slender et mistress Anne.

ANNE, à Slender.

Mais, en vérité, pourquoi me retenez-vous? Que me voulez-vous?

SLENDER.

Moi! rien ou peu de chose. Je vous aime beaucoup, et mon oncle peut vous dire quelle est ma position. Si vous pouvez m'aimer, eh bien, soit. Sinon, bonne chance au préféré!

ANNE.

Vous parlez bien, maître Slender. Mais d'abord permettez-moi de connaître votre caractère, et ensuite de vous aimer, si je peux.

SLENDER.

Ah! par Dieu! il n'y a pas un homme dans la chrétienté qui puisse souhaiter davantage. Est-ce que vous avez des ours dans votre ville, mistress Anne, que vos chiens aboient ainsi?

ANNE.

Je ne saurais vous dire, maître Slender, je crois que oui.

SLENDER.

Hein, qu'en dites-vous? Je suis sûr que vous avez peur d'un ours quand il est lâché, n'est-ce pas?

ANNE.

Oui, ma foi !

SLENDER.

Eh bien, pour moi, c'est boire et manger. Moi, je cours sus à un ours, et je le prends par le museau; vous n'avez rien vu de pareil. Mais en vérité je ne puis vous blâmer, car ce sont des bêtes prodigieusement mal léchées.

ANNE.

Voulez-vous venir dîner, maître Slender ? Le repas vous attend.

SLENDER.

Non, ma foi, non. Je vous remercie. Je ne puis supporter l'odeur d'un plat chaud depuis que j'ai été blessé au tibia. Je vais vous dire comment la chose est arrivée sur ma parole. Un maître d'escrime et moi nous avons tiré trois bottes pour un plat de pruneaux cuits, et, tandis qu'avec ma garde je couvrais ma tête, il m'a blessé au tibia. Oui, ma foi.

Entre MAITRE PAGE.

PAGE.

Venez, venez, maître Slender, le dîner vous attend.

SLENDER.

Je ne puis pas manger; je vous remercie.

PAGE.

Vous n'aurez pas le dernier mot, je vous le dis.

SLENDER.

Je vous suis, monsieur; veuillez passer devant... Non, bonne mistress Anne, vous passerez la première ; j'ai plus de civilité que ça, j'espère.

ANNE.

Eh bien! Monsieur, je ne veux pas être importune.

Ils sortent.

Paraissent SIR HUGH EVANS et SIMPLE, venant du dîner.

SIR HUGH.

Écoutez, Simple, veuillez porter cette lettre à la maison du docteur Caïus, le docteur Français. Il demeure au haut de la rue ; demandez chez lui une mistress Quickly, sa femme de ménage, son infirmière, et remettez-lui cette lettre ; c'est au sujet de maître Slender. Tenez, voulez-vous faire ça tout de suite ?

SIMPLE.

Je vous le promets, monsieur.

SIR HUGH.

Faites, je vous prie. Il ne faut pas que je sois absent au moment des grâces. Je vais aller finir mon dîner ; il reste encore les reinettes et le fromage.

Ils sortent.

(2) « Notre auteur fait ici allusion aux armes du chevalier sir Thomas Lucy [1], qui, dit-on, l'avait persécuté dans sa jeunesse pour un *délit*, et qu'on suppose être caricaturé dans le personnage de Shallow. » — *Malone.*

Le *délit* dont parle Malone est ainsi expliqué par le premier biographe de Shakespeare, l'antiquaire Rowe : « Une extravagance dont William se rendit coupable le força de quitter son pays natal et le genre de vie qu'il avait adopté ; et, quoiqu'elle ait semblé d'abord être une tache à ses bonnes mœurs et un malheur pour lui, elle fut pourtant, dans la suite, l'heureuse occasion qui mit en lumière un des plus grands génies de la poésie dramatique. William était, par un malheur commun aux jeunes gens, tombé dans une mauvaise société ; et quelques camarades l'engagèrent à braconner dans un parc appartenant à sir Thomas Lucy, de Charlecote. Pour ce fait, il fut poursuivi par ce gentleman, un peu trop sévèrement, paraît-il ; car, en représailles, il fit une ballade contre sir Thomas. Cette ballade, aujourd'hui perdue, était, dit-on, si satirique qu'elle redoubla les persécutions contre William, et qu'il fut obligé de quitter le Warwickshire pour se réfugier à Londres. »

La tradition, rapportée originairement par Rowe en 1709, est complétée par cette note d'un autre biographe, William Oldys, qui vivait au commencement du siècle dernier : « Il y avait dans les environs de Stratford un gentleman fort âgé (mort il y a cinquante ans) qui avait entendu plusieurs personnes de la ville parler de l'incartade du jeune Shakespeare, et qui se rappelait la première stance de la ballade satirique dirigée contre sir Thomas. Voici cette stance, fidèlement transcrite par un auditeur :

» Un membre du parlement, un juge de paix,
Pauvre épouvantail chez lui, à Londres un âne.
Si Lucy est un pouilleux, comme quelques-uns le disent,
Chansonnons le pouilleux Lucy, quoi qu'il advienne.
    Il se croit un grand homme,
    Il n'est qu'un âne de son état.
Avec ces oreilles-là il ne peut s'associer qu'à des ânes.

[1] Les Lucy, seigneurs du manoir de Charlecote, aux environs de Stratford, portaient *de gueules aux trois brochets d'argent hauriant.*

« Si faible que paraisse aujourd'hui cette épigramme, au temps où elle fut écrite, elle eut le pouvoir d'irriter un magistrat vaniteux, imbécile et vindicatif, affichée qu'elle fut à plusieurs des portes de son parc. On peut remarquer que le jeu de mots sur lequel elle porte (*Lucy* et *lousy*, pouilleux) se retrouve à la première scène des *Joyeuses Épouses de Windsor*. » — *Biographia britannica*.

(3) « Les hauteurs de Cotswold, dans le comté de Glocester, étaient anciennement le théâtre d'exercices champêtres fort populaires. Dans la seconde partie de *Henry IV*, Shallow mentionne le bretailleur Will Squeele comme un *garçon de Cotswold*. Mais Cotswold devint subséquemment célèbre par la célébration annuelle des « Jeux Olympiques de M. Robert Dover. » M. Robert Dover était un attorney de Warton on the Heath, dans le comté de Warwick ; c'est au commencement du règne de Jacques Ier qu'il institua ces *jeux olympiques*, qui consistaient à lutter corps à corps, à sauter, à courir, etc. Ses mérites ont eu la bonne fortune d'être célébrés en vers par Drayton, Randolph et Jonson. » — *Knight*.

(4) Le fromage de Banbury était un fromage mou et plat.

(5) Sackerson est le nom d'un ours célèbre qu'on exhibait, du temps de Shakespeare, au *Jardin de Paris*, dans le Southwark.

(6) Les mots imprimés ici en italique sont en français dans le texte original.

(7) Le billet doux, que mistress Page recevait de Falstaff dans la comédie primitive, était conçu en ces termes :

« Mistress Page, je vous aime. Ne m'en demandez pas la raison ; il me serait impossible de la dire. Vous êtes belle, et je suis gros. Vous aimez le vin, et moi aussi. Comme je suis sûr de n'avoir d'esprit que pour aimer, je sais que vous n'avez de cœur que pour accorder. Un soldat ne multiplie pas les paroles quand il sait qu'on peut tout dire en un mot. Je vous aime, et sur ce je vous salue.

Votre
Sir JOHN FALSTAFF

(8) « Tout ce passage sur la chevalerie a été ajouté depuis la première édition de cette comédie, parue en 1602, et me semble être une allusion à la prodigalité avec laquelle Jacques Ier conférait cet honneur. » — *Sir William Blackstone*.

NOTES. 397

« Dans l'intervalle d'avril à mai 1603, le roi Jacques fit deux cent trente-sept chevaliers; au mois de juillet suivant, il en fit de trois à quatre cents. Il est probable que cette comédie fut revisée vers cette époque, à un moment où l'épigramme du poëte devait être hautement goûtée par son auditoire. » — *Malone.*

(9) La chanson des *Manches vertes* était une ballade fort populaire, enregistrée au *Stationer's Hall* dès le mois d'août 1581.

(10) *Pickt-hatch* était un lupanar trop célèbre dont il est fréquemment question dans la comédie anglaise au temps d'Élisabeth et de Jacques Ier.

(11) Les *pensionnaires* étaient un corps de gentilshommes choisis pour escorter la personne royale. Ils étaient au nombre de cinquante, recevaient cinquante livres par an pour leur solde, et devaient avoir chacun deux chevaux. Leur costume splendide était bien fait pour éblouir la commère Quickly, qui les met au-dessus des plus grands seigneurs du royaume.

(12) Le curé Welche mêle ici un vers du 137e psaume de la Bible à une stance d'une élégie attribuée à Marlowe, qui fut imprimée en 1600 dans un recueil de poésie légère, l'*Hélicon d'Angleterre.*

(13) Extrait de la comédie primitive, imprimée en 1602 :

Entrent MISTRESS GUÉ, avec deux de ses gens portant un grand panier à lessive.

MISTRESS GUÉ, à l'un d'eux.

Maraud, si votre maître vous demande où vous portez ce panier, vous direz que c'est à la blanchisseuse. J'espère que vous saurez mener à fin l'affaire.

LE VALET.

Soyez tranquille, madame.

MISTRESS GUÉ.

Allez, sortez.

Les valets sortent.

Ah! sir John, je crois qu'après le tour que je vais vous jouer, vous n'aurez guère envie de revenir.

Entre SIR JOHN.

FALSTAFF.

T'ai-je donc attrapé, mon céleste bijou?

Ah! puissé-je mourir en ce moment! J'ai assez vécu : voici l'heure fortunée que j'ai désiré voir. A présent je vais faire un souhait coupable : je voudrais que ton mari fût mort.

MISTRESS GUÉ.

Et pourquoi donc, sir John ?

FALSTAFF.

Pardieu, je ferais de toi ma lady.

MISTRESS GUÉ.

Hélas ! sir John, je serais une bien simple lady.

FALSTAFF.

Allons donc ! Tes yeux, je le vois, rivalisent avec le diamant. Ces sourcils arqués s'harmoniseraient avec la coiffure en carène, la coiffure en violette, avec n'importe quelle coiffure de Venise : je vois bien ça.

MISTRESS GUÉ.

Un simple mouchoir, sir John, m'irait mieux.

FALSTAFF.

Par le ciel, tu es une traîtresse de parler ainsi. Qu'est-ce qui m'a fait t'aimer ? Cela seul doit te convaincre qu'il y a en toi quelque chose d'extraordinaire. Allons donc ! Je t'aime !... Mistress Gué, je ne sais pas flatter, je ne sais pas jaser, à l'instar de ces gaillards qui sentent comme le marché aux herbes à la saison des simples ; mais je t'aime, et je n'aime que toi.

MISTRESS GUÉ.

Sir John, j'ai grand'peur que vous n'aimiez mistress Page.

FALSTAFF.

Hé ! tu ferais aussi bien de dire que j'aime à flâner devant la porte de la prison pour dettes, laquelle m'est aussi odieuse que la gueule d'un four à chaux.

MISTRESS PAGE, du dehors.

Mistress Gué, mistress Gué, où êtes-vous ?

MISTRESS GUÉ, à Falstaff.

Ah ! seigneur ! Cachez-vous, sir John.

Falstaff se cache derrière la tapisserie.

Entre MISTRESS PAGE.

Eh bien, mistress Page, qu'y a-t-il ?

MISTRESS PAGE.

Ah ! femme, votre mari arrive avec la moitié de Windsor à ses talons pour chercher un gentilhomme qu'il dit être caché chez lui, l'amant de sa femme.

MISTRESS GUÉ, bas à mistress Page.

Parlez plus haut.

Haut.

Mais j'espère que ce n'est pas vrai, mistress Page.

MISTRESS PAGE.

Ce n'est que trop vrai, femme. Par conséquent, si vous avez ici quelqu'un, débarrassez-vous-en, ou vous êtes perdue pour toujours.

MISTRESS GUÉ.

Hélas! mistress Page, que faire? Il y a ici un gentilhomme, mon ami. Comment faire?

MISTRESS PAGE

Cordieu! femme, laissez là vos : *que faire? que faire?* Mieux vaut n'importe quelle supercherie que votre déshonneur. Tenez, voici un panier à linge ; si c'est un homme de taille raisonnable, il entrera là.

MISTRESS GUÉ.

Hélas! je crains qu'il ne soit trop gros.

FALSTAFF, sortant de sa cachette.

Voyons, voyons, j'entrerai, j'entrerai. Suivez le conseil de votre amie.

MISTRESS PAGE, bas à Falstaff.

Fi, sir John! voilà donc votre amour! Allons donc.

FALSTAFF, bas, à mistress Page.

Je t'aime, je n'aime que toi ; aide-moi à sortir d'ici. Je n'y reviendrai plus.

Sir John se fourre dans le panier; on le couvre de linge; les deux valets emportent le panier, et se croisent avec GUÉ et tous les autres, PAGE, LE DOCTEUR, LE PRÊTRE, SLENDER et SHALLOW.

GUÉ

Avancez, je vous prie. Nous allons voir tout ça... Eh bien, qui va là ? où va ceci ? où va ça ? mettez ça bas.

MISTRESS GUÉ.

Allons! laissez aller ça : il ne vous manquerait plus que de vous occuper du lavage!

GUÉ.

Lavage! oui, un bon lavage!

Les valets emportent le panier.

Venez, je vous prie, maître Page, prenez mes clefs ; aidez-moi à chercher. Bon sir Hugh, je vous en prie, venez, aidez-moi un peu, un peu. Je vais tout prouver.

SIR HUGH.

Par Jeshus! voilà des jalousies et tes délires.

Tous sortent, excepté mistress Gué et mistress Page.

MISTRESS PAGE.

Il est pitoyablement attrapé!

MISTRESS GUÉ.

Je me demande quelle a été son impression, quand mon mari leur a dit de mettre le panier à terre.

MISTRESS PAGE.

Peste soit du déshonnête drôle! Nous ne saurions trop le malmener. Voilà qui est excellent pour la jalousie de votre mari.

MISTRESS GUÉ

Hélas! pauvre âme, ça me navre le cœur ; mais ce sera le moyen de faire cesser ses accès de jalousie, si les poursuites de Falstaff continuent.

MISTRESS PAGE.

Oui, nous enverrons de nouveau chercher Falstaff; ce serait grand dommage si nous le lâchions ainsi. Bah !

Des Épouses peuvent être Joyeuses, en étant vertueuses.

MISTRESS GUÉ.

Serons-nous condamnées parce que nous rions ?
Le proverbe dit vrai : Il n'est pire eau que l'eau qui dort [1].

Rentrent GUÉ et tous les autres.

MISTRESS PAGE.

Voici mon mari. Rangeons-nous.

GUÉ.

Je ne puis le trouver. Il est possible qu'il ait menti.

MISTRESS PAGE.

Avez-vous entendu ça ?

MISTRESS GUÉ.

Oui, oui, silence !

GUÉ.

C'est bon, je ne laisserai pas la chose passer ainsi ; je poursuivrai l'enquête.

SIR HUGH.

Par Jeshus, s'il y a personne dans la cuisine, ou dans les puffets, ou dans les armoires ou dans le garde-manger, je suis un juif fieffé ! Dieu me pardonne ! vous me faites pien aller !

PAGE.

Fi, monsieur Gué, vous êtes à blâmer.

MISTRESS PAGE.

Ma foi, ça n'est pas bien, monsieur Gué, de la suspecter ainsi sans cause.

LE DOCTEUR.

Non, sur ma p'role, ça n'est pas bien.

GUÉ.

Soit. Excusez-moi, je vous prie. Maître Page, pardonnez-moi. J'en souffre, j'en souffre.

SIR HUGH.

Vous souffrez d'une mauvaise conscience, voyez-vous ?

GUÉ.

Bon ! je vous en prie, assez. Une autre fois je vous conterai tout. En attendant, venez dîner avec moi. Pardon, ma femme ! je suis aux regrets. Maître Page, je vous en prie, venez dîner ; une autre fois je vous dirai tout.

PAGE.

Eh bien, soit ! Et pour demain je vous invite tous à dîner chez moi, et

---

[1] Ces vers se retrouvent à la scène XII de l'œuvre remaniée.

dans la matinée nous chasserons à l'oiseau; j'ai un excellent faucon pour le bois.

GUÉ.

Soit ! venez, maître Page. Viens, femme. Je vous en prie, venez tous ; vous êtes les bienvenus ; venez.

SIR HUGH.

Pardieu, maître Gué n'est plus dans son bon sens.

Tous sortent.

(14) Une chanson du poëte Sidney dans *Astrophel et Stella* commence par ce vers :

Ai-je attrapé mon céleste bijou ?

(15) Dans un sermon prononcé à White-Hall en janvier 1607, un chapelain du roi Jacques 1er dénonçait ainsi les excentricités de la toilette des femmes : « Oh ! quelle merveille de voir sur une tête féminine un navire sous voiles avec ses agrès, ses mâts, sa grande et sa petite hune, son pont et son entrepont, décoré de banderolles, de drapeaux et de pavillons ! n'est-il pas surprenant de voir une femme créée à l'image de Dieu si souvent défigurée par les folles modes de France et d'Espagne ! »

(16) Extrait de la comédie primitive, publiée en 1602 :

Entrent MISTRESS GUÉ et ses deux VALETS.

MISTRESS GUÉ.

Vous entendez? Quand votre maître viendra, enlevez le panier comme vous l'avez déjà fait; et si votre maître vous dit de le mettre à terre, obéissez-lui.

LE VALET.

Je m'y engage

Entre SIR JOHN.

MISTRESS GUÉ.

Sir John, soyez le bienvenu.

FALSTAFF.

Çà, êtes-vous sûre de votre mari, maintenant?

MISTRESS GUÉ.

Il est allé chasser à l'oiseau, sir John, et j'espère qu'il ne reviendra pas encore.

Entre MISTRESS PAGE.

Cordieu ! voici mistress Page !... Mettez-vous derrière la tapisserie, bon sir John.

Falstaff se cache derrière la tapisserie.

MISTRESS PAGE.

Mistress Gué! Ah! ma chère, votre mari a été repris par sa vieille manie, il arrive à la recherche de votre amant; mais je suis bien aise qu'il ne soit pas ici.

MISTRESS GUÉ.

Grand Dieu! mistress Page, le chevalier est ici. Que faire?

MISTRESS PAGE.

En ce cas, vous êtes une femme perdue, à moins que vous ne trouviez quelque moyen de le faire évader.

MISTRESS GUÉ.

Hélas! je ne connais pas de moyen, à moins que nous ne le remettions dans le panier encore une fois.

FALSTAFF, sortant de sa cachette.

Non, je ne veux plus aller dans le panier. Je vais grimper dans la cheminée.

MISTRESS GUÉ.

C'est par là qu'ils ont l'habitude de décharger leurs fusils de chasse.

FALSTAFF.

Eh bien, je sortirai par la porte.

MISTRESS PAGE.

En ce cas, vous êtes perdu, vous êtes un homme mort.

FALSTAFF.

Au nom du ciel! trouvez n'importe quel expédient. Tout plutôt qu'un malheur!

MISTRESS PAGE.

Hélas! je ne sais quel moyen employer. S'il y avait un vêtement de femme qui pût lui aller, il pourrait mettre une robe et une mentonnière, et s'échapper ainsi.

MISTRESS GUÉ.

Bonne idée. La tante de ma chambrière, Gillian de Brainford, a laissé une robe là-haut.

MISTRESS PAGE.

Et elle est tout aussi grosse que lui.

MISTRESS GUÉ.

Oui, ça lui ira, ma parole.

MISTRESS PAGE.

Allons, venez avec moi, sir John, je vais vous habiller.

FALSTAFF.

Venez, au nom du ciel! n'importe quoi!

Sortent mistress Page et sir John.

Entrent GUÉ, PAGE, le PRÊTRE et SHALLOW. Les deux valets enlèvent le panier, et Gué les rencontre.

GUÉ.

Entrez, je vous prie. Vous connaîtrez le motif... Eh bien, où allez-vous,

NOTES. 403

vous autres? Hein! où allez-vous? Mettez bas ce panier, misérables! infâmes ruffians, mettez-le bas.

MISTRESS GUÉ.

Pour quelle raison me traitez-vous ainsi?

GUÉ.

Approchez. Mettez bas le panier. Mistress Gué, la chaste femme! mistress Gué, la vertueuse femme! celle qui a pour mari ce bélitre de jaloux! Je me méfie de vous sans cause, n'est-ce pas?

MISTRESS GUÉ.

Oui, j'en atteste Dieu, si vous avez de moi quelque vilaine méfiance.

GUÉ.

Bien dit, front bronzé, persistez ainsi. Vous, damoiseau du panier, sortez de là! Arrachons le linge, cherchons.

HUGH.

Jeshus me pénisse! allez-vous relever le linge de votre femme?

PAGE.

Fi! maître Gué! on ne doit plus vous laisser sortir, si vous avez de ces accès-là.

SIR HUGH.

Partieu, il serait urgent de le mettre à Petlam.

GUÉ.

Maître Page, comme il est vrai que je suis un honnête homme, maître Page, quelqu'un s'est évadé de ma maison, hier, dans ce panier. Pourquoi n'y serait-il pas aujourd'hui?

MISTRESS GUÉ, appelant.

Venez, mistress Page, faites descendre la vieille femme.

GUÉ.

La vieille femme! quelle vieille femme est-ce là?

MISTRESS GUÉ.

Eh! la tante de ma chambrière, Gillian de Brainford.

GUÉ.

Une sorcière! Est-ce que je ne lui ai pas défendu ma maison? Hélas! simples que nous sommes, nous ne savons pas ce qui se passe sous couleur de dire la bonne aventure. Descendez, sorcière, descendez.

Entre FALSTAFF déguisé en vieille femme, accompagné de mistress PAGE. Gué le bat, et Falstaff se sauve.

Hors d'ici, sorcière! décampez.

SIR HUGH.

Doux Jeshus! je crois véritablement que c'est une sorcière en effet; j'ai aperçu sous sa mentonnière une grande parpe.

GUÉ.

Je vous en prie, venez m'aider à chercher, je vous en prie.

PAGE.

Allons, suivons-le, pour satisfaire son caprice.

Tous sortent excepté mistress Gué et mistress Page.

MISTRESS GUÉ.

Sur ma parole, il l'a furieusement battu.

MISTRESS PAGE.

J'en suis bien aise. Poursuivrons-nous la chose ?

MISTRESS GUÉ.

Non, ma foi. Maintenant, si vous m'en croyez, nous conterons l'histoire à nos maris. Car le mien, j'en suis sûr, s'est mortellement affecté.

MISTRESS PAGE.

D'accord, allons tout leur dire. Et, si cela leur convient, nous continuerons.

Elles sortent.

(17) La retouche a ici complétement transfiguré le dialogue primitif. Le lecteur en jugera par cette citation :

PAGE.

— Il faut dresser quelque piége, ou il ne viendra pas.

MISTRESS PAGE.

— Rapportez-vous-en à nous pour ça. Écoutez mon idée. — Vous avez souvent ouï dire, depuis la mort de Horne le chasseur, — que les femmes, quand elles veulent effrayer leurs petits enfants, — leur content qu'il revient sous la forme d'un grand cerf. — Eh bien, comme Falstaff, après tant de déceptions, — n'oserait pas se risquer de nouveau chez nous, — nous lui ferons dire de venir nous rencontrer dans la campagne — sous le déguisement de Horne, avec de grandes cornes sur la tête.—Le rendez-vous aura lieu entre minuit et une heure ; — nous le rejoindrons toutes deux à cette heure-là ; — alors, si vous m'en croyez, vous vous porterez aux alentours, — avec de petits garçons déguisés en lutins, afin d'effrayer le gros Falstaff dans les bois : — et alors, pour couronner la plaisanterie,— nous révélerons tout à Falstaff. Je crois que ce sera parfait.

PAGE.

Excellent ! ma fille Anne sera — déguisée en petite fée.

(18) « Il est aujourd'hui constaté qu'une famille portant le nom de Herne existait à Windsor au seizième siècle, un Gilles Herne s'étant marié là en 1569. D'après une tradition ancienne, ce Herne, un des gardes du parc, ayant commis une offense pour laquelle il craignait d'être disgracié, se pendit à un chêne qui fut désormais hanté par son spectre. Ce chêne, immortalisé par Shakespeare, est mentionné pour la première fois dans un « plan de la ville, du château et du parc de Windsor, » publié à Éton en 1742. Sur la carte, un arbre, nommé le *Chêne de Falstaff*, est désigné comme situé au bord d'un fossé,

sur un des côtés d'une avenue tracée au dix-septième siècle et indiquée comme « l'allée de la reine Élisabeth. » Ce chêne était décrit en 1780 comme un arbre creux de vingt-sept pieds de circonférence, le seul de tout le voisinage dans lequel les enfants pussent monter. Si délabré qu'il fût, il donnait encore des glands en 1783, et selon toute probabilité, il résisterait toujours aux ravages du temps, s'il n'avait été malheureusement inclus dans une liste de vieux arbres condamnés comme *disgracieux* par Georges III. Il tomba sous la hache du bûcheron en 1796. — *Staunton*.

(19) Extrait de la comédie primitive :

Entre FALSTAFF, ayant des cornes de cerf sur la tête.

FALSTAFF.

C'est la troisième fois. Eh bien, je me risque. On dit que les nombres impairs portent bonheur[1]. Jupiter s'est transformé en taureau ; et moi je suis ici en cerf, et le plus gras, je pense, de toute la forêt de Windsor. C'est bon, je tiens lieu céans de Horne le chasseur, et j'attends l'arrivée de ma biche.

Entrent MISTRESS PAGE et MISTRESS GUÉ.

MISTRESS PAGE.

Sir John, où êtes-vous ?

FALSTAFF.

Te voilà, ma biche! Quoi! et toi aussi!... Bienvenues, mesdames !

MISTRESS GUÉ.

Oui, oui, sir John, je vois que vous ne faiblissez pas; aussi méritez-vous mieux encore que nos amours ; mais je suis désolée de vos récentes déconvenues.

FALSTAFF.

Voici qui fait compensation pour tout. Allons, partagez-moi entre vous. Chacune une hanche! Quant à mes cornes, je les lègue à vos maris. Est-ce que je ne parle pas comme Horn le chasseur, hein?

MISTRESS PAGE.

Dieu me pardonne ! quel est ce bruit ?

Bruit de cors. Les deux femmes se sauvent.

Entrent SIR HUGH EVANS, déguisé en satyre, des enfants déguisés en fées, MISTRESS QUICKLY, reine des fées. Tous chantent en entourant Falstaff, puis parlent.

MISTRESS QUICKLY.

— Vous, fées, qui hantez ces halliers ombreux, — regardez dans le bois, et voyez — si aucun mortel n'épie nos rondes sacrées; — si vous en décou-

---

[1] Cette réflexion se retrouve au commencement de la scène XVII dans la comédie revisée.

vrez un, donnez-lui son dû ; — et ne le lâchez pas que vous ne l'ayez pincé jusqu'au noir, jusqu'au bleu. Donnez-leur vos instructions, Puck, avant qu'elles partent.

SIR HUGH.

— Venez ici, Péan, allez aux maisons de la campagne, — et quand vous trouverez une souillon qui se sera couchée — toute la vaisselle sale encore et les chambres non palayées, — pincez-la avec vos ongles longs jusqu'à ce qu'elle crie—et jure de réformer son désordre de ménagère.

UNE FÉE.

Je m'engage à exécuter votre volonté.

SIR HUGH.

— Où est Pead ? allez voir où dorment les hommes de loi — et les sergents aux yeux de renard avec leur masse. — Allez coucher les procureurs dans la rue, — et pincez au visage les sergents pouilleux. — N'épargnez aucun de ceux que vous trouverez au lit, — et ne lâchez que ceux dont le nez sera pleu et rouge.

MISTRESS QUICKLY.

— En route ! partez, conformez-vous à ses intentions, — et qu'aucune de vous ne soit inactive. — Que celles-ci fassent une chose, celles-là une autre ; — que toutes agissent, et agissent bien.

SIR HUGH.

— Je sens un homme de la terre moyenne.

FALSTAFF

— Que le ciel me préserve de cette fée welche !

MISTRESS QUICKLY.

— Que chacune regarde aux alentours ; — et si vous découvrez ici quelqu'un, — pour le punir de sa présomptueuse indiscrétion, — n'épargnez ni ses jambes, ni ses bras, ni sa tête, ni sa face.

SIR HUGH.

— Voyez, par bonheur, j'en aperçois un ; — il a le corps d'un homme et la tête d'un cerf.

FALSTAFF.

— Que Dieu m'accorde sa bonne protection, et je brave tout.

MISTRESS QUICKLY.

— Allez vite, et faites ce que je commande, — et prenez un flambeau dans votre main, — et approchez-le du bout de ses doigts ; — et si vous voyez que cela le blesse, — et que la flamme le fait tressaillir, — alors c'est un mortel. Sachez son nom. — Si son nom commence par un F, — soyez sûr qu'il est rempli de péchés. — A l'œuvre donc, sachez la vérité — sur ce jeune métamorphosé.

SIR HUGH.

— Donnez-moi un flambeau, et je vais éprouver — s'il est enclin à la luxure.

Ils approchent les flambeaux de ses doigts, et il gesticule.

C'est, ma foi, vrai, il est plein de paillardise et d'iniquité.

MISTRESS QUICKLY.

— Tenez-vous à une petite distance de lui, — et prenez-vous toutes par la main, et enveloppez-le dans un cercle. — D'abord pincez-le bien, et ensuite chantez.

Ici les fées pincent Falstaff et chantent en dansant autour de lui. LE DOCTEUR arrive d'un côté et enlève un garçon habillé de rouge ; SLENDER arrive d'un autre côté et enlève un garçon habillé de vert ; et FENTON enlève mistress Anne, qui est en blanc. Un bruit de chasse se fait entendre, et toutes les fées se sauvent. Falstaff arrache sa tête de cerf et se redresse. Puis entrent PAGE, GUÉ et leurs femmes, SHALLOW et SIR HUGH.

FALSTAFF.

Horne le chasseur, dites-vous ? Suis-je un revenant ? — Tudieu ! les fées ont fait de moi un revenant. — Quelle est cette chasse à cette heure de nuit ! — Je gage sur ma vie que ce fou de prince de Galles — est en train de voler les daims de son père... Eh bien ! qu'avons-nous — ici ? Est-ce que Windsor est en mouvement ? Quoi ! c'est vous !

SHALLOW.

— Dieu vous garde, sir John Falstaff !

SIR HUGH.

— Dieu vous pénisse, sir John ! Dieu vous pénisse !

PAGE.

— Eh bien, comment va, sir John ? Quoi ! une paire de cornes à votre main !

GUÉ.

— Ce sont les cornes qu'il prétendait me faire porter. — Maître Fontaine et lui s'en étaient chargés. — Eh bien, sir John, pourquoi êtes-vous ainsi ébahi ? — Mon cher, nous connaissons les fées qui vous ont pincé ainsi, — et votre immersion dans la Tamise, et la bonne rossée que vous avez eue ; — et ce qui va vous advenir, sir John, nous pouvons le deviner.

MISTRESS PAGE.

— C'est ainsi, sir John. Vos machinations déshonnêtes — pour mettre notre honneur en question — nous ont fait faire tous nos efforts — pour tourner votre impudique libertinage en une joyeuse plaisanterie.

FALSTAFF.

— Plaisantez, c'est bien. Ai-je donc vécu tant d'années — pour être dupé ainsi, berné ainsi ? — Alors, ce n'était donc pas des fées.

MISTRESS PAGE.

— Non, sir John, c'était des enfants.

FALSTAFF.

— Par le ciel, j'ai eu trois ou quatre fois dans l'idée — que ce n'était pas des fées ; et pourtant la grossièreté même de la mascarade m'a persuadé que c'en était. — Ah ! si les beaux esprits de la cour apprenaient ceci, — ils me fustigeraient si bien de leurs piquantes railleries — qu'ils me feraient rendre, comme suif, — goutte à goutte, toute ma graisse[1]... Des enfants !

SIR HUGH.

— Oui, ma foi, des enfants, sir John ! Et j'étais, — moi aussi, une des fées qui ont aidé à vous pincer.

FALSTAFF.

— C'est bon, je suis votre cible ; — vous avez l'avantage sur moi. — Suis-je donc aussi attrapé par un bouc gallois, — par un morceau de fromage rôti.

SIR HUGH.

— Le beurre est supérieur au fromage, sir John ; — et vous êtes tout beurre, tout beurre.

GUÉ.

— Il y a en outre une petite affaire à régler, sir John ; — vous avez emprunté vingt livres à maître Fontaine, sir John, — et il faudra les rendre à maître Gué, sir John.

MISTRESS GUÉ.

— Non, mon cher mari. Que cela serve à le dédommager. — Abandonnez-lui cette somme, et nous serons tous amis.

GUÉ

— Soit ! voici ma main ; tout est enfin pardonné.

FALSTAFF.

— Ça m'a coûté cher ! — J'ai été rudement pincé et lavé.

Entre LE DOCTEUR.

MISTRESS PAGE.

— Eh bien, maître docteur, vous êtes mon gendre, j'espère.

LE DOCTEUR.

— Votre gendre ? palsambleu, vous me la baillez belle ! — Palsembleu, zai cru marier mistress Anne, et palsambleu, c'est un putassier de garçon, un zacquot de garçon.

MISTRESS PAGE.

— Comment ! un garçon !

LE DOCTEUR.

— Oui, palsambleu ! un garçon.

PAGE.

— Va, ne te fâche pas, femme ; je te dirai la vérité ; — ç'a été mon plan de te tromper ainsi ; et, à cette heure, ta fille est mariée — à Maître Slender, et justement le voici qui vient.

Entre SLENDER.

Eh bien, fils Slender, où est votre mariée ?

---

[1] Cette pensée se retrouve, légèrement modifiée dans les termes, à la scène XII de la comédie retouchée.

SLENDER.

Ma mariée? Tudieu! je crois qu'il n'y a jamais eu d'homme au monde contrarié comme moi par la fortune. Pardieu! je pourrais pleurer de rage.

PAGE.

Et qu'y a-t-il donc, fils Slender?

SLENDER.

Fils Slender! ah! pardieu! je ne suis pas votre fils.

PAGE.

Non! comment ça?

SLENDER.

Dieu me pardonne! c'est un garçon que j'ai épousé!

PAGE.

Comment! un garçon! Vous vous êtes donc mépris sur la consigne?

SLENDER.

Non. Car je suis allé à celle en rouge, comme vous me l'aviez dit, et j'ai crié *motus !* et elle a crié *budget,* aussi distinctement qu'on pût l'entendre, et c'est lui que j'ai épousé.

SIR HUGH.

— Doux Jeshus! Maître Slender, y voyez-vous assez peu clair pour épouser des garçons!

PAGE.

— Oh! je suis vexé dans l'âme. Que ferai-je?

Entrent FENTON *et* ANNE PAGE.

MISTRESS PAGE.

— Voici venir l'homme qui nous a trompés tous. — Eh bien, ma fille, où avez-vous été?

ANNE.

— A l'église, ma foi!

PAGE.

A l'église! et qu'avez-vous fait là?

FENTON.

— Elle m'a épousé... Allons, monsieur, ne vous emportez pas. — La chose est faite, monsieur, et ne peut être défaite.

GUÉ.

— Voyons, maître Page, ne vous échauffez pas. — Elle a fait son choix là où était fixé son cœur. — A quoi bon vous emporter ou vous affecter?

FALSTAFF.

— Je suis bien aise de voir que votre flèche a dévié.

MISTRESS GUÉ.

— Allons, mistress Page, je serai franche avec vous, — et ce serait dommage de séparer des amours qui sont aussi sincères.

MISTRESS PAGE.

— Quoique j'aie échoué dans mes intentions, — je suis bien aise que le plan de mon mari ait été déjoué. — Tenez, maître Fenton, prenez-la, et que Dieu vous tienne en joie.

SIR HUGH.

— Allons, maître Page, il faut que vous donniez votre consentement.

GUÉ.

— Allons, monsieur, donnez-le; vous voyez que votre femme est satisfaite.

PAGE.

— Je ne sais pourquoi, mais mon cœur est soulagé, — et je suis bien aise que le docteur ait échoué. — Venez ici, Fenton, et toi, viens ici, ma fille. — Allons! vous auriez bien pu attendre mon agrément. — Mais puisque vous avez choisi qui vous aimez, — tenez, prenez-la, Fenton, et soyez heureux tous deux.

SIR HUGH.

— Et moi j'entends danser et manger des prunes à votre noce.

GUÉ.

— Tout le monde est content. Maintenant festoyons, — et rions de la déconvenue de Slender et du docteur.

Montrant Fenton à Slender et à Caïus.

— C'est lui qui a eu la fille; vous deux, vous avez eu un garçon, — un page pour vous servir. Ainsi, que Dieu vous tienne en joie! — Et vous, sir John Falstaff, vous aurez tenu parole; — car Fontaine couchera cette nuit avec mistress Gué.

Tous sortent.

(20) Allusion au ballon, dont la vessie est généralement couverte de cuir.

(21) « Ta barbe par les distinctions du gris, du blanc, du tanné et du noir, me semble une mappe-monde. Regarde ici. Voilà l'Asie. Ici sont Tigris et Euphrates. Voilà Afrique. Ici est la montagne de la Lune. Veois-tu les palus du Nil? Deçà est Europe. Veois-tu Thélème? Ce touppet ici tout blanc, sont les monts Hyperborées. » — *Rabelais*. L 3. c. 28.

(22) Les recors, au temps de Shakespeare, étaient généralement vêtus d'un uniforme de peau de buffle destiné à les protéger contre les mauvais coups.

(23) « Maria entend dire que la main sèche de sir André n'est pas celle d'un amoureux, la moiteur de la main étant communément considérée comme le signe d'un tempérament amoureux. » — *Johnson*.

(24) Le portrait de mistress Mall, n'étant pas du genre le plus chaste, était presque toujours dissimulé derrière un rideau, sous le-

prétexte *qu'il était sujet à prendre la poussière.* Cette créature étrange, à la fois homme et femme, avait acquis dès le commencement du dix-septième siècle une notoriété extraordinaire. Mentionnée ici par Shakespeare, mistress Mall devint l'héroïne d'une comédie de Middleton et de Dekker, laquelle fut jouée en 1611 par les comédiens du prince de Galles. Elle cumulait les divers métiers de prostituée, de receleuse, d'entremetteuse et de voleuse ; au mois de février 1612, elle fut même condamnée à faire publiquement amende honorable devant la croix de Saint-Paul. Plus tard, à l'époque des luttes entre le parlement et la monarchie des Stuarts, elle se montra fougueuse royaliste, s'enrôla parmi les cavaliers, et gagna ses éperons en volant le général Farfaix dans la plaine de Hounslow Heath. Elle mourut en 1659, après avoir dans son testament affecté une somme de vingt livres à faire couler du vin des fontaines publiques le jour de la restauration de Charles II. Le poëte royaliste Butler, dans *Hudibras,* la compare à Jeanne d'Arc !

(25) Le clown fait ici allusion à une enseigne, jadis fort commune en Angleterre, qui représentait deux ânes, et au bas de laquelle était cette inscription adressée malicieusement au lecteur: « *Nous voici trois!* »

(26) *Three merry men we be ;* refrain d'une vieille chanson populaire intitulée: *Robin Wood et le Tanneur.*

(27) *There dwelt a man in Babylon;* premier vers d'une autre chanson populaire: *la Constante Suzanne.*

(28) *Farewel, dear heart,* encore le refrain d'une vieille ballade.

(29) Les distributions publiques de galette et d'ale faites aux jours fériés, selon une coutume immémoriale, étaient, du temps de Shakespeare, dénoncées par les puritains comme une pratique papiste.

(30) La mode des jarretières croisées paraît avoir été adoptée spécialement par les puritains. Barton Holy-Day représente le puritain « comme un homme *aux jarretières croisées,* affublé de culottes factieuses et d'une petite fraise, haïssant le surplis et dénonçant les manchettes. »

(31) Les Brownistes étaient les indépendants primitifs. Leur chef, Robert Brown, parent du lord trésorier Cécil, avait été pour-

suivi dès 1580 par les tribunaux ecclésiastiques pour avoir dénoncé comme papiste et antichrétienne la discipline de l'Église anglicane.

(32) Cet énorme lit était dans la principale chambre à coucher de l'auberge du Cerf dans la ville de Ware. Le 4 mai 1610, le duc Louis Frédéric de Wurtemberg y coucha solennellement, ainsi que l'atteste un journal manuscrit, rédigé en français, récemment découvert par sir Frédéric Madden dans les archives du British Museum : « Je fus couché dans ung lict de plume de cigne, qui avoit huict pieds de largeur. »

(33) Allusion à la célèbre carte gravée en 1598 pour la traduction en anglais des « Voyages de Linschoten. »

(34) Voir la note [1] du deuxième volume à propos de *la folie de la Saint-Jean*.

(35) Peut-être une allusion à la légende de Théagène et de Chariclée.

FIN DES NOTES.

APPENDICE.

EXTRAIT DES NOUVELLES DU PURGATOIRE

DE TARLETON

[Londres, in-4°, 1590]

Le conte des Deux Amants de Pise, et pourquoi ils étaient fustigés dans le purgatoire avec des orties.

A Pise, fameuse cité d'Italie, vivait un gentilhomme de bonne lignée et ayant du bien, aussi respecté pour sa fortune qu'honoré pour sa vertu. Ce gentilhomme avait une fille unique, nommée Marguerite, qui pour sa beauté était aimée de tous et désirée de beaucoup; mais ni les supplications d'aucun galant ni celles de la belle n'avaient pu prévaloir sur la résolution de son père, qui était déterminé à ne la marier qu'à un homme capable de maintenir dans l'abondance l'excellence de sa beauté. Divers jeunes genstilshommes avaient offert de larges domaines, mais en vain; elle dut rester fille jusqu'au jour où un vieux docteur de la ville, qui professait la médecine, lui fit la cour et fut agréé du père par cette raison qu'il était un des hommes les plus opulents de Pise. C'était un superbe adolescent, et un damoiseau parfait, âgé d'environ quatre-vingts ans ; sa tête était blanche comme le lait, et il n'y restait plus une dent pour faire le mal ; mais peu importe ; sa bourse suppléait aux défauts de sa personne. La pauvre damoiselle se souciait peu de la richesse ; mais elle était toute jeune, et fut forcée de suivre les instructions de son père qui, moyennant un riche contrat, consentit à ce qu'elle épousât le docteur.

Le mariage fut conclu. Voilà la pauvre enfant attachée au poteau, ayant pour mari un vieillard impotent, et si jaloux que personne ne pouvait entrer dans sa maison sans suspicion, et qu'elle ne pouvait rien faire sans blâme : le moindre regard, la plus petite gracieuseté, un sourire était pour lui la preuve manifeste qu'elle en aimait d'autres plus que lui ; ainsi il vivait dans un enfer, et infligeait à sa femme les tourments d'une perplexité aussi douloureuse.

Enfin il arriva qu'un jeune homme de la cité, nommé Lionel, passant devant la maison, et voyant la jeune femme à sa fenêtre, remarquant ses rares et excellentes proportions, devint amoureux d'elle, et si éperdument que sa passion ne lui laissa pas de repos jusqu'à ce que les faveurs de la dame eussent soulagé sa morbide langueur. Le jeune homme, qui était ignorant en matière amoureuse et n'avait jamais été exercé à faire de cour, eut l'idée de révéler sa passion à quelque ami qui pût lui donner conseil, convaincu que l'expérience est le plus sûr des maîtres. Il vit un jour le vieux docteur se promener dans l'église, et, ne sachant pas que c'était le mari de Margaretta, il pensa qu'il ne pouvait avoir de meilleur confident, le docteur étant fort savant, et d'ailleurs pouvant, comme médecin, l'assister dans ses desseins à l'aide de drogues. Il aborda donc Mutio [c'était le nom du docteur], et, après lui avoir demandé le secret, lui raconta de point en point comme quoi il s'était épris d'une dame mariée à quelqu'un de sa profession, lui indiqua la résidence et la maison de la dame, et le pria, vu son inexpérience, de vouloir l'assister de ses avis. Mutio, à cette révélation, fut frappé au cœur, reconnaissant qu'il s'agissait de sa femme ; pourtant, voulant mettre à l'épreuve la vertu de sa femme et se venger des deux amants, si elle le trahissait, il dissimula, répondit qu'il connaissait parfaitement la dame, la loua hautement, mais ajouta qu'elle avait un ladre pour mari, et qu'elle n'en serait que plus traitable.

—Éprouvez-la, jeune homme, dit-il à Lionel ; et, si elle ne veut pas se plier à votre caprice, je trouverai une potion qui la livrera vite à vos désirs. Or, pour vous indiquer les occasions, sachez que son mari sort chaque après-midi de trois à six. Je veux bien vous conseiller, par pitié pour votre passion, ayant moi-même autrefois été amoureux ; mais je vous recommande de ne révéler cela à qui que ce soit, de peur que cette intervention dans des affaires d'amour ne nuise à ma réputation.

Le jeune homme s'engagea à un scrupuleux secret, remercia vivement Mutio, et lui promit d'aller le trouver le lendemain pour lui dire les nouvelles. Sur ce il retourna vite chez lui, s'habilla dans toute sa braverie et se dirigea vers la maison de Mutio. Margaretta était à la fenêtre. Il lui adressa l'œillade la plus passionnée avec le plus humble salut. Margaretta, le considérant avec attention, et notant la perfection de sa tournure, le tint pour la fleur de Pise et songea combien elle serait heureuse de l'avoir pour ami, afin de suppléer aux défauts qu'elle trouvait à Mutio. Plusieurs fois cette même après-midi Lionel passa devant la fenêtre, élevant vers la dame des regards amoureux auxquels elle répondait par les plus gracieux sourires, ce qui l'encouragea tellement que, le lendemain, entre trois et six heures, il alla à la maison, et, frappant à la porte, demanda à parler à la maîtresse du logis. Celle-ci, reconnaissant à la description de la chambrière qui était le nouveau-venu, commanda de le faire entrer, et le reçut avec toute courtoisie. Le jeune homme commença son exorde en rougissant, mais enfin s'enhardit assez pour raconter à la dame comment il s'était épris d'elle, et pour la prier d'accepter ses services. La dame était un peu timide ; mais avant qu'on se séparât, il fut convenu que, le lendemain, Lionel reviendrait pour manger une livre de cerises : résolution qui fut prise avec un *succado des labras*.

Lionel, aussi joyeux qu'un homme peut l'être, courut à l'église rejoindre son vieux docteur, qu'il trouva faisant sa promenade habituelle.

— Quelles nouvelles, monsieur ? dit Mutio. Avez-vous réussi ?

— Aussi bien que je pouvais le désirer, fit Lionel, car j'ai vu ma maîtresse, et l'ai trouvée si traitable que j'espère allonger d'une paire d'andouillers le front de son vieux rustre de mari.

Le docteur demanda quand viendrait le moment.

— Morbleu, répliqua Lionel, demain à quatre heures de l'après-midi ; c'est alors, maître docteur, que j'armerai ce vieil écuyer chevalier de l'ordre fourchu.

Ils causèrent ainsi jusqu'à ce qu'il se fît tard ; et alors Lionel retourna à son logement, et Mutio à sa maison, couvrant tous ses chagrins d'une contenance joyeuse, et bien résolu à se venger pleinement, le lendemain, des deux coupables. Le docteur passa la nuit aussi patiemment qu'il put, et, le jour suivant, après dîner, il partit, guettant le moment convenu. A quatre heures précises Lionel arriva et fut accueilli avec toute courtoisie par Margaretta ; mais à peine s'étaient-ils embrassés que la servante cria à sa maîtresse que son maître était à la porte, car celui-ci s'était hâté, sachant qu'une corne n'est pas longue à greffer. Margaretta fut tout effarée de cette alerte ; pour parer au danger, elle fourra Lionel dans un panier rempli de plumes et s'assit à son ouvrage. Sur ce Mutio arriva tout soufflant ; et, feignant d'être venu en hâte pour chercher quelque chose, il demanda les clefs de ses chambres, regarda partout, fouilla tous les coins de la maison, visita le cabinet même, et, n'ayant rien pu découvrir, ne dit rien. Mais, alléguant un malaise, il resta à la maison, si bien que le pauvre Lionel fut obligé de rester dans le panier jusqu'à ce que le vieux ladre fût couché avec sa femme ; et alors la servante le fit sortir par une porte de derrière, et il s'en revint au logis la puce à l'oreille.

Le lendemain, il vint de nouveau à la rencontre du docteur, qu'il trouva à sa promenade accoutumée.

—Quelles nouvelles, dit Mutio ? Avez-vous réussi ?

—La peste du vieux coquin ! dit Lionel. A peine étais-je entré et avais-je donné un baiser à ma maîtresse que cet âne de jaloux était à la porte ; la servante l'a aperçu et a crié : Mon maître ! Si bien que la pauvre dame fut réduite, unique expédient, à me mettre dans un panier à plumes qui était dans une vieille chambre, et je dus rester là jusqu'au moment où il se mit au lit et s'endormit ; et alors la servante me délivra, et je partis. Mais n'importe ; ce n'est qu'un contre-temps, et j'espère avant peu avoir pris ma revanche sur lui.

—Comment ? dit Mutio.

—Morbleu, fit Lionel, ainsi : elle m'a fait prévenir aujourd'hui par sa servante que, jeudi prochain, le vieux rustre soupe avec un patient à un mille de Pise, et alors je m'engage à lui faire tout payer.

—C'est bon, dit Mutio, que la fortune vous soit propice.

— Merci, fit Lionel.

Et ainsi, après avoir échangé encore quelques paroles, ils se séparèrent.

Bref, le jeudi arriva; vers les six heures Mutio sortit, et s'arrêta à la maison d'un ami d'où il pouvait apercevoir tous ceux qui entraient chez lui. Il y vit bientôt entrer Lionel, et courut après lui; à peine celui-ci avait-il eu le temps de s'asseoir que la servante cria de nouveau: « Voilà mon maître ! » L'excellente épouse, qui d'avance avait pris ses précautions contre les surprises, avait découvert un retrait caché entre les deux cloisons d'un plancher; elle y fourre Lionel, et le mari arrive tout en sueur.

— Mon ami, dit-elle, qu'est-ce donc qui vous ramène si vite à la maison?

— Ma foi, chère femme, c'est un affreux rêve que j'ai eu cette nuit et qui m'est revenu à la pensée. J'ai rêvé qu'un misérable était entré secrètement chez moi avec un poignard nu à la main et s'y était caché; mais je ne pouvais pas découvrir l'endroit. Sur ce, j'ai saigné du nez, et m'en suis revenu; et, par la grâce de Dieu, je fouillerai tous les recoins de la maison pour le repos de mon esprit.

— Faites, mon cher, je vous prie.

Sur ce, il ferme toutes les portes, et se met à fouiller chaque chambre, chaque trou, chaque coffre, chaque tonneau, et jusqu'au puits; il poignarde les lits de plume et ravage tout comme un furieux, mais vainement. Il commença alors à blâmer ses yeux d'avoir cru voir ce qu'ils n'avaient pas vu, se mit au lit à demi lunatique, et resta éveillé toute la nuit; si bien que vers le matin il tomba dans un profond sommeil, et alors on fit évader Lionel.

Le matin, quand Mutio s'éveilla, il se demanda par

quel moyen il pourrait enfin surprendre Lionel, et se mit en tête le plus terrible stratagème.

— Femme, dit-il, il faut que lundi matin je chevauche jusqu'à Vicence pour visiter un vieux patient à moi ; jusqu'à mon retour, qui aura lieu dans dix jours environ, je désire que tu habites notre petite maison de campagne.

— Bien volontiers, cher, dit-elle.

Sur ce Mutio l'embrassa, et fut aussi aimable que s'il ne soupçonnait rien ; puis le voilà qui court à l'église, où il rencontre Lionel.

— Eh bien, monsieur, dit-il, quelles nouvelles ? Votre maîtresse est-elle en votre possession ?

— Non, la peste du vieux coquin ! fit Lionel ; je crois qu'il est sorcier ou qu'il a recours à la magie, car je n'ai pas plutôt franchi la porte qu'il est sur mon dos, comme hier soir encore. J'avais à peine échauffé mon siége que la servante a crié : *Voilà mon maître !* Et alors la pauvre créature fut obligée de me loger entre les deux cloisons d'une chambre dans un endroit parfaitement disposé ; là, j'ai ri de tout cœur de voir comme il fouillait tous les coins, mettait à sac tous les tonneaux, et poignardait tous les lits de plume, le tout en vain ; j'ai été parfaitement protégé jusqu'au matin, et alors, dès qu'il s'est endormi, j'ai déguerpi.

— La fortune vous est défavorable, dit Mutio.

— Oui, répondit Lionel, mais j'espère que c'est pour la dernière fois ; car lundi prochain il part pour Vicence, et sa femme va demeurer dans une maison de campagne aux environs de la ville, et là, en l'absence du mari, je prendrai ma revanche pour toutes mes infortunes passées.

— Dieu le veuille, dit Mutio en se retirant.

Les deux amants aspiraient au lundi qui arriva enfin. De bon matin Mutio monta à cheval, ainsi que sa femme, sa servante et un valet. On arrive à la maison de campagne. Mutio y déjeune, fait ses adieux et part dans la direction de Vicence. Après avoir chevauché un peu de temps, il revint par un chemin de traverse dans un bois où il se posta en embuscade avec une troupe de paysans pour surprendre le jeune homme.

Dans l'après-midi Lionel arriva au galop; dès qu'il fut en vue de la maison, il renvoya son cheval par son page, et chemina à pied sans encombre; il fut reçu à l'entrée par Margaretta, qui le fit monter et l'installa dans sa chambre à coucher, lui disant qu'il était le bienvenu dans cet humble cottage.

— Cette fois, ajouta-t-elle, j'espère que la fortune ne contrariera pas la pureté de nos amours.

— Mon Dieu! mon Dieu! madame, cria la servante, voilà mon maître qui arrive avec cent hommes armés de piques et de bâtons.

— Nous sommes trahis, fit Lionel, je suis un homme mort.

— Ne craignez rien, dit-elle, suivez-moi.

Et sur-le-champ elle l'emmena dans un parloir en bas, où se trouvait un vieux coffre vermoulu, plein de manuscrits. Elle le mit là-dedans, le couvrit de vieux papiers et de parchemins, et s'en revint à la porte au-devant de son mari.

— Eh bien, signor Mutio, fit-elle, que signifie tout ce remue-ménage?

— Vile et éhontée gourgandine, tu vas le savoir. Où est ton amant? Nous l'avons tous guetté et vu entrer ici. Cette fois, il n'y a pas de coffre à plumes ni de plancher qui tienne; car ou il périra par le feu, ou il tombera entre nos mains.

— Fais à ta guise, jaloux imbécile, dit-elle, je ne te demande pas de faveur.

Sur ce, Mutio tout en rage investit la maison, et y mit le feu. Oh! en quelle perplexité était le pauvre Lionel, enfermé dans un coffre, l'incendie à ses oreilles! Et quelle devait être l'émotion de Margaretta, sachant son amant dans un si grand danger! Pourtant elle fit bonne contenance, et feignant d'être furieuse, elle appela sa servante et lui dit :

— Allons, ma fille, puisque ton maître dans une folle jalousie a mis à feu la maison et tout ce que je possède, je vais me venger de lui ; aide-moi à enlever ce vieux coffre où sont tous ses papiers et tous ses actes, et faisons-le brûler tout d'abord ; et, aussitôt que je le verrai en flammes, je m'en retournerai dans ma famille, car le vieux fou sera réduit à la misère, et je romprai avec lui.

Mutio, qui savait que toutes ses obligations et tous ses titres étaient là, la retint et dit à deux de ses gens d'emporter la caisse dans le champ et d'en prendre grand soin.

Lui-même demeura à voir brûler sa maison du haut en bas. Alors, ayant l'esprit en repos, il s'en retourna avec sa femme, et se mit à la cajoler, se croyant bien sûr d'avoir brûlé son amant, après avoir ordonné que sa caisse fût mise dans une charrette et transportée chez lui à Pise. Margaretta alla chez sa mère et se plaignit à elle et à ses frères de la jalousie de son mari; celui-ci soutint qu'il n'avait que trop raison, et demanda un jour de délai pour le prouver. Sa belle-mère l'invita à venir souper chez elle le lendemain soir, espérant le réconcilier avec sa fille.

Sur ces entrefaites, Mutio se rendit à sa promenade accoutumée dans l'église, et là *præter expectationem* il trouva Lionel. Tout étonné, il lui demande vite :

— Quelles nouvelles?

— Quelles nouvelles, maître docteur? répliqua Lionel en éclatant de rire ; ma foi je l'ai échappé belle. Je suis allé à la maison de campagne où j'avais rendez-vous ; mais je n'étais pas plutôt dans la chambre que le magique coquin, son mari, a investi la maison avec des piques et des bâtons, et, pour être bien sûr qu'aucun recoin ne pût m'abriter, il a mis le feu à la maison, qui a brûlé jusqu'aux fondements.

— Bah! fit Mutio, et comment avez-vous échappé?

— Vive l'esprit des femmes! s'écria Lionel. Sa femme m'a caché dans un vieux coffre plein de papiers qu'elle savait que son mari n'oserait brûler, et c'est ainsi que j'ai été sauvé et ramené à Pise, et hier soir j'ai été délivré par la servante.

— Voilà bien, dit Mutio, la plus amusante plaisanterie que j'aie jamais entendue; et sur ce, j'ai une requête à vous adresser. Je suis ce soir prié à souper; je vous présenterai comme convive ; la seule faveur que je vous demande, c'est de vouloir bien après le souper faire le divertissant récit des succès que vous avez eus dans vos amours.

— Qu'à cela ne tienne!

Et sur ce, Mutio emmena Lionel chez sa belle-mère, annonça aux frères de sa femme qui il était et comme quoi il révélerait toute l'affaire après souper :

— Car, ajouta-t-il, il ne sait pas que je suis le mari de Margaretta.

Alors tous les frères firent à Lionel le meilleur accueil, ainsi que la belle-mère ; et quant à Margaretta, elle fut tenue à l'écart. L'heure du souper étant venue, on se mit à table, et Mutiot but à la santé de Lionel de l'air le plus aimable, afin de le mettre en belle humeur et de l'entraîner à faire la révélation complète de ses aventures d'amour. Le souper étant terminé, Mutio pria Lionel de conter à ces messieurs ce qui s'était passé entre sa maîtresse et lui. Lionel, la face souriante, se mit à décrire sa maîtresse, la maison et la rue où elle demeurait, comment il s'était épris d'elle, et comment il avait eu recours aux conseils du docteur qui dans toute cette affaire était son confident. Margaretta écoutait ce récit avec la plus vive inquiétude ; et, avant qu'il l'eût achevé, elle lui fit donner par une de ses sœurs une coupe de vin dans laquelle était un anneau qu'elle avait reçu de Lionel. Celui-ci venait de raconter comment il avait échappé à l'incendie, et se préparait à attester la vérité de toute l'histoire, quand cette dame but à sa santé ; Lionel prit la coupe pour lui faire raison, et aperçut l'anneau. Ayant l'esprit vif et la tête fine, il comprit tout, et devina qu'il avait révélé toutes ses évasions en présence du mari même de sa maîtresse. Sur ce, buvant le vin et avalant l'anneau, il poursuivit :

— Messieurs, que pensez-vous de mes amours et de mes aventures?

— Voyons, dirent les convives, dites-nous si tout cela est bien vrai.

— Si cela était vrai, répliqua Lionel, aurais-je la simplicité de le révéler au mari même de Margaretta? Sachez-le, messieurs, je savais fort bien que Mutio était le mari de celle que j'ai prétendu être ma maîtresse ; mais, comme il est généralement connu dans Pise pour être fou de jalousie, je lui ai mis en tête tous ces contes de mon invention pour l'amener au paradis des fous; car, croyez-moi, foi de gentilhomme, je n'ai jamais parlé à sa femme, je n'ai jamais été dans sa compagnie, et je ne la reconnaîtrais pas si je la voyais.

Sur ce, tous se mirent à rire de Mutio qui était honteux d'avoir été ainsi bafoué par Lionel; tout alla bien ; on réconcilia le mari et la femme. Mais la plaisanterie toucha Mutio au cœur si profondément qu'il mourut peu après, et Lionel posséda la dame. Et, comme ces deux amants ont causé la mort du vieillard, ils en sont maintenant punis dans le Purgatoire, où Mutio les flagelle avec des orties.

EXTRAIT DES ŒUVRES ITALIENNES DU BANDEL

MISES EN LANGUE FRANÇOISE

PAR FRANÇOIS DE BELLE-FOREST COMINGEOIS.

Histoire soixante-troisième.

Du temps que les gens de l'empereur prirent et saccagèrent Rome, il y avait en ladite cité un marchand d'Ess, nommé Ambroise Nani, homme assez riche, et loyal en son trafic, ayant fils et fille seuls restés après la mort de sa femme, beaux en perfection, et qui se rapportaient si parfaitement de visage et contenance, qu'il était presque impossible de les discerner l'un de l'autre, bien appris en ce que l'âge pouvait porter, n'ayant encore atteint l'an quinzième du sac, et père et enfants furent faits prisonniers, mais qui tombèrent en diverses mains. Car Paul, ainsi se nommait le fils, vint sous la puissance d'un Allemand, qui l'emmena à Naples : la fille, nommée Nicole, fut la proie de deux Espagnols, lesquels se disant être de bon lieu, elle fut bien et honorablement traitée, et le père sauvé, et ce fut sans rançon, par le moyen de quelques Napolitains siens amis, épargnant une bonne somme de deniers, ayant mis sous terre son or et argent, et le plus précieux de ses meubles durant le pillage. Le bonhomme qui avait recouvert sa fille, vivait néanmoins fort mal content, ne sachant que son fils pouvait être devenu, qui fut cause que laissant Rome, il se retira en son pays et cité d'Essi.

Or, en icelle il y avait un citoyen très-riche nommé

Gérard Lanzetti, grand ami d'Ambroise, lequel étant seul après le décès de sa femme, se fâchait de coucher sans compagnie, comme celui qui sentait un grand refroidissement à cause de sa vieillesse, lui étant âgé pour le moins de quelque soixante ans, ou environ. Ce vieux satyre voyant l'excellente beauté de Nicole, fille de Nanni, se vit surpris d'amour, et sentit éveiller en soi les appétits jà amortis de la sensualité, ayant plus de désirs que d'effet, et les yeux plus gros et gloutons que n'étaient fortes les parties plus nécessaires. Et en cela on connaît l'imperfection du jugement de ceux qui aiment, et la corruption que nature a semée en nous. Si ce n'est qu'on veuille dire que toute chose tend à la participation du beau, lequel est proposé pour le contentement de l'esprit, et pour parfaire ce qui reste de la perfection de nos âmes, vu que l'enfance plus tendre, et l'adolescence, et l'âge mûr, et la vieillesse jà cassée et caduque, sont chatouillés de ce démangement les uns avec plus, les autres avec moins de véhémence, selon que les affections les transportent. Aveuglé que fut ainsi ce vieillard, il s'enhardit de demander cette fille en mariage au père, lequel s'ébahissant de telle requête, vu le peu de convenance des âges, et le tort qu'on fait à une fille si jeune de l'apparier si peu selon sa gaillardise, ne voulut refuser du tout le parti, ni l'accorder aussi, mais délayant la réponse, le pria l'excuser s'il ne lui faisait largesse du sien ainsi qu'il désirait et voudrait : car il ne prétendait pourvoir sa fille qu'il ne fût assuré si son fils vivait, ou était trépassé en quelque terre étrange, vu que, depuis le sac de Rome, il n'en avait rien su entendre, de quoi il vivait en une extrême détresse. Étant ainsi renommée l'insigne beauté de cette fille, et admirée de chacun sa gentillesse et sa bonne grâce, advint qu'un jeune homme de sa cité, nommé Lactance Puccin, enfant de grandes richesses, l'ayant vue, se sentit pris et expérimenta en soi la maladie contagieuse qui prend par les yeux, et va poser son siége au cœur, laquelle encore il n'avait jamais savourée. Il vous commença dès lors à faire des promenades par devant le logis d'Ambroise, où les œillades n'étaient mises en oubli, lorsqu'il voyait sa sainte : laquelle aussi ayant pris plaisir en la beauté, disposition et gentillesse de Lactance, lui montrait bon visage, comme celle qui était atteinte du même mal, et symbolisant avec lui en égalité de passion et d'affections amoureuses. Mais savez-vous si elle en avait sa part? De telle sorte qu'ayant l'esprit gentil, et sachant discerner les grossiers d'avec ceux qui avaient quelque cas de rare et singulier, voyant ne sais quoi de généreux en ce jeune homme, elle en fut éprise, et les flammes amoureuses entrèrent si avant dans son cœur tendrelet et susceptible de telles impressions, que le jour qu'elle passait sans le voir, elle ne pouvait vivre à son aise. Or, étant impossible qu'où les cœurs sont ainsi unis, et les volontés qui se correspondent, que facilement les amans ne viennent au-dessus de leurs entreprises, Lactance trouva moyen d'écrire son désir à Nicole en une épître de telle substance.

LETTRE DE LACTANCE.

Madame, puisque mon bonheur m'a si heureusement conduit que sans forcer rien de l'honnêteté, ni rang des miens, que je suis devenu l'esclave de vos perfections, il vous plaira aussi être si courtoise, qu'égalant la douceur avec cette divine beauté, qui vous rend admirable à chacun, comme une rare lumière de cette contrée, vous ayez compassion de celuy qui ne désire rien de vous que ce qu'honnêtement il peut souhaiter, à savoir d'être aimé réciproquement, afin que par cette liaison mutuelle, il puisse s'hazarder plus avant, et poursuivre l'alliance qui unisse inséparablement aussi bien les corps que les affections. Attendant la félicité de votre réponse, je me recommanderai bien humblement à vos bonnes grâces.

Votre esclave,
L. Puccin.

Cette lettre fut mise en main à la nourrice qui avait élevé Nicole dès le berceau, laquelle ne se fit guère tirer l'oreille à faire cette ambassade, s'étant déjà pris garde des contenances de la fille, lorsqu'elle voyait cet adolescent, et voyant que le mariage de ce beau couple ne pouvait réussir qu'à bonne fin et heureuse. Comme la fille vit ces lettres, et sut d'où elles venaient, quoique de prime face elle feignît n'en tenir compte, et plus encore se montra fort rétive à y répondre, se couvrant de l'honnêteté, et qu'il était mal séant à une fille d'être si facile, et si légèrement condescendre à satisfaire au moindre désir des jeunes hommes, les pensées desquels étant flottantes et vitupérables, se changeaient de jour à autre; mais la nourrice lui mettant en jeu le mariage que Lactance souhaitait de pratiquer avec son père, et que le parti était fort avantageux, à cause des richesses, vertu et race ancienne du jeune homme, elle se laissa vaincre, assez surmontée de sa propre violence, et pour ce lui écrivit ce petit mot, qu'elle donna à la commune messagère et arbitre d'amour.

LETTRE DE NICOLE A LACTANCE.

Seigneur Lactance, la seule opinion que j'ai de votre vertu en ayant ouï faire récit, m'a fait oublier jusque-là de vous écrire, non pour vous donner occasion de faire votre profit de telle faveur, car elle est trop froide pour y asseoir fondement de chose qu'on puisse souhaiter, seulement pour vous remercier de l'honneur que me faites, souhaitant notre alliance, et ne sera jour de ma vie que je ne vous aime davantage : vous savez que je n'ai point puissance de rien accorder, et que j'ai un père à qui je dois obéissance : bien vous direz, sans dissimuler, que si le choix m'était donné pour écrire ce qui serait selon mon désir, que vous auriez le premier lieu, et emporteriez la victoire. Par ainsi usez de diligence de votre part, et verrez que je ne vous dois rien de moins, ainsi pensez que je vous surpasse en loyale et sincère affection, au moins si la fortune veut que nos désirs s'effectuent.

Votre bonne amie,
Nicole de Nanni.

La messagère porta à Lactance cette réponse, de quoi il fut plus content que si on l'eût fait gonfalonnier de l'Église, et ne cherchait que l'opportunité de parler à Ambroise pour lui demander sa fille. Mais délayant, comme saisi de quelque honte, ou peut-être craignant que ses parents et curateurs ne lui empêchassent les desseins, lui étant encore mineur, la fortune lui ôta pour ce coup cet aise, afin de faire sentir ses mobilités à celle que depuis il eut pour épouse. Car le père ayant certaines affaires à Rome, fut contraint d'y aller, et ne voulant que sa fille demeurât sans honnête compagnie, l'emmena quant et lui et la mit chez un sien frère à Fabrian. Cette allée donna une grande transe et soubresaut au cœur de Lactance, et plus de mécontentement à la fille, laquelle étant chez son oncle, y fut tenue de si court qu'il lui fut impossible de parler à personne pour mander de ses nouvelles à son ami, qui la mit en telle angoisse qu'il n'y avait moyen aucun de la faire réjouir, et quoique ses cousines lui tinssent bonne compagnie, si elle eût mieux aimé la solitude pour se rassasier de pensement et se nourrir de la mémoire de son Lactance. Lequel comme légèrement avait appréhendé l'amour pour se coiffer de la beauté de Nicolle présente, aussi inconstamment l'oublia-t-il en discontinuant la vue : car il devint amoureux de la fille du Lanzetti, de ce vieillard que nous avons dit ci-dessus avoir requis le Nanni pour avoir Nicolle en mariage. Ainsi voyez-vous que les appréhensions, tant plus elles sont violentes et soudaines, tant plus aussi elles s'envolent, et est effacée leur trace en la mémoire dès que l'on en perd le premier objet : et procède ceci d'une grande imperfection de jugement au choix de ce qui nous est profitable, et d'une inconstance qui le plus souvent accompagne les amoureux, quelque grande parade qu'ils fassent de leur loyauté qui n'est qu'imaginaire, et dépendant de l'opinion sans effet, vu que s'ils s'éloignent tant soit peu de la chose aimée, trouvant sujet propre à leur dessein, ils changent d'affection, la feignant comme le miroir et idée de la première. Ambroise, ayant demeuré six ou sept mois à Rome, repassa par Fabrian, où prenant sa fille, prit le chemin de sa maison avec un si grand contentement d'elle, qu'il lui semblait sortir du plus obscur des enfers, pour rentrer en un paradis de tout plaisir et liesse : mais elle fut trompée, car sa joie fut aussitôt amortie qu'elle eut demeuré trois ou quatre jours à Giese : car Lactance, bien que sût son retour, de ce averti par la nourrice, ne se souciait-il plus de se pourmener devant la maison de sa mie oubliée, et si par cas il y passait, c'était avec une si maigre contenance, qu'on eût jugé que jamais il ne l'avait connue. Nicole, étonnée de ces étranges façons de faire, et devenant curieuse d'en savoir l'occasion, elle fut avertie que son ami était engagé ailleurs qu'à la banque, ni à la bourse d'Anuers, étant si idolâtre de sa nouvelle maitresse, qu'il ne pensait à chose quelconque qu'à la servir et lui complaire. Ceci fut pour faire désespérer cette misérable amante, se voyant si lâchement trompée, car elle sentait un ver si poignant en son cœur, que nuit et jour pointe et rongée par son démangement, elle ne prenait aucun repos : et tout son contentement était de se plaindre à sa nourrice, et la prier de chercher les moyens que son ami, quittant cette pratique, convertît ses yeux vers elle, et se souvînt d'elle et de ses premières poursuites. Elle lui écrivit plusieurs fois, mais le tout en vain, lui s'excusant tantôt sur une chose, tantôt sur une autre, ce qui nourrissait une si étrange jalousie au cœur de cette fille, que si elle eût tenu à discrétion et à son plaisir celle qui lui ravissait la moitié de son âme, je pense qu'elle eût fait une pareille anatomie que fit Médée de son frère, lorsqu'avec Jason elle fuyait la fureur de son père, et emportait la riche proie de la toison d'or. Aussi lui semblait-il impossible que Lactance, en aimant une autre qu'elle, pût rester en vie, vu que son cœur n'étant plus en elle, et possédé par celui qui le maltraitait, et ne lui demeurait autre remède que sa défaite, et vivant en ses rêveries, elle qui savait tout plein de belles rimes italiennes, lui écrivit une complainte que je n'ai voulu laisser en arrière, ainsi l'ai mise en notre langue.

Complainte de l'amante sur la déloyauté de son amant.

  Las ! où est cette promesse,
  Où est ce nom de maîtresse,
  Et ce mariage saint ?
  La foy tienne est infidèle.
  Et ta maîtresse fidèle,
  Et sans nul fard, et toi faint.
  Faut-il que de toi me plaigne,
  Et que la terre je baigne
  Comme un arrosoir de pleurs ?
  Et que cruel tu te ries
  De mes grandes mélancolies,
  De mes ennuis et douleurs ?
  Serai-je ainsi méprisée ?
  Serai-je ainsi délaissée
  Sans avoir rien offensé ?

Las! ami vois ma constance,
Et celle persévérance
Qui ne voit de temps passé.
Je ne suis point inconstante,
Ni follement languissante
Après divers amoureux :
Mon cœur ne reçoit figure
Que de celle portraiture,
Qu'il eut pour son sort heureux.
Je ne suis en rien semblable
A la Grecque détestable,
Femme de plusieurs époux,
Ni à l'épouse insensée
Du fort et vaillant Thésée :
Mon naturel est plus doux.
Je ne suis pas si cruelle
En mes désirs comme celle
Qui enflamma le palais
De Créon, et fut meurtrière
De sa proie la plus chère :
Car je n'aime que la paix.
Rien, doux ami, ne désire,
A autre cas je n'aspire
Qu'à te voir le seul support
De ma vie déplorée,
Ou d'aller (désespérée
De t'avoir) souffrir la mort.
Car vivre ainsi délaissée
Et me voir méprisée
Pour une moindre que moi,
Je ne puis, et y résiste
Mon destin, et le sort triste,
Qui fait constante ma foi.
Viens, ami, et plein de grâce
Notre amour encore embrasse,
Faisant revivre mon cœur.
Te voyant, je prends envie
De garder forte ma vie
Et de reprendre vigueur.

Finit qu'elle eut ces vers, elle les donna à sa fidèle

nourrice avec charge de lui rapporter avec quelle face et
contenance son Lactance les lirait : la bonne dame fit son
message, et ayant trouvé son homme à propos lui met
l'écrit en main, lequel le lisant sentit de grandes émotions en son âme, et telles que presque la larme lui
vient à l'œil, lui semblant offrir une même peine que
celle qu'il connaissait violenter à bon escient le cœur de
cette pauvre fille ; pour laquelle consoler, et afin qu'elle
ne se forçât point, il répondit toutes bonnes paroles à la
nourrice, quoiqu'il fût si ravi ailleurs, que sur l'heure il
ne se pouvait point vanter d'avoir la puissance de soi-
même. Bien pensé-je que s'il eût parlé à la fille de Nanni,
que facilement sa flamme féconde s'épanouissant, il eût
donné place au feu déjà éteint de ses amours premières,
voire si la chose eût guère plus continué, et que Nicole
n'eût cessé de lui envoyer ses commis et entremetteurs
de paix, facilement elle en eût emporté la victoire : mais
son père retournant encore à Rome, et elle ne voulant
plus aller à Fabrian chez son oncle, il la mit en une religion de femmes à Gièse, avec une sienne cousine, afin
de n'apprendre point ailleurs les folies mondaines, et
s'envelopper en l'amour, en l'abîme duquel elle était
déjà plus que misérablement plongée. Toutefois le bonhomme était trompé de plus de moitié, car tout ainsi qu'il
pensait sa fille être sans savoir que c'est que d'aimer, et
néanmoins elle y était experte maîtresse : aussi estimait
Nicole que les religieuses, où elle fut menée, ignorassent
les trames d'amour, et que parmi elles on ne trouvât que
sainteté, continence et austérité de vie : mais quand elle
vit la délicatesse et effémination cachée sous la blancheur
de leurs voiles, les chemises de fine toile et parfumées
en lieu de la rudesse de quelque haire, ou grosse toile
d'étoupe, contemplant leurs tresses annellées en lieu
d'être tondues, et les cheveux frisés, les sourcils pincetés

tout ainsi qu'en usent les courtisanes, et femmes qui aiment plus la chair que l'esprit, voyant encore la jeunesse y aller capituler des transactions et complots de leurs alliances, elle perdit cette première opinion, connaissant la vie de plusieurs des dames voilées être plus beaucoup déréglée que les femmes de ce siècle : comme aussi nous en voyons les exemples en France, à la grande confusion des pères qui vont (ainsi guidés d'avarice) perdre à leur escient leurs filles. Cette amoureuse donc se voyant en lieu où l'amour était demené plus avant que des yeux, et ayant familiarité avec plusieurs religieuses, sans en trouver une qui n'eût un serviteur, les estimait cent fois plus heureuses, que celles qui vivaient au monde, et que ces femmes étant ainsi séquestrées, s'exemptent aussi de la captivité d'un mari, et de la garde fâcheuse que les parents mettent sur les filles. Or, entre toute la jeunesse qu'elle vit aller au monastère, elle y reconnut son Lactance, lequel s'alliait de sa maîtresse par alliance spirituelle, à cause que la cousine de cette fille était celle qui faisait le petit meuble de linge de son ami. Elle épia finement tout ce qui se faisait, étant ordinairement aux écoutes, mais elle vit que tout allait bien, et que sa cousine ne courait point sur ses terres, mais que Lactance l'aimait honnêtement pour en tirer autre service ; aussi lui contait-il toutes ses déconvenues, ainsi qu'un jour il se doutait d'avoir perdu un garçon de Pérouse, le plus gentil qu'il était possible de voir, et s'en montrait si fâché que presque il en pleurait de tristesse. La folle amante oyant ceci, et comme il souhaitait d'en trouver un semblable, se mit en tête de changer l'habit, et sous le masque d'un homme aller servir celui par qui elle avait été honorée et servie. Et ne sachant où recouvrer habillement d'homme, s'avisa que son père avait prié sa nourrice de la visiter, et quelquefois la conduire en sa maison pour la récréer, ayant ainsi donné charge à la religieuse de lui donner licence. Ayant donc Nicole fait venir sa nourrice au monastère, la raisonna en secret, lui manifestant sa pensée, et tout ce qu'elle avait entrepris de faire : sur quoi la bonne femme la tança, et remontra la malséance d'une fille en tel habit, les périls qui en peuvent survenir, et le scandale pour son honneur si la chose venait en connaissance. Mais l'opiniâtreté de Nicole eut plus de force que les raisons de la vieille, laquelle la mena en sa maison : et vêtue qu'elle l'eut en garçon, le lendemain l'envoya pour trouver parti en la rue, où se tenait Lactance, lequel la voyant en cet équipage, estimant autre cas que ce qu'elle était, s'étant enquis de son état, et le voyant de bonne grâce, la retint à son service. Voilà cette fille sous le nom de Romule se mettre en hasard de prodiguer sa virginité, étant reconnue pour telle qu'elle était ; et qui lui eût demandé qui l'induisait à ce faire, toute raison laissée, on eût eu recours à la déraison, et dit que c'était l'amour à qui personne ne saurait faire résistance. Ce page fendu servait avec telle diligence son maître, et se montrait si bien appris et gracieux à chacun, que son maître se glorifiait de n'avoir été si bien servi de sa vie, et pour ce le vêtit fort gentiment de ses couleurs, et le caressait, et aimait sur toute chose, ce qui donnait un merveilleux contentement au feint Romule, espérant par ce moyen trouver voie pour se découvrir, et faire Lactance tant sien, qu'enfin il quitterait sa Catelle, car ainsi s'appelait celle que Lactance amourachait avec si grande captivité et servitude. Et ce d'autant que cette fine femelle ne tenait compte de lui, quoiqu'il l'aimât ardemment, toutefois ne se fiait guère en ses promesses. Le jeune homme connaissait le bon esprit de son Romule, comme il haranguait et discourait bien à propos, l'ayant embouché de ce qu'il avait à dire, l'envoya à sa maîtresse, où il alla avec un tel contentement, que pouvez penser que reçoit une dame, contente de caresser celle de qui elle pense recevoir quelque injure. Aussi devant qu'effectuer sa charge, elle s'en vint visiter la nourrice, lui contant de cette commission si fâcheuse, et le désespoir auquel elle se voyait réduite, n'ayant encore osé découvrir à Lactance qui elle était, et la cause de cette métamorphose, quoiqu'elle vécût en un crève-cœur insupportable le voyant si affectionné à une autre, et vers laquelle il lui fallait servir d'ambassade amoureuse. Que s'il advenait que cette autre l'emportât, et l'eût pour mari, il n'y avait aucun moyen pour la tenir en vie, elle ne pouvant demeurer en être, tandis qu'une autre jouirait de ce qu'elle méritait toute seule. Qu'au reste, elle ne saurait que faire, et que si son père était averti de ce changement d'état et d'habits, elle ne voyait aucun chemin pour la sauver, connaissant son père fort sévère, et vu la naturelle jalousie des hommes de cette contrée. La nourrice continua là-dessus, la tançant de sa folie et de ce qu'elle n'avait voulu croire son conseil, vu qu'il serait malaisé que, son fait étant publié, elle trouvât homme qui la voulût épouser : et par ainsi les choses étant en bon état, encore lui conseilla de se retirer sans s'hasarder à pire fortune, qu'il y avait assez de jeunes hommes qui valaient bien Lactance, qui s'estimeraient heureux de l'avoir pour épouse. Nicolle connaissait bien l'importance de son fait, et n'ignorait combien véritables étaient les paroles de cette bonne femme, pour ce demeura un longtemps comme ravie, mâchant et pensant le tout en sa pensée : puis tirant un grand soupir du profond de son estomac lui dit :

— Ma chère mère, je vois que l'amitié que me portez vous fait tenir ce langage tant à mon profit, et avantageux pour mon honneur et votre bonne réputation :

toutefois puisque j'ai tant fait, et le péril n'étant encore trop évident, je passerai outre pour en voir la fin, et irai voir Catelle, à laquelle Lactance n'a point encore grande accointance, puis nous aviserons à ce qui sera de faire, espérant en Dieu, qui connaît mon cœur, qu'il fera prospérer mon affaire si bien, que je m'attends que mon ami ne sera jamais l'époux d'autre que de Nicolle votre belle fille.

Ainsi s'en va vers le logis de Catelle, où ce beau Romule fut introduit par la chambrière, le vieillard étant en ville pour ses affaires et négoces. Catelle voyant que le page de Lactance était en bas, qui voulait lui parler, elle qui s'en était si follement amourachée, comme Lactance mourait après elle, et Romule définait pour l'amour de son maître, vint tout soudain vers lui, qui lui fit tout aussitôt le discours de son ambassade ; mais Catelle, qui avait plus l'œil sur l'orateur, et sur la naïve beauté, que l'oreille aux paroles venant d'ailleurs, était en une étrange peine, et volontiers se fût jetée à son col pour le baiser tout à son aise, mais la honte la retint pour un temps : à la fin n'en pouvant plus, et vaincue de cette impatience d'amour, et se trouvant favorisée de la commodité, ne sut se tant commander, que l'embrassant fort étroitement elle ne le baisât plus d'une douzaine de fois, et ce, avec telle lasciveté et gestes effrontés, que Romule s'aperçut bien que celle-ci avait plus chère son accointance que les ambassades de celui qui la courtisait. A cette cause lui dit :

— Je vous prie, madame, me faire tant de bien que me donnant congé, j'aie de vous quelque gracieuse réponse, avec laquelle je puisse faire content et joyeux mon seigneur, lequel est en souci et tourment continuel, pour ne savoir votre volonté vers lui, et s'il a rien acquis en vos bonnes grâces.

Catelle humant de plus en plus le venin d'amour par les yeux, lui semblait que Romule devînt de fois à autre plus beau, et pour ce en lieu de lui satisfaire à ce qu'i lui disait pour son maître, lui dit :

— Je ne sais, mon ami, qu'est-ce que tu as fait en mon endroit, mais j'estime que tu m'as enchantée.

— Je ne suis sortilége ni charmeur, dit Romule, seulement vous supplie me dire qu'est-ce que vous voulez que je réponde de votre part à Lactance, afin qu'il soit assuré que j'ai fidèlement exécuté ma charge.

Catelle qui était hors de soi, et affolée d'amour, embrassant encore un coup Romule, lui dit, ne pouvant plus couvrir le feu caché en son âme :

— Ah ! mon espérance, et seul soutien de ma vie, il n'y a jeune homme au monde qui m'eût su faire oublier de la sorte que tu vois que je m'égare, si ce n'est toi, qui es le plus accompli en beauté que je pense qui soit à présent sous tout ce que les cieux entourent en leur concavité. Il faut que je te dise, que si tu veux, je n'aurai jamais autre époux que toi, et ne te soucie des richesses, car j'en aurai assez pour nous entretenir. Prends garde à tes affaires sans te soigner de ton maître, lequel je ne prétends d'aimer en sorte aucune, et dès à présent je lui montrerai si mauvais visage, qu'il sera bien simple s'il ne connaît le peu de compte que je fais de ses poursuites.

Romule, voyant la besogne aller si bien pour son heur, la pria de se supporter pour un temps, qui lui était serviteur très-affectionné, et qu'il s'estimerait plus que bien fortuné de lui obéir et complaire, ne refusant point un trésor si précieux, la remerciant d'un offre de telle conséquence, comme indigne de si grande faveur, mais ajouta qu'il s'y fallait gouverner sagement, afin que Lactance ne s'en prît garde, et lui jouât quelque mauvais tour, à ce conduit d'extrême rage de jalousie. Cet accord fut juré avec tant de baisers que rien plus, et ne craignait Romule, sinon que Catelle, transportée de quelque fol appétit, et s'oubliant en ses honnêtetés, ne mît la main en lui, qui lui eût pu refroidir cette flamme tant véhémente, n'y trouvant point ce qu'elle aimait le plus et servait à faire la liaison des parties disjointes et mal assemblées. Romule s'en revint chargé d'excuses de son tarder et longue demeure, rejetant l'occasion sur le père qui avait été longuement sans bouger de la maison empêché en ses affaires. Puis, venant sur le propos, lui dit qu'il l'avait trouvée en un merveilleux courroux et mécontentement de lui, tant pour ce que son père l'en avait ce même jour tancée, que pour avoir entendu que Lactance aimait ailleurs, et la poursuivait pour après se moquer d'elle. Ajouta qu'il s'était mis en tout devoir de faire perdre cette opinion à sa dame, mais, quelque raison qu'il eût su mettre en avant, néanmoins elle est demeurée ferme en son opinion et fantaisie, ce que Lactance connut avoir quelque verisimilitude, d'autant que passant devant la porte de Lanzetti, Catelle qui était en fenêtre se retira tout aussitôt : ce qu'elle n'avait point de coutume.

Ce fut ici que Lactance commença se dédaigner et courroucer, disant qu'il n'y avait pas tant de perfections en elle, fût en beauté ou richesses, qu'il ne s'en trouvât bien, et de plus belles et parfaites, et lesquelles n'étaient point si rigoureuses. Et continuant à vomir son mal talent, confessa à son Romule que quelques mois auparavant il avait aimé une fille de plus rare et singulière beauté qui fût en tout le pays, et telle estimée entre les plus renommées même de Rome : mais, que pendant que celle-là se tint, ne sais où, avec son père absente de la ville, il avait jeté l'œil sur Catelle, se rendant son esclave, ainsi qu'il le voyait être à présent. N'oublia lui réciter comme Nicole l'avait depuis sollicité par lettres et messages, sans qu'il en eût tenu compte, étant vivement épris de cette seconde.

— Ah! monsieur, dit lors Romule (à qui le fait touchait), ce n'est que la justice de Dieu qui vous poursuit, vous rendant le contre-change selon votre mérite, car étant aimé d'une telle perfection que vous dites, ç'a été mal avisé à vous (pardonnez-moi si je parle trop hardiment à vous) de la laisser sitôt pour faire nouvelle partie : aussi le plus bel expédient est d'aimer ceux qui vous veulent bien, et ne vous amuser point follement après celles qui vous fuient. Et que savez-vous si cette pauvre fille languit encore pour l'amour de vous et est en détresse? Car j'ai entendu dire que les filles en leurs premières appréhensions aiment d'une véhémence tout autre, et plus grande que ne font les hommes, et que mal-aisément on éteint cette flamme ainsi vivement éprise, ayant trouvé sujet non occupé en autre chose.

L'actance prenait plaisir, oyant les discours de son page, et n'eût été que Nicole lui paraissait plus grande ayant son accoutrement de femme, il eût pensé de Romule la vérité du changement : mais perdant tout aussitôt cette opinion, il le pria de retourner encore un coup vers Catelle pour la convertir à avoir pitié de lui, et l'assurer de sa constance et loyauté ; et comme il protestait de n'avoir son cœur engagé ailleurs qu'à elle seule de qui dépendait son heur et sa vie. Mais durant ceci survinrent d'autres succès, qui nous feront diversifier l'histoire pour lui donner la fin comique, afin que toujours nous ne soyons sur les misères, peines, ennuis, douleurs et massacres. Vous avez ouï dès le commencement qu'Ambroise avait un fils, lequel fut pris par un Allemand qui l'emmena à Naples, puis prenant la route d'Allemagne, il devint malade en Lombardie, dont mort s'en suivit, et ainsi Paul s'en revint à son pays chargé des hardes et dépouilles de son Tudesque. Arrivé qu'il est à Gièse, se retira de prime arrivée à l'hotellerie, puis se mit par ville pour entendre nouvelle de son père. Mais comme de fortune il passait par devant le logis de de Catelle, elle, pensant que ce fût son Romule, vu que (comme j'ai dit) Paul et Nicole se rapportaient du tout de visage, et pour lors ce nouveau venu était habillé de blanc tout ainsi que le page de Lactance, elle donc, trompée par ce rapport, le fait appeler par sa chambrière. Lui étonné de cette aventure ne fut si peu accort, que s'oyant nommer Romule, ne pensât aussi tôt qu'on le prenait pour un autre, mais qu'il saurait qui était cette dame qui le demandait, et suivrait sa bonne fortune. Or comme il approchait la porte du logis pour entrer, la chambrière vit venir le seigneur Lanzetti, et pour ce elle dit au jeune homme :

— Romule, passe pour cette heure chemin, car voici le père de Catelle qui vient.

Ce que le bon garçon fit, marquant toutefois le logis pour y passer à meilleure saison et plus opportune, et cependant arriva le vieillard, sans être aperçu de rien qui se fût passé, comme celui qu'on aurait vu de loin, et qui marchait à pas de tortue. C'est ici qu'entrevient la concurrence de tous les troubles de la farce : car Paul ayant vu Catelle en fenêtre la désira soudain comme la trouvant fort belle à son poste, et pour ce bientôt après se délibéra de ne point laisser écouler cette occasion, et perdre une si bonne rencontre : par ainsi s'en retourna vers le logis bien remarqué de Lanzetti, lequel était sorti pour se promener par la ville. Lui étant sur la poursuite, voici Ambroise retournant de Rome, encor étant à cheval, qui le rencontre, auquel Gérard Lanzetti fit grand caresse, disant que s'il eût été en ville ces jours passés, ils eussent conclu sur le mariage de sa fille, le priant d'y penser, et ne le tenir si longuement en attente, mais lui en éclairât le fait ou failli. Ambroise répond qu'encore n'avait-il pas été jusques à sa maison, mais que lui étant de repos, ils auraient loisir d'en parler tout à leur aise. Comme ils parlaient ensemble, voici le page féminin de Lactance qui s'en venait faire son message à Catelle, mais voyant son père de retour, en lieu de parfaire sa pointe, et exécuter sa charge, elle doubla chemin, et s'en courut au plus qu'il lui fut possible chez sa nourrice, et lui conta, toute éperdue, la venue de son père, se disant ruinée, ne sachant plus presque que devenir. Mais la vieille lui donna cœur, et l'assura de toutes ses craintes, puisque son heur l'avait conduite jusque là, que son père n'était point encore descendu de cheval. Et l'ayant revêtue de ses habits, la vieille s'en alla soudain au logis du père, lequel la voyant lui fit une grande fête et s'enquit de sa fille : de laquelle l'autre lui dit les meilleures nouvelles du monde, et que souvent elle l'avait visitée et menée en sa maison, et que la pauvre fille etait toute en souci ne le voyant point, au reste lui dit que, s'il le trouvait bon, elle l'irait quérir au monastère pour la lui mener, l'ayant tenue quelque jour avec elle pour voir si elle aurait quelque nécessité. Le bonhomme qui pleurait de joie, voyant l'amitié que sa fille lui portait et le profit qu'elle avait fait entre les dames à bien coudre, et besogner en tapisserie, se rapporta à la nourrice du tout, l'estimant plus curieuse de l'honneur de sa fille que de sa vie propre. La nourrice, arrivée que fut à sa maison, dit à la fille, qu'elle s'apprêtât pour s'en aller chez son père dans un jour ou deux, ce qu'elle trouva de fort dure digestion, à cause qu'elle se faisait forte de dégoûter tellement Catelle de

Lactance, que jamais il n'en aurait bon visage, et se
plaignait de sa fortune qui lui avait amené si mal à propos
son père. Mais la vieille la consolait avec ce mot que,
si Lactance devait être le mari de Catelle, il n'y avait
ruse, art, ni industrie, qui y pût donner empêchement,
qu'elle se résolût de ne plus y penser, vu que les choses
ne lui succédaient point aucunement selon ses desseins.
Cependant que Nicole est en ces altères, et qu'elle se
tourmente pour ne pouvoir mettre fin à son entreprise,
voici son frère Paul qui s'en va voir la Catelle, là où il fit
un beau ménage, se faisant connaître pour tel que la
fille, ayant goûté ce qu'il savait faire, après s'être entrepromis
la foi, le retint plus que l'un ni l'autre n'eussent
voulu : car Gérard, père de Catelle, les trouva ensemble,
et pensant de Paul que ce fût Nicole qui se fût déguisée
en garçon pour voir son ménage, et le train de son logis,
le caressa et recueillit trop plus familièrement que
Paul ne souhaitait, craignant d'y souffrir sous ce nom
de Nicole, chose qu'honnêtement on ne saurait dire :
toutefois joua-t-il si accortement son personnage, qu'il
se dépêtra des mains du vieillard, lui donnant pour tout
paiement cette réponse que son père était venu, et qu'il
la demandât en mariage, et lors il la pourrait baiser et caresser
tout à son aise : et sorti qu'il est de ce péril, ne
savait que penser qu'on l'eût pris pour ne sais quel Romule,
sous la similitude duquel il aurait joui de la fille
de Lanzetti, et lui le prenait pour sa sœur Nicole : mais,
quoiqu'il en fût, il s'estimait heureux de telle rencontre,
et n'acceptait pas à peu de chose de s'être accointé de
Catelle, laquelle il avait pris en telle amitié qu'il ne tendait
ailleurs que de la faire demander en mariage. Durant
ceci Lactance cherchait son page par tout, si marri
de l'avoir perdu, qu'il n'en pouvait se contenter, tant il
l'aimait à cause de son bon esprit et gentillesse, joint

que l'ayant fait secrétaire de son cœur, il ne pouvait rien sans son secours. Il s'enquiert à chacun, donnant les enseignes et de sa beauté, et de son habillement, si bien qu'enfin on lui dit qu'on l'avait vu entrer chez cette nourrice : le jeune homme s'en y va et heurte à la porte : elle le voyant fut ébahie, se doutant de ce qui était, toutefois descend-elle en bas pour entendre ce que Lactance voulait dire : lequel la pria lui faire tant de bien que de lui dire nouvelles d'un sien page qu'on lui avait dit être venu en sa maison, qu'elle ne célât point, d'autant qu'il ne lui ferait tort, ni offense quelconque, et si le garçon n'était content de lui, et ne voulait plus le servir, que pour cela il ne lui ferait pire visage, seulement voulait lui parler pour un sien affaire d'importance, qu'il lui avait donné en charge afin d'en savoir la résolution. La vieille souriant lui nia avoir vu page aucun en sa maison :

— Mais, dit-elle, vous voyant ainsi soupirer, on dirait que vous seriez amoureux de celui que vous cherchez, mais ayant su l'amitié ardente et excessive que vous portiez à une certaine fille, je change d'avis, et n'estime point que soyez devenu autre que l'affectionné serviteur des dames : aussi n'ignore pas à qui est-ce que s'adressent vos dévotions, mais elle est si éprise ailleurs que vous perdez peine de vous y amuser. Et par ainsi il vous vaudrait mieux rechercher vos amours premières, et plus belles et plus loyales, et où vous êtes le bien-aimé, que suivre celle qui ne tient compte de vous. Nicole vous honore et prise plus que sa vie, et vous la méprisez; Catelle vous hait à mort, et en a choisi un autre pour ami, et cependant vous en êtes idolâtre, je n'ai affaire de vous solliciter davantage de votre profit, faites en ainsi que bon vous semblera, mais je m'assure qu'avant que soit longtemps, vous connaîtrez que je dis vrai, et vous repentirez de votre faute, et ne sais si ce sera trop tard, n'ayant ni celle qui vous fuit, ni celle qui vous désire.

Lactance oyant ceci fut tout ébahi, et enquis qu'il s'est de sa Catelle, l'autre l'assure sur sa foi qu'elle avait pris ailleurs parti : au reste lui demanda, si Nicole l'aimait encore, s'il voudrait point entendre à l'avoir pour épouse.

— Ah ! dit-il en soupirant, je l'ai tant offensée, la méprisant comme je l'ai fait, en ne tenant compte de ses lettres, étant lié et charmé ailleurs comme jétais, que je ne pense point qu'elle daignât me regarder pour m'aimer ou favoriser.

— Mais que diriez-vous si elle a été en votre maison et usé en votre endroit de tout tel service que saurait faire le moindre serviteur, pour tâcher d'acquérir votre grâce, et ôter à une autre ce que justement elle seule mérite ?

— Si cela est vrai (dit-il), je m'estime tant obligé en son endroit, que ne vois récompense plus digne pour satisfaire à telle obligation que de la rendre dame de moi et de mes biens.

— C'est parler en homme de bien, répond la nourrice.

Et soudain elle appela Nicole, et fit porter son habit de page, afin de montrer au jeune homme la pure et ferme amitié de cette fille.

— Voici, dit la nourrice, votre Nicole, voyez Romule, votre page tant désiré, lequel pour l'amour de vous oubliant son rang et hazardant sa vie et son honneur vous a servi si longuement, sans que l'amour vous ait fait connaître ce que vous aviez de rare en votre compagnie.

L'amant transporté d'étonnement, demeurait aussi immobile que ce grand jeûneur qui est au parvis Notre-Dame de Paris, ou que le Marfoire de Rome, et ne savait si ce qu'il voyait était songe ou chose véritable. A la fin revenant à soi, comme s'il fût sorti d'un profond sommeil, ayant entendu toute l'histoire de la hardiesse de Nicole, mesurant son affection avec le peu d'amitié que lui portait Catelle, et parangonnant les beautés des deux, voyait que cette cy en avait le dessus, tout ainsi que la clarté du jour surpasse la splendeur sombre de l'astre luisant de nuit : s'adressant à Nicole, la pria lui pardonner sa faute, de laquelle il ne voulait point s'excuser, comme étant sans voile qui fût raisonnable : au reste que, s'il lui plaisait lui faire tant de faveur, comme l'assurait sa nourrice, de le prendre pour époux, qu'il s'estimerait heureux d'avoir gagné une si excellente épouse, en poursuivant celle qui ne l'égale en rien qui soit de beauté ou bonne grâce. La fille usant de sa modestie accoutumée, lui répond qu'elle était la même que jadis, et que son vouloir demeurait immuable, d'autant qu'il était hors de sa puissance d'aimer jamais autre que lui, ou d'en épouser un sans l'aimer, cela ne saurait tomber en l'esprit de Nicole : et soudain se donnent la foi, et Lactance promit que dès qu'il aurait dîné il irait voir Ambroise pour lui requérir sa fille pour femme. La nourrice ayant si bien ouvré pour le soulagement de sa fille de lait, épousés qu'elle les eut selon la façon d'Italie, là où ils couchent souvent avec leurs femmes avant de se présenter à l'église, la mena vers son père qui la reçut fort gracieusement. Bientôt après arriva Lactance, lequel pria le bonhomme de lui donner sa fille en mariage, ce qu'il ne refusa point, connaissant le parti fort sortable, étant le jeune homme riche, et bien apparenté et au reste estimé entre les plus modestes et courtois de la ville. Le comble de la joie fut parfait, lorsqu'étant sur l'accord du mariage, voici Paul qui entra, donnant un aise pareil au père, et à sa sœur, et à Lactance un si grand étonnement, que s'il n'eût eu sa fiancée en main, il eût estimé qu'elle eût été encore vêtue en page. Comme ils se caressaient en toute joie, et qu'on dressait la collation de diverses confitures, voici le seigneur Lanzetti qui entre, et voyant cette compagnie et les deux enfants d'Ambroise se rapportant (comme j'ai dit) demeura aussi étonné que Vulcain, se voyant en bas précipité du ciel, par la colère de Jupiter : mais Paul qui ne voulait perdre temps, et aimait Catelle, le fit prier par son père de la lui accorder pour épouse : ce que Lanzetti fit fort volontiers, se doutant aucunement de ce qui s'était passé, et comme il avait été déçu par cette similitude et rapport de visage ; et voyant que Lactance avait volé sa place, et gagné le devant en épousant celle qu'il souhaitait, prit patience, quoiqu'il en eût un grand regret au cœur. Mais le laissant là jusqu'à tant qu'il s'apaise et nous arrêtant sur ce que l'amour opère en ceux qui sont follement saisis, par l'exemple de cette fille, et de cette grande reine, femme de Mithridate, roi d'Asie, qui n'en faisait pas moins, suivant son mari sous l'habillement d'un homme, tant elle l'aimait et révérait, nous laisserons ces amants jouir de leurs aises, afin de prendre nouvelle pâture pour nos esprits, ainsi que nous avons commencé en la variété de l'histoire.

FIN DE L'APPENDICE.

TABLE

DU TOME QUATORZIÈME.

                                                              Pages

Introduction. 5
Les Joyeuses Épouses de Windsor. 67
La Comédie des erreurs. 193
Le Soir des Rois ou ce que vous voudrez. 275
Notes. 391

    Appendice :

Extrait des nouvelles du Purgatoire de Tarleton. . . 413
Extrait des Œuvres italiennes du Bandel, mises en langue françoise, par François de Belle-Forest Comingeois. Histoire soixante-troisième. 425

FIN DE LA TABLE.

St-Denis. — Imp. Ch. Lambert, 17, rue de Paris.

www.ingramcontent.com/pod-product-compliance
Lightning Source LLC
Chambersburg PA
CBHW071102230426
43666CB00009B/1801